「文化昆虫学」の教科書

神話から現代サブカルチャーまで

保科英人［編著］
宮ノ下明大・高田兼太［著］

八坂書房

◆「文化昆虫学」の教科書 目次

第Ⅰ部 文化昆虫学とは何か

第Ⅱ部　文化のなかの虫たち　神話から現代サブカルチャーまで

第Ⅰ部　文化昆虫学とは何か

第１章　文化昆虫学の定義

筆者らの世代は、小学校の理科の授業で「中生代はハ虫類の時代、新生代は哺乳類の時代」と習った。地上に君臨しているのは哺乳類であり、なかでも抜きんでた知能を持つ人間が地球の支配者であると、子供心に思い込んでいた。しかし、種数だけでいえば、哺乳類は昆虫に遠く及ばない。哺乳類の種数は世界で一万種弱たらずで、しかも、これ以上劇的に増えることはない。一方、昆虫は判明しているだけで約一〇〇万種、最終的には一〇〇〇万種以上にもなるとの試算もあるほどだ。現在の地球の支配者はヒトではなく昆虫である、とまずははっきり言っておこう。

文明が最初に誕生した約五〇〇〇年前から、人類は農業害虫や衛生害虫に悩まされてきた。一方で、テントウムシやミツバチ、蚕などの益虫の恩恵を受けてきた。人と昆虫との関係は正負両方を含んだ、多岐にわたるものである。本書は、そんな人と虫との関係を、文化的な観点から見つめる文化昆虫学の教科書である。

❶文化昆虫学とはどんな学問か

文化昆虫学は、一九八〇年代にアメリカのホーグ（Hogue）博士によって提唱された、半世紀弱の歴史しかない、新しい学問である。人々の精神的活動、あるいは様々な文化事象に現れる昆虫を対象に、人々に対する昆虫の影響や昆虫に対する人々の認識などについて研究する学問である。

文化昆虫学は、昆虫学との名がついているが、純粋な理科系学術とは言い難い。なぜなら、研究対象は昆虫そのものではなく、人や社会、文化だからである。事例を出すと、九〇年代に活躍したスペイン人画家のダリの絵画作品には数多くの昆虫のイメージが使われている。では、ダリが描いた昆虫にはどのような意味がこめられているのだろうか？　また、アニメの『みなしごハッチ』の登場人物はミツバチモチーフのキャラクターであるが、作品中のミツバチの羽は二枚である。これは、昆虫の羽は四枚との原則から大きく逸脱している。では、なぜ、そのような生物学的事実と異なるミツバチが描かれるのか、あるいはそのようなミツバチを見てもなお、人々はなぜミツバチと認識できるのか？　このような問題提起は、文化昆虫学の一環である。また、マラリアを媒介するハマダラカが人類の歴史におよぼした影響に関する研究も、科学史分野と重なりつつも、文化昆虫学で取り扱えるテーマである。

❷文化昆虫学が対象とする文化とは

有史以来、人々が耕地にわく農業害虫に悩まされてきたことは冒頭で述べた。当たり前だが、害虫を何とかしなくては、収量が減ってしまう。そのような切実な必要性から生まれたのが、応用昆虫学である。一方、レクリエーションや教養、文化的活動など、人々の精神面を豊かにするために昆虫を利用する場合がある。このような昆虫に目を向けたのが、ホーグ博士で、彼の着眼は文化昆虫学の提唱との形で結実することになる。

文化昆虫学が対象とする「文化」とは、国語や社会、美術の授業で習うような有名文学や絵画など、教養を必要とする〝お堅い〟イメージのものを想像する方が多いにちがいない。しかし、このような文化は、上位文化（教養的文化）と呼ばれるものである。一方で、マンガやアニメ、映画、ゲームなど、広く大衆に親しまれている、いわゆる大衆文化も、文化の一角を占めるはずである。

では、具体的には文化昆虫学で扱われる「文化」には、どのようなものがあるのであろうか？ホーグ博士は、一九八七年に文化昆虫学を提唱した際に、取り扱う文化事象の範囲を示した。彼は、（1）文学・言語、（2）音楽と舞台芸術、（3）美術・工芸、（4）歴史、（5）哲学、（6）宗教・俗説、（7）娯楽・慣習を文化事象のカテゴリーとして挙げている。宗教や哲学、慣習などを趣味と呼ぶのはやや語弊があるが、文化昆虫学が扱う文化とは、余暇的、ないしは趣味的なものが多いことがわかる。農業や医学分野における人と昆虫との関係を研究する、応用昆虫学と文化昆虫学の一番の違いは、研究対象が生活に直結するか、余暇であるかにある。

近年の文化昆虫学の研究では、ホーグ博士が事例として挙げていない文化事象も取り上げられている。ホーグ博士が文化昆虫学の総説を出版してから三〇年以上も経過しており、その間に博士が想像だにしなかった新しい文化が誕生していることは当然である。たとえば、コンピューターとそれにかかわる技術は著しく発展し、一般の人々の生活に普及した。それに伴い、コンピューターゲームが多くの人々にとっての娯楽となった。これらゲームの世界においても昆虫はモチーフとして使われており、実際に研究されはじめている。

❸昆虫食文化の扱いについて

多くの人々は、昆虫がかかわる文化と聞くと、まずはタイやラオスの昆虫食文化、あるいは日本でいえば長野県の昆虫食文化のように、土着の「昆虫食文化」を想像するだろう。実際に、これまでに土着の昆虫食文化について調査した研究事例は、数多く存在する。しかしながら、ホーグ博士は土着の「昆虫食文化」は、文化昆虫学では取り扱わないものとしている（後述する民族昆虫学の分野で取り扱われる）。

もっとも、日本では三橋淳が中心となって、生活にかかわる直接的な昆虫の利用も文化昆虫学の範疇に含め、土着の昆虫食文化も文化昆虫学の一ジャンルとして扱おうとする動きがあった。近年では海外でもそのような動きが見受けられることもある。実際、土着の昆虫食文化など、人々が生活するうえで実用的な利用には、人々の精神的活動を豊かにし、心を養い育てる側面もある。ただし、現時点では昆虫食文化を文化昆虫学に含めることには、抵抗を示す研究者が多いのは事実だ。本書の編著者の保科はその一人で、執筆担当した章で食虫文化にほとんど言及していないのは、文化昆虫学の範囲外と考えているからである。

❹人と虫との関わりを研究する三つの学問――民族昆虫学・文化昆虫学・応用昆虫学

民族昆虫学と呼ばれる学問がある。これは、異なる人間社会における昆虫の利用や昆虫に対する知識を研究対象とする。そして、昆虫がかかわる民族の慣行、すなわち「以前からのならわしとして通常行われること」について研究する学問である。この民族昆虫学もまた、自然科学ではなく人文社会学系の学問であるが、生活にかかわる昆虫の直接的な利用に焦点があてられることが多い。③で述べた土着の食虫文化は主要な研究対象の一つである。つまり、民族昆虫学においては、広義の「文化」のうち、実用的・物質的な側面に、研究対象がおかれがちである。この点で、文化昆虫学とは様相が異なる。

民族昆虫学でも、昆虫がかかわる神話や言語など、人々の精神的活動や知的な営みにも目を向けられている。しかし、「民族」というくくりにしばられているため、対象となる地域・社会は限定的である。したがって、国際間交易がさかんな現代の消費物質社会に目が向けられることは少ない。

一方、民族昆虫学とは異なり、文化昆虫学においては、消費物質社会にも積極的に焦点があてられる。具体的には、現代の海外産カブトムシ・クワガタムシのペットとしての利用に関する研究は、文化昆虫学の研究対象となる。

三つ目の応用昆虫学は、害虫の防除を目的とした天敵の導入や昆虫を利用した農作物の花粉媒介など「人々の生活に損害をもたらす害虫」や「有用昆虫の利用」に着目した学問である。農業分野に限定した話にするならば、ようは害虫をやっつけ、益虫と作物を守る算段を考える学問だ。前二つの学問との大きな違いは、応用昆虫学の研究主体は、あくまでもカイガラムシやミツバチなどの昆虫そのものである。民族昆虫学や文化昆虫学の研究主体は、これまで述べてきたように「人」「社会」「文化」なので、この点が大きく違う点だ。

以上、文化昆虫学、民族昆虫学、応用昆虫学の三つの学問は、中心となる視点やトピック、研究のアプローチが異なる。しかし、明瞭に区別できるものではない点があることに留意する必要がある（図1）。たとえば、昆虫神話や昆虫がかかわる言語に関する研究は、文化昆虫学でも民族昆虫学でも共通するトピックである。文化昆虫学の研究も、特定の民族や社会に着目した場合は、民族昆虫学に属する研究ともなりうる。カイコやミツバチなどの有用昆虫の研究は、基本的には応用昆虫学に属するが、民族の生活様式に焦点を当てれば民族昆虫学に含めることが可能となる。そして、それらの歴史の変遷に関する研究は、文化昆虫学の研究として扱うことができる。このように、三者は互いに重なり合う部分があることは覚えておく必要がある。

❺バイオフィーリアとは何か

近年「バイオフィーリア」なるカタカナ用語を目にする機会が増えてきた。では、この舌を嚙みそうな「バイオフィーリア」とは、いかなる代物か。バイオフィーリアとは、エドワード・O・ウィルソンによって提唱された概念であり、人々は自然のなかで生きていく中で必要な情緒や感情を持ち合わせていることを指す。少し乱暴な言い方をすれば、バイオフィーリアとは人が生きていくために必要な生物に向けられる価値観である。これだけではいまいちわからない。具体例を出すと、人は生きていく上で食料として他の生物を捕獲するが、そこには「物質面で利益がある」という認識（功利主義的傾向）がなければ、狩猟をするという行動には至らない。あるいは、スズメバチに襲われても、恐怖との価値観を持っていなければ（否定主義的傾向）、逃げ遅れて、めった刺しにされて大事になってしまうではないか。このようにやや哲学的な話になってしまうが、人は正負両方の意味で、生き物に価値観を持って生活を築いているのである。

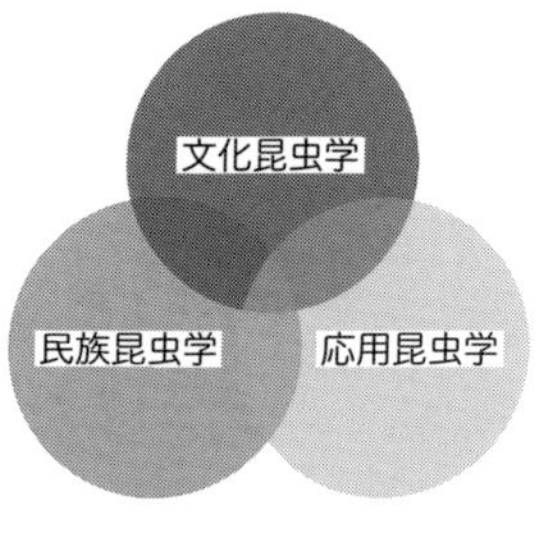

図1　人と昆虫との相互作用について研究する諸分野（文化昆虫学、民族昆虫学、応用昆虫学）の枠組みの概念図。それぞれの分野の中心軸は異なっているが、枠組みは明瞭に区別されるものではない（高田 2020 より引用）

以下、少し難しい話になる。このバイオフィーリアと文化昆虫学との関連性を観点とすると、スティーヴン・R・ケラートによるバイオフィーリア的傾向の類型（生物に向けられる価値観の分類）の考え方が重要であることがわかる。ケラートは、バイオフィーリアを九つに類型化し（表1）、この類型に基づき、昆虫を含む節足動物に向けられる人々の価値観（認識）について研究している。本論文は、初期の文化昆虫学専門雑誌『Cultural Entomology Digest』でも第一巻の三番目に収録されており、文化昆虫学の世界ではケラートの研究アプローチが重要視されていることがわかる。このようなケラートの捉え方は、昆虫に対する人々の認識や文化事象に現れる昆虫の意味づけをする上で有効なものの一つである。我々は普段社会生活を送るうえで、バイオフィーリアなどという、小難しい理屈を考えていない。ただ、空気のように実態を認識していないだけの話で、たしかに存在しうる概念なのである。

❻文化昆虫学と生態学における生態系サービスに関する諸研究

生態学とは、生物の個体や集団の生活、他の生物や環境とのかかわりあいについて研究する学問であるが、その分野の中で「生態系サービス」という概念がある。生態系サービスとは、「人類が生態系からえられる恵み」のことを指す。たとえば、食料生産や気候の調節は、生態系によっ

表１　ケラートが提唱したバイオフィリア的傾向性の９類型

類　型	概　要
功利主義的	生物は、人間の食べ物、薬、衣服など物質面において人間の役に立つ。
自然主義的	自然の中にいると、生物の存在によって、人間は心がおだやかになり、元気な気持ちになる。
生態学的	人間は、生物のことについて知りたい、研究したいなどの欲求がある。
美的	人間にとって、自然は美しいものである。
象徴的	自然を表す言葉やシンボルは、人間にとってコミュニケーションや表現の手段になる。
人間主義的	生物は人間にとって友達や家族のような存在である。
道徳的	人間は、自然の一部であり、人間と生物とはつながりあっている。
支配主義的	人間は、自然を征服し、支配できる。
否定主義的	自然や生物は、怖いものである。

（ケラート 2009、および山本 2019 にもとづいて作成した表。高田 2020 より引用）

てもたらされるものである。また、バードウォッチングや釣りなど、生態系があって初めてえられる余暇もある。近年、人と生態系とのかかわりあいを考えるうえで、生態学サービスに関する研究が盛んに行われはじめている。生態系サービスに関する諸研究は、人と昆虫とのかかわりあいに着目した研究分野である点において、文化昆虫学と共通した点である。

生態系サービスは、大きく分けて「基盤サービス」「供給サービス」「調節サービス」「文化的サービス」の四つに大別される。「基盤サービス」は、他の三つのサービスをもたらす基盤となる一次的なサービスであり、栄養塩の循環、一次生産などが該当する。「供給サービス」は、「生態系からえられる物質的な恵み」であり、食料や薬品、木材、繊維などが該当する。「調節サービス」は、「自然のプロセスを制御することからえられる恵み」であり、気候の調節、土壌侵食の防護、花粉媒介などが該当する。「文化的サービス」は、「生態系からえられる非物質的（精神的）な恵み」であり、レクリエーションの場の提供や自然からえられるインスピレーションなどが該当する。もっとも理解しやすい文化的サービスとしては、ウグイスの声を聞いて短歌を詠む、大海原を見て絵を描く、などの事例があげられる。山にウグイスが生息し、赤潮が発生していない状態の海を保持する生態系がなければ、これらの精神的な恵みは得られないのである。なお、文化的サービスは、基盤サービスだけでなく、供給サービス、調節サービスの上位にも位置づけられる。漁業や農業を考えれば、供給サービスの上位に文化的サービスが位置づけられていることが理解できるだろう。

これら四つの生態系サービスのうち、「文化的サービス」に関する研究は、文化昆虫学との親和性が高い。文化昆虫学が対象とする精神的活動に現れる昆虫というのは、生態系からえられる非物質的な恵みである文化的サービスに他ならない。たとえば、近年童謡・唱歌に登場する動植物を定量化し、生物多様性の文化的サービスを評価した研究成果が発表されている。研究のアプローチと取り扱う生物の分類群は異なるものの、文化昆虫学と同様に狭義の文化の枠組みにおける文化事象に着目したものである。

❼世界における文化昆虫学史

ここで、文化昆虫学の歴史について見ていこう。八〇年代にホーグ博士が文化提唱する以前にも、文化昆虫学の古典とも呼べる研究は存在し、幾分かの文献が出版されていた。なかには、昆虫がかかわる文化を広い範囲にわたって取り扱い、取りまとめたものも存在する。そのような文献をロサンゼルスの自然史博物館に所属していたホーグ博士は収集し、一九八〇年に文化昆虫学を築き上げたわけである。

ホーグ博士が文化昆虫学を提唱してからは、『Cultural Entomology Digest』という文化昆虫学の専門誌が発行された。残念ながら、編集者の都合により、わずか四巻が出版されるにとどまった。その代わりに、アメリカ昆虫学会が発行している『American Entomologist』と、その前身である『Bulletin of the Entomological Society of America』では、今日までにわたり数多くの文化昆虫学の論文が出版されている。掲載された論文が取り扱った文化事象も、神話、宗教、美術、映画、音楽、アニメーション、マンガ、コンピューターゲームなど多岐にわたる。さらに、コエーリョ[1]（Coelho）のように、科学的なアプローチによる研究まで発表されるに至っている。近年では、その他の昆虫学系の雑誌などでも、文化昆虫学の論文が出版されるようになったほか、『Ethonoentomology』といった文化昆虫学と民族昆虫学を専門に取り扱う、完全オンラインの雑誌まで発行されるよう

（１）Coelho 2000, 2004
〔巻末の「参考文献一覧」を参照。以下同〕

になった。

❽日本における文化昆虫学史

ここ我が国に視線を転じる。日本で文化昆虫学が紹介されはじめたのは、一九九〇年代初期から二〇〇〇年代初期にかけてのことである。その当時、日本において文化昆虫学界をけん引してきたのは、三橋淳、小西正泰、奥本大三郎、松香光夫、梅谷献二、田中誠、加納康嗣らであった。野中健一もまた、民族昆虫学者として文化昆虫学に注目しており、自身の著書『民族昆虫学』において、民族昆虫学に関連する学問として文化昆虫学を紹介している。彼らは、二〇〇〇年の生物学雑誌『遺伝』で組まれた文化昆虫学の特集にて、文化昆虫学の概要について解説し、その事例研究を発表した。また、三橋と小西の両名は二〇一四年に『文化昆虫学事始め』を出版し、多岐にわたる文化昆虫学の研究事例を紹介した。

しかしながら、彼らが文化昆虫学を紹介するにあたっては、古典的な文化や上位文化〈教養的文化〉を大きく取り上げる傾向にあり、近代や現代の大衆文化にはほとんど目を向けていなかった。ざっくばらんにいうと、二十一世紀初頭で既に高齢だった世代は、新興文化のマンガやＴＶゲームに関心を持てなかった。また、それぞれの研究事例は、その多くが各文化ジャンルにおける文化事象を紹介するに留まっていた。つまり、三橋や小西らが取り扱った文化の範疇には、偏りがあったといえる。くわえて、本来は民族昆虫学の分野の主要トピックである土着の昆虫食文化を、文化昆虫学の一ジャンルとして大きく取り扱っていた。彼らの成果は、上述したように取り扱った文化事象が偏っていたことは事実である。もっとも、そもそも多岐にわたる文化を網羅することが自体が非常に困難なことであり、その点はやむなしとするほかない。彼らの業績は、結果的に日本の文化昆虫学の研究の礎を築き上げ、後の日本の文化昆虫学の研究の発展に大きく寄与したものであった。

その後、本書の筆者三人が、近現代における大衆文化に現れる昆虫に着目した文化昆虫学の研究に乗り出していった。まず、宮ノ下が、昆虫映画について分析した海外の論文に触発され、映画やマンガなどを中心とした大衆文化に現れる昆虫について、文化昆虫学の視点から研究を進めはじめた。また、それ以外にも昆虫が登場する絵本やお菓子に使われる昆虫のイメージなど、幅広い文化事象の研究も進めてきた。遅れて高田は、インターネット統計を活用して、昆虫に対する人々の認識を定量的に分析するという新たな文化昆虫学のジャンルを確立して研究を進めるとともに、ホーグ博士が文化事象として例示しなかった事例（たとえば、男性用小便器の的として使われる昆虫や、競馬における競争馬名に用いられる昆虫など）の紹介をするようになった。さらに続いて、保科が日本の文化昆虫学の世界に参入した。保科は、自らがコンピューターゲーム好きであることを活かして、サブカルチャーに表象する昆虫に関する研究を進めた。さらには近代の新聞記事などを丹念に調査し、明治・大正時代における昆虫がかかわる大衆文化の研究や、古典における昆虫の役割についての再分析にも着手し、関する数多くの論文を発表している。

ここで紹介した三人のうち、保科と宮ノ下は、最近になって近現代における幅広い大衆文化やサブカルチャーに現れる昆虫を、文化昆虫学の観点から分析して取りまとめた『大衆文化のなかの虫たち』を二〇一九年に出版した。同書により、文化昆虫学において、上位文化だけでなく、大衆文化やサブカルチャーにも目を向けることの重要性が、日本でも普及されるに至った。さらに、著者の一人の保科は、二〇一九年に所属先の福井大学で「近現代文化昆虫学」との共通教育科目を開講するなど、大学教育の中でも文化昆虫学を教育プログラムに取り入れ、本格的に文化昆虫学の普及に乗り出した。日本の大学では、文化昆虫学を取り扱う講義は皆無といってよい。本来の専門分野の片手間として文化昆虫学の研究が行われている現状と、大学教育の中で文化昆虫学がほとんど紹介されることがなかったことを考えると、きわめて画期的な取り組みである。

なお、上述した日本の文化昆虫学史は、ホーグ博士の提唱した文化昆虫学を基軸とした研究の流れである。しかし、この流れに沿わないものでも、文化昆虫学の範疇に含められる文献が多数存在することを断っておきたい。

❾文化昆虫学の意義

文化昆虫学は、文化事象に現れる昆虫を対象に、人々に対する昆虫の影響や昆虫に対する人々の認識について研究するものである。人々は、自然からインスピレーションをえることで昆虫のイメージを様々な文化事象に表象させている。すなわち、文化昆虫学の研究によって明らかになっていくのは、端的に述べれば昆虫に向けられた人々の自然観である。

では、昆虫に向けられる人々の自然観を明らかにすることには、どのような意義があるのだろうか？　文化昆虫学は基礎学問、趣味的学問であるため、残念ながら人々の生活に直接的に役立つものではない。しかしながら、こういった基礎学問は、何らかの形で人々の生活に寄与するような研究に活かされる可能性はある。たとえば、近年、環境破壊などにより、生物多様性が急速に失われている中で、生物多様性を保全することの重要性が保全生態学などの分野で主張されている。生物多様性の保全を行うには、保全対象となる生物の生物学的な研究が必要となるが、多くの人々に生物の保全に取り組む意識がなければ、実践的な保全は不可能である。したがって、そのためには、保全すべき生物を主体とした研究だけではなく、人々の自然観を理解し、それに応じた教育・普及を行うことが大切である。

これまでの保全生態学における研究事例の多くは、保全すべき生物を研究主体としたものがほとんどであった。文化昆虫学の研究によって、昆虫を対象とした人々の自然観を明らかにすることは、人々に対する昆虫に関する教育・普及のあり方や、昆虫の多様性の保全などの分野に応用されていくことだろう。ここでは、文化昆虫学の研究成果が昆虫の保全や昆虫に関する教育に活かされることを述べたが、もしかすると他の研究分野でも活かされるのかもしれない。

もっとも、仮に文化昆虫学が社会に何の役に立たなくても、それはそれでいいだろう。いまさら坂本龍馬暗殺の真犯人を特定できたとして、それが何になるだろうか？　また、本能寺の変の黒幕を見つけ出せたとして、日本の経済成長率が上がることは絶対にない。しかし、学問なんてのは結局はそんなもの。第II部では、人と昆虫との文化的な関係のうんちくをしかと楽しんでいただきたい。

（高田兼太・保科英人）

第２章　文化昆虫学の研究における注意点

前章では文化昆虫学の定義を主に述べた。具体的かつ詳細な研究方法については、保科・宮ノ下『大衆文化のなかの虫たち』に述べたことがある。結局のところ、文化昆虫学の研究対象が小説であれ、映画であれ、マンガであれ、和歌であれ、研究者は少しでも多くの文化作品に触れ、昆虫が登場する事例を一個ずつ抽出し、比較考察していく。たとえば、『新古今和歌集』収録の西行法師「きりぎりす夜寒に秋のなるままに弱るか声の遠ざかりゆく」との歌からは、季節が深まるにつれ声がかすれていくコオロギへの同情を読み取る。ひいては同時代の歌人たちは鳴く虫に深い愛情を抱いていた、と導く。これが文化昆虫学の基本的な研究法である。

もちろん、他の学術と同様に、研究手法上の問題を指摘することを容易である。仮に日本のコミックに登場する昆虫を分析し、そこから日本人の昆虫観を考察する事例を考えてみよう。はっきりいって、一人の調査者がマンガ大国日本で出版されたコミックすべてを読破するなんぞ絶対に無理である。必然的に調査者がそれまでに読み得たコミックの中から、昆虫登場例を取り出すわけであるが、この時点で調査者の〝好み〟のコミックが分析対象であるとの非客観的要素が介在することになる。文化昆虫学は調査対象の分母があまりに大きすぎ、調査者の趣味が収集データに影響を与えるとの致命的欠陥があるのだ。

では、このような欠陥を極力低減し、より客観的な文化昆虫学の研究を進めるには、どのようなことに注意を払えばよいのか。本章では、研究を進展させる上での疑問点や注意点を主に列挙していきたい。

❶翻訳本に頼らざるを得ない事情——昆虫名の訳語は適切か？

北米インディアンのナバボ族の創世物語では、自分たちの土地の歴史について、このように語られる。

ずっと昔、黒アリがそこに住んでいた。赤アリもいた。トンボも、黄カブト虫も住んでいた。ハード・カブトもいたし、石運びカブトも住んでいた。黒カブトも、コヨーテの糞カブトもいた。コウモリも、そこを住みかにしていた。白い顔のカブト虫もそうだったし、セミもいた。おまけに白セミもいた。(1)

ここでは伝承の内容はどうでもよい。筆者が問題にしたいのは、神話に登場する昆虫和名である。「コヨーテの糞カブト」とは、糞を食うコガネムシ類のことを指し、原文にはbeetleと書かれていたとの推察ができるものの、訳本を読むだけでは詳細はわからない。

（1）ゾルブロッド 1989

実は、この「beetle」なる英語は曲者である。たとえば、令和二年七月二十七日配信の『ハルメクweb』で、ニューヨーク在住のライターの黒田基子氏は「日本ではビートル（beetle）はカブトムシだと知られているが、アメリカ人はクワガタもコガネムシもカナブンもビートルと呼ぶ。この大ざっぱさはすべての昆虫に共通している」と述べている。

黒田氏は、日本人はアメリカ人よりもはるかに虫好きだ、といいたいがために beetle の例を出した。その説の真偽はともかくとして、少なくとも beetle を「カブトムシ」と日本語に翻訳するのは、昆虫学的には明らかな間違いだ。beetle は甲虫目と呼ばれる分類群全体を指す名称である。よって、この事例だけに限れば、「クワガタもコガネムシもカナブンもビートル」と呼ぶアメリカ人の方がより科学的に正しい見方をしている。一九八九年発刊の『The Oxford English Dictionary (second edition)』を見ても、beetle にカブトムシとの意味はない。カブトムシの英訳は rhinoceros beetle である。

筆者は以前英文学者が「pinching-bug」を「バッタ」と訳した間違いを指摘したことがある（正しくはクワガタムシ）[2]。このように、英語のプロといえども、昆虫の知識が乏しければ、時として翻訳を間違うことがあるのだ。

前述のナバホ族の神話については、筆者は訳本を読んだだけである。ならば、神話中の正しい昆虫名を自分で確かめたければ、訳本ではなく英語の原著を当たればよさそうなものだが、話はそう単純ではない。原著者のゾルブロッドがインディアンの伝承中の昆虫を正しく英訳しているとの保証がないからだ。

つまるところ、文化昆虫学者は、海外の民俗学の知見については訳本に頼らざるを得ないのが現状だ。しかし、訳文中に出てくる昆虫名については、鵜呑みにするのは危険であることは、頭

（2）保科 2014a

のどこかに置いておく必要がある。

❷個人の昆虫愛を強調するのは無用――『枕草子』を例として

大概の日本人は清少納言『枕草子』なる随筆の存在を承知している。そして、古典に多少関心がある人なら、「夏は夜」の後に「蛍の多く飛びちがひたる」、そして「秋は夕暮れ」の後に「風の音、虫の音など、はた言ふべきにあらず」と続くことを知っている。ようするに清少納言は「夏はホタルがよい」「秋は鳴く虫がよい」と季節ごとにお勧めの風情を語っているわけだ。

古来日本人がいかに虫を愛してきたかが語られる際、『枕草子』が事例としてよく出される。それはそれとして、清少納言個人が格別虫好きの女性だった、と強調するのはやや無理がある、と筆者は考える。『枕草子』によく登場する動物は、馬、猫、犬、牛の哺乳類に加え、ホトトギス、カラス、ウグイス、ニワトリなどの鳥類であって、ホタルや鳴く虫の出番は決して多くない。清少納言は冒頭で「秋の鳴く虫の音は大変よろしい」と書いておきながら、「笛は」の段で、クツワムシの鳴き声を不愉快な音の比喩として用いているのである。スズムシやマツムシはよいが、クツワムシはよろしくない。こうしてみると、清少納言は現代日本ならどこにでもいそうな、単なる自然散策好きのおばちゃんである。同時代に生きた紫式部の「清少納言は風流ぶって、感動しているふりをしている」(『紫式部日記』)との評価は、辛辣ながらも説得力があるように思える。死後一〇〇〇年後も著作が読まれ続ける清少納言は、まぎれもなく大天才であるが、『枕草子』の序段でもって、彼女の昆虫愛を過大評価すべきではないだろう。

紫式部は『源氏物語』で「空蟬」「蛍」などの昆虫に由来する巻を設けた。ただ、『紫式部日記』

は「秋のけはひ入りたつままに」で始まっているにもかかわらず、鳴く虫の声に聞きほれちゃいました、との類いの話はさっぱり出てこない。紫式部も個人として、はたしてどこまで虫への親近感を持っていたのやら。

『枕草子』『源氏物語』は平安時代の宮廷女性の昆虫観を知るうえで、文化昆虫学上の重要資料である。ただ、平安貴族がさかんに和歌に昆虫を詠み込んでいたことを考えると、清少納言・紫式部の両名の昆虫観をことさら美化してはなるまい。

❸小泉八雲はあくまで特殊事例

ギリシャ生まれのアイルランド人のパトリック・ラフカディオ・ハーン（一八五〇〜一九〇四）は日本に帰化し、小泉《こいずみ》八雲《やくも》との名前で知られる。彼は日本の民話や民俗に関する多くの著作を世に出した。そして、八雲は『蟬』の中で、セミが詠まれた俳句や短歌を列挙し「此小詩中の思想は、蟲の聲の悲調と共に自然の寂寞が我々へもたらす彼の夏の憂愁を幾分か説明して居はせぬかと自分は思ふ（中略）我々西洋の近代詩人で、蟲の聲に注意を拂つた者は如何に僅少なことであるか！」と記した（『蟬』）。八雲の数々の著作は彼自身の昆虫への親近感もさることながら、来日した欧米人が日本文化の独特な昆虫観へ驚嘆した事例としてよく挙げられる。実際、筆者もそのような目的で八雲を取り上げたことがある[3]。

訪日した外国人が、日本の昆虫文化を驚きの眼差しで見つめたことは事実だ。たとえば、明治三十一年に来日した英国人のゴードン・スミスは、売られている鳴く虫に衝撃を受け、屋台ごと買い取ったとの逸話がある[4]。また、大正七年九月七日付東京朝日新聞は、一般労働者までが鳴く

（3）保科　2019a

（4）加納　2011

虫を買う日本の風習に驚く英国人女性を記事にしている。

ただ、「来日した欧米人は、皆が皆日本の昆虫文化に舌を巻く」との言い草は、昨今流行りの日本ヨイショ風潮の一端とも思われるので注意が必要だ。そもそも、八雲は日本に帰化までしている、筋金入りの親日家だ。つまり、八雲は相当な特殊事例であって、彼の感性を欧米人のそれとして引用してよいのかどうか、はなはだ疑問である。

日本にやって来た欧米人が、日本の昆虫文化にいかなる感想を持ったか？　筆者は江戸期や近代期の外交官およびその妻、そして教師や医師として来日した欧米人の日記類に着目した。そのような日記を片っ端に読んでいくと、「日本の昆虫文化を礼賛する欧米人」との構図がいかに虚構であるかがわかる。たとえば、明治二十六年にベルギー公使夫人として来日したエリアノーラ・メアリー・ダヌタンの日記中で虫がらみの記述といえば、「蚊に悩まされた」との苦々しい体験ばかりだ(5)。江戸期に訪日し『日本誌』を著したエンゲルベルト・ケンペル、幕末の日米外交の主役であるタウンゼント・ハリス、滞日年数が長い英国外交官のアーネスト・サトウ、ドイツ人医師のエルヴィン・フォン・ベルツらにしても、日本人の〝独特な〟昆虫観をわざわざ日記に書き残していないのである。

もちろん、日本の昆虫文化に欧米とは異質なものを見出し、日記に注意深く書き留めた外国人もいる。たとえば、華族女学校の教師として招聘された米国のアリス・ベーコンは明治二十一年九月五日付日記に「夜店では小さなたくさんの籠が置かれており、コオロギやキリギリスが売られていた」と記した(6)。彼女は風情があるともないとも書いていないが、わざわざ日記に書き残した以上、何らかの感銘を受けたのだろう。また幕末に来日したプロイセンのラインホルト・ヴェルナーは、折り紙の蝶を扇子で仰いで飛ばす大道芸に衝撃を受けた。彼は「こんな素晴らしい芸

(5) ダヌタン 1992

(6) ベーコン 1994

術的な曲芸を見たことがない」と絶賛している[7]。さらに、日清戦争後に来日したオーストリアの美術研究家アドルフ・フィッシャーにいたっては、昆虫の生態を巧みに描く日本画家は西欧の同業者よりも優れており、巨匠の域に達しているとまで評価した[8]。美術研究家となると、さすがに目の付け所が違うというべきか。

経済大国の地位を失いつつある我々からすれば、「外国人は日本人の昆虫への親近感に驚愕する」との文言は耳触りが良い。しかし、外国人の日本の昆虫文化を見る目は千差万別である。当然のことながら、特段の関心を持たない外国人も少なからずいた。小泉八雲をさも典型的な来日外国人として扱うのは理にかなっていない。彼はあくまで例外中の例外なのである。

❹ゼロデータを軽視すべからず

『古今和歌集』ではホタルが詠まれています。室町時代には多くの虫が登場する御伽草子が書かれました。江戸時代にはスズムシがペットとして売られていました。大正時代には、セミの名所が新聞に掲載されていました。現在の日本のカブトムシとクワガタムシの市場規模は大きなものがあります。だから、日本人は昆虫が好きな民族といえるでしょう。

このように「ある」ものだけを並べ立てていけば、「日本人は虫好き」「日本人は昔からセミを愛してきた」との結論に誘導するのは容易い。しかし、この論法は「現代人の感覚や海外の作品と比較して、登場すべきはずの昆虫がここで描かれていない」、つまりゼロデータを無視したものである。③で述べた小泉八雲を引き合いに出して、「来日した欧米人は日本人の昆虫観に感嘆する」もその一つであろう。日本人の昆虫文化に何の興味も持たなかった著名な来日外国人も少

(7) ヴェルナー　1990
(8) フィッシャー　1994

なくなったことは、前述のとおりだ。

筆者がこの点でとくに疑念を抱いているのは、日本人とトンボの関係である。日本人がトンボ好きであることは間違いないが、日本神話を持ち出したトンボ愛の強調はやや過大評価に感じることがある。(9)「なぜ、ここでトンボが描かれていないのか」と筆者に思わしめるゼロデータは、近世文学中に確実に存在する。はたして、日本人は古代から現代に至るまで、一貫してトンボを愛してきたと断言できるのか。ゼロデータと向き合えば、従来の結論も多少は変わって来る可能性がある。詳しくは第Ⅱ部第1章を参照していただきたい。

文化昆虫学に限らず、学者と呼ばれる生き物は、己の研究対象を愛し、その研究の魅力を世間に訴えたいがために、ゼロデータを意図的に軽視することがある。世間サマは学者のいうことを真に受けてはならない。

(9) たとえば、井上・谷 2010

❺昆虫への親近感の時代間比較の困難さ

十二世紀成立の歴史物語『今鏡』には、藤原基俊《ふじわらのもととし》の以下の連歌が収録されている。

つき草のうつしのもとのくつわ虫

つき草とはツユクサの古名である。そして、ツユクサを染料とした色は移ろいやすいことから、「うつし」に続いている。(10)つまり、基俊は「ツユクサの根元でクツワムシが鳴いている」と詠んだわけだが、昆虫学的にはこの句に少なからず疑問を抱いてしまう。クツワムシは草丈が高い草原や林縁に生息し、草の茎や葉に止まってガチャガチャ鳴く。果たして、クツワムシがツユクサ

(10) 竹鼻 1984a

のような背の低い草本植物の、しかも根元で鳴くだろうか？　多少山歩きする人間ならわかるが、ツユクサが生える環境と、クツワムシの生息場所は被らないのである。

次の事例は鎌倉幕府三代将軍の源実朝《みなもとのさねとも》の和歌集『金槐和歌集』より。実朝は以下の歌を詠んだ。

秋の夜の月のみやこのきりぎりす鳴《なく》は昔のかげやこひしき

さすがは歌人将軍の源実朝、〝月のみやこ〟とはまこと雅な表現を思いついたものである。風巻・小島(11)によれば、この歌は月光に照らされたコオロギを詠んだものであるという。ただ、コオロギ類は普通草むらに潜んで鳴く。月光に明々と照らされるコオロギは、なかなかイメージできない。実朝は本当にこのような光景に出くわしたことがあるのだろうか？　また、実朝には以下のような歌もある。

吹く風の涼しくもあるかおのづから山の蟬鳴きて秋は来にけり

歌の文言からは、実朝が山のセミの鳴き声から秋の到来を感じ取ったように思える。しかし、井上(12)によると、実朝は立秋を題とする過去の多くの歌などを背景にして、この和歌を詠んだにすぎないとのことだ。実朝は当代随一の文化的教養を持つ武人なので、いにしえの和歌を意識して歌を詠むことなんぞ朝飯前だったはずである。逆にいえば、実朝がセミの声に聞き惚れてこの和歌を詠んだ、と判断するのは早計である。

悪い言い方をすれば、藤原基俊と源実朝は昆虫の実物を観察したわけではなく、〝脳内昆虫〟を基に歌を詠んだ可能性が高い。また、源実朝に限らず、歴史上の有名歌人と呼ばれる方々は、『伊勢物語』や『古今和歌集』と言った著名作品の和歌を踏まえて詠むことが少なくない。踏まえた

(11) 風巻・小島 1961

(12) 井上 2000

歌、とはざっくばらんにいうと過去の有名和歌のパロディー作品のことである。歌人がセミやマツムシの優れた和歌を残したことと、彼らが実際に虫のナマの鳴き声に感動していたことは、また別の話である。

現代人が小学校や中学校の国語の授業で、俳句を作らされたことを思い返せばよい。常日頃、昆虫にまったく興味を持っていない子も、さもセミやスズムシの鳴き声に感動したかのような俳句を提出していたではないか。極端にいってしまえば、平安貴族が鳴く虫を和歌に詠み込む行為と、現代の小中学生が俳句の季語に昆虫を選ぶ行為に本質的な差はないように思える。

もちろん、平安貴族たちが「今宵は松虫の鳴き声が風流でおじゃる」と、鳴く虫の声に情緒を感じたように振る舞う文化の存在が重要なのである。文化昆虫学的には、彼らが本心から鳴く虫を愛していたかどうかは大した問題ではない。ただ、現代のカブトムシ愛好家は、虫が心底好きで飼育しているわけだから、平安貴族が鳴く虫を嗜みとして虫籠に入れて愛でた行為とは、根本的な違いがある。人々の昆虫愛の時代間比較は難しいのだ。

さらに、近代および現代の大衆文化における昆虫の描かれ方と、詠み手がほぼ支配者層に限られる『古今和歌集』の昆虫和歌の比較にどれほどの意味があるのか、との疑念は常に残り続ける。時代が古くなるほど、文献記録に記された人々の昆虫観は支配者層のそれに限られることを忘れてはならない。

とはいえ、奈良時代や平安時代の庶民の手による日記類はほとんど残されていないとの現実は、いかんともし難い。文字情報として残る人々の昆虫観は、時代間に本質的な差があることを見こした上で、比較考察をすべきなのである（第Ⅲ部第3章参照）。

❻第三者によるクリエイターの意図の憶測は危険

令和二年は『鬼滅の刃』がアニメおよびマンガ界の話題を独り占めした。ジェンダーの視点から大衆文化を研究する横浜国立大学の須川亜希子教授は、『鬼滅の刃』に登場する二人の女性キャラクターの胡蝶しのぶと甘露寺密璃に着目した。須川教授は胡蝶しのぶを「弱い存在としての女性である自分や、男性中心的な社会を嫌悪しているが、女性たちの連帯の可能性を信じ、キャリア女性・母親・姉としての役割を実現している」と解釈している。さらに同教授は「伝統的な女性性というものに絡め取られた女性の苦悩が、しのぶや密璃をはじめ様々なキャラで表現されている」と見ている（令和二年十二月六日付朝日新聞）。また、同年十二月二十六日配信AERA dotで、植朗子氏は「甘露寺蜜璃は女性が〝自分のままであること〟、とりわけ〝強いこと〟に対する社会の目の冷たさと、そこからの脱却を示す存在として描かれている」と、ジェンダーの観点からの考察を述べている。

はたしてそうであろうか？　原作者の吾峠呼世晴《ごとうげこよはる》がインタビューなり設定資料集で告白しているならいざ知らず、有識者のこの類いの評論は、製作者側の意図からかけ離れた、トンチンカンな考察であることが少なくない。植朗子氏にいたっては「鬼滅の刃の作者の吾峠呼世晴氏は女性と言われる」と、作者が女性であるとも断定していない（実際、作者の詳しいプロフィールは未公開である）。性別が特定できない状態でのジェンダー論の展開に意味はあるのだろうか？

この点、令和元年六月十六日付朝日新聞は興味深い記事を載せている。宇野常寛氏ら何人かの評論家は六〇年代の特撮『ウルトラマン』は、安保条約下の日本のあり方が潜在テーマである、とみなした。そして、令和元年配信の『ULTRAMAN』は、かつての巨大ウルトラマンとは異なり、人間と等身大の身長との設定である。評論家らは「この新設定は、中国や北朝鮮の軍事力が台頭し、米国の影響力が交代しつつある東アジアの情勢を反映しているが故に、ウルトラマンは小さくなって日本を守っている」と解釈した。

　しかし、同記事によると、ウルトラマンシリーズを製作している円谷プロの隠田雅浩エグゼクティブマネージャーは「そのような見方は、私たちの創作意図とは異なる」と一刀両断しているのだから、お笑いである。この手の評論家のいうことが、いかにいい加減かがわかる。コミック界の巨匠・鳥山明は「僕のマンガの役目は娯楽に徹すること。メッセージ性は不要だ」と公言している（平成二十五年三月二十七日付朝日新聞）。また、マンガ家の原秀則も、インタビューで「マンガを通して伝えたいことは何か？　また、テーマは何か？」との問いに対して、「そんな大きなことを考えて描いていない。テーマについても考えていない」と明言している（令和三年一月七日付朝日新聞福井版）。評論家と呼ばれる連中はとかく作品の裏に隠された問題提起のメッセージを読みたがるものだが、クリエイター側は単に娯楽作品を作っているだけ、との認識のことも多いのである。

　マンガなりアニメなり映画なり、大ヒット作が出れば、専門外の文系研究者の評論が必ず世に出てくるが、参照に値するとは思えない。たとえば、マンガは毎月湯水のように新刊が世に送り出される。プロのマンガ学者がヒット作を考察するならともかく、専門外の学者が一部の限られた作品の上っ面だけ読んで、分析することに何の意味もないだろう。

　筆者はPCゲーム『ボクの手の中の楽園』（二〇〇九年）に登場する蝶が、作品の不気味さを強調していると論じたことがある[13]（図1）。それもそのはず、クリエイター側が同ゲームの設定資料集で、気持ち悪い演出をするために蝶を採用した、と明言しているからである。また、令和三

（13）Hoshina 2020a

図1『ボクの手の中の楽園』©2008 Hobibox／Caramelbox

年一月八日配信ORICON NEWS上で、九〇年代の大ヒットアニメ『美少女戦士セーラームーン』の本質は破壊である、との論説が掲載された。この記事も同作のプロデューサーが語った内容に基づいているので、十分引用に耐えうるだろう。文化昆虫学は文化論との側面を持つ以上、研究者側が作品の背景を独自に読み解く場合がある。しかし、なるべく作品の客観的な分析にとどめ、製作者側の意図の深読みは避けるべきである。

本書で扱う文化作品が、神話、和歌、軍記物語、絵本、コミック、ゲームなど文字に裏打ちされた媒体に重きを置き、日本画にあまり言及していないのは、より客観的な分析を心がけているからである。昆虫を題材とする絵画や彫刻は、視覚的なインパクトは大きいものの、作品中での昆虫の扱われ方の解釈に主観が入りやすい。一方、文字を中心とする作品群は情報量が多く、それ故に極力主観を排した比較考察が可能なのである。

❼三大和歌集にこだわる必要なし

今井彰は著書『蝶の民俗学』の中で、なぜ蝶は『万葉集』に登場しないのかを考察した。今井に限らず「古い和歌集にどのような昆虫が詠まれているか」との疑問を持った時、多くの日本人がまず開くのは、『万葉集』『古今和歌集』『新古今和歌集』の三大和歌集、もしくは藤原定家が選んだ『小倉百人一首』である。

仮に古代の和歌で詠み込まれた昆虫観が、現代短歌の昆虫にどのような影響を与えたか。これが命題であるならば、まずは三大和歌集を読み解かねばならない。『万葉』『古今』『新古今』ほど多くの人に読まれた歌集はなく、それ故に後世の詩歌に与えた影響は大きなものがある。

一方、平安・鎌倉・南北朝時代の歌人は、どのような昆虫和歌を詠んだか。この単純な命題の場合、何も三大和歌集にこだわる必要はない。八代集（『古今』『後撰』『拾遺』『後拾遺』『金葉』『詞花』『千載』『新古今』）と十三代集（『新勅撰』『続後撰』『続古今』『続拾遺』『新後撰』『玉葉』『続千載』『続後拾遺』『風雅』『新千載』『新拾遺』『新後拾遺』『新続古今』）、合わせて二十一代集の勅撰和歌集のいずれを参照してもよいはずである。もちろん、最初の『古今和歌集』が成立したのが十世紀の頭で、最後の『新続古今和歌集』は十五世紀前半に完成している史実に留意する必要はある。その間、実に五〇〇年の年月が流れているわけで、個々の和歌集がそれぞれの時代の思想を背景にしているのは当然だ。たとえば、同じ十三代集の中でも、二条家が編纂した『新千載和歌集』は、末法思想の影響が明瞭であるという。[14]よって、和歌の解釈は時代の変遷を考慮する必要があるが、「どのような状況で、どの虫が貴族の和歌の題材として取り上げられたか」を知りたいのであれば、『古今和歌集』と『拾遺和歌集』、『新後撰和歌集』は全て同価値のはずである。

和歌の中の昆虫を分析したいのであれば、単なる和歌集よりも『大鏡』『栄花物語』『太平記』『応仁記《おうにんき》』などの歴史物語や軍記物語で引用される和歌を重視したい。これらの物語中で時折挿入される和歌は、前後のストーリーを伴っているので、昆虫が作者のどのような感情を表しているかを探る情報量が多いのである。たとえば、『栄花物語』には以下のような和歌がある。

明日までも聞くべきものと思はねば今日ひぐらしの声ぞ悲しき

この歌だけでも、歌の作者の嘆きをヒグラシの哀しげな鳴き声に代弁させていることがわかる。そして、この歌には歌作者の梅壺女御《うめつぼのにょうご》が病を患っていた頃に詠んだものとのストーリーが加わるので、当時の貴族がヒグラシに投影した心情が一層読み取れるのである。

（14）下中　1993

また、近代の政治家や軍人が残した短歌や俳句、そして日記も文化昆虫学の好素材である。維新の元勲の木戸孝允《きどたかよし》には以下のような歌がある。

鳴蟲を驚さしと寝屋の戸をとさゝぬまゝに夜を明しけり（『木戸孝允文書』）

鳴いている虫を驚かせまいと、寝屋の戸を閉めるのを止めた、との歌だ。木戸が鳴く虫に寄せる同情が伝わる作だが、この歌は明治七年木戸が故郷長州の深川温泉で詠んだ、との点が重要である。前年の征韓論政変で西郷隆盛や板垣退助が下野し、明治新政府は瓦解の危機にあった。木戸の心痛察するに余りある。そのような状況の中、木戸がほんの一時の安らぎを故郷の鳴く虫から得ていたことが、この歌から読み取れるのである。

近代政治家や軍人が残した日記中に、虫を通した悲嘆が叙述されることもある。明治九年、晩秋に差しかかろうとする十月二十八日、新政府前参議の前原一誠は同志の長州士族とともに決起した。萩の乱の勃発である。同月三十一日、前原党と官軍との間に激戦が繰り広げられるが、軍備が絶対的に劣る前原党の敗勢はすぐに明らかになった。十一月一日、前原一誠は石見に逃れた。追われる身となった前原は日記にこう記した。

かなしむものは草はのひまにのこりし秋の虫はかり

前原は同月五日に新政府側に捕縛された。翌六日の日記には以下の一節がある。

こゝらははや秋の末なれは野への木草打しほれ、虫の音さへたへたへにいとすこく

妻木『前原一誠傳』が「折しも秋の末にて野辺の草木既に萎凋し、遠く虫声の絶絶なるもみな

君（前原一誠）等の悲哀を添ふるもののみ」と綴る場面である。賊軍となった前原は十二月三日に斬罪に処せられた。処刑の直前、前原は次のような戯句を詠んでいる。

これまではいかい御苦労からたとの　よひ出しの声まつむしや秋の風

大東亜戦争が終わって既に七〇年以上たった。少なくなったご健在の軍隊経験者も末端の兵士だった方ばかりである。現代人に一軍を率いた敗軍の将の心情がわかるはずもない。無理を承知で推考すると、前原は逃避行の最中の己の身を、鳴き声弱弱しくなった晩秋のコオロギとマツムシに、重ねずにはおられなかったのだろう。この辺りの感傷は日本人の性ともいえようか(15)。

このように近代政治家や軍人の生涯は、概して平安・鎌倉の貴族歌人よりも波乱に満ちている。彼らが残した歌の年代が付記されていれば、その歌が権勢の絶頂期に詠まれたものか失脚後に作られたものなのか、または勝ち戦で気分が高揚して口から出た歌なのか、逆に敗れて撤退中につぶやいたものなのかがわかるのである。政治家や軍人の出来がよくない歌は、付属情報がない「読み人しらず」の『古今和歌集』の名歌よりも、はるかに考察材料に富んでいる。

以上、文化昆虫学の研究を進める上で、『万葉』『古今』『新古今』の三大和歌集に後生大事にしがみつく必要はまったくないのである。

❽結論——令和新時代の文化昆虫学は、三大和歌集・『枕草子』・『虫愛づる姫君』・小泉八雲と決別すべし

平安期の文学に登場する昆虫を知りたければ、『古今和歌集』や『枕草子』を手に取る。江戸

（15）敗残の身となった軍の総帥は鳴く虫の声に悲嘆する、との絶対的な描写方式があるわけではない。たとえば、鎌倉初期の承久の乱に敗れた後鳥羽上皇は、一二二一年七月に隠岐に流された。この戦乱を描いた軍記物語『承久記』（元和四年古活字本）には、隠岐に連行される前後に上皇その他が詠んだ和歌が収録されている。しかし、現在の暦でいえば秋の夜長の季節であるにもかかわらず、鳴く虫はこれらの和歌や前後の文章に出てこない。『承久記』の作者は、虫の鳴き声に敗者の慟哭を代弁させなかったのである。

期の俳句での昆虫の描かれ方に興味を持てば、松尾芭蕉や小林一茶の句集に目を通す。明治や大正時代の短歌や俳句を資料とする文化昆虫学といえば、夏目漱石や正岡子規の作品を漁る。

これらの調査手法は正しい。『枕草子』や『おくのほそ道』など、我が国を代表する文学作品が後世の日本人に与えた影響は強く、これらの名作を無視する必要はない。しかし、日本文学を材料とする文化昆虫学の最大の目的は、日本人の昆虫観を明らかにすることにある。紫式部や正岡子規といった個人の昆虫観は参考程度でしかない。日本史上選りすぐりの作家群の感性は庶民と大きくかけ離れていることは、常に念頭に置いておく必要がある。

もちろん、⑦で筆者が文化昆虫学の好素材と断じた近代政治家や軍人の短歌にしても、彼らは平均的日本人よりも相当高い教養の持ち主ではないか、との反論はある。ただ、芥川龍之介や高浜虚子よりは、庶民に近い感覚を持っている分マシ、というだけの話である。さらに、近代短歌は当時の新聞の歌壇に一般読者の作品が掲載されているので、日本庶民の昆虫観を正確に把握することも可能だ。文化昆虫学的に重要なのは、どの昆虫がどの場面どの心情で短歌に詠み込まれているかであって、歌の良し悪しははっきりいってどうでもよいのである。

平安後期以降成立とされる『堤中納言物語』収録の『虫愛づる姫君』との有名な話がある。世間の悪評なんぞ知ったことか、昆虫採集や飼育にあけくれる姫君が主役の物語で、文化昆虫学の概説では必ずといってよいほど引用される。(16) また、『虫愛づる姫君』は今なおプロの文学者の研究材料ともなっている。(17) ただ、率直なところ、お腹いっぱいである。何とかの一つ覚え、とまではいわないが、文化昆虫学の業界で『虫愛づる姫君』なる異色作を引っ張ってきて、日本人の昆虫愛に結びつけるやり方は再考の余地がある。

筆者の本書の前書とも呼ぶべき『大衆文化のなかの虫たち』は、和歌集や古典などの〝お堅い

(16) 小西 1993 や奥本 2019 など
(17) 坪井 2012 や小島 2014 など

文化作品〟を徹頭徹尾排除した、文化昆虫学的にアウトサイダーの代物である。一方、本書は神話や和歌集、王朝文学、軍記物語、江戸文学など、〝お堅い文化作品〟をふんだんに材料とした正統派文化昆虫学だ。とはいえ、やはり従来の文化昆虫学書籍とは一線を画したいもの。本書では、従来の文化昆虫学ではあまり引用されてこなかった、『万葉』『古今』『新古今』以外の和歌集、室町期の御伽草子、江戸期の和歌、明治大正期の新聞記事、そして現代サブカルチャーを幅広く活用している。

繰り返すが、日本人の昆虫観を探る文化昆虫学の世界では、歌や小説の良し悪しはどうでもよい。夏目漱石の『坊っちゃん』と、単行本化されなかった名も無き作者の近代新聞連載小説は、文化昆虫学的には同価値である。『万葉集』や正岡子規作品の分析研究なんぞは、放っておいてもプロの文学者がやってくれる。文化昆虫学者はその成果だけ引用との形で頂戴すればよいのである。子規の句集を丹念に読み込む時間があれば、むしろ文学的な研究対象とはならない幕末志士の日記の読解にあて、志士が書き記した和歌や昆虫観をノートにメモした方がよい。そして、少しでも多くの国内外の神話、三大和歌集以外の和歌集、小説、コミック、絵本の諸作品に目を通し、客観的な分析を行う。令和新時代の文化昆虫学に必要なのは、『枕草子』や『虫愛づる姫君』、『おくのほそ道』、小泉八雲の呪縛からの解放である。(18)

（保科英人）

（18）筆者は、文化昆虫学において『枕草子』や『万葉集』は不要といっているわけではない。実際、第Ⅱ部でこれら著名古典から引用している箇所は少なからずある。ただ、超有名作品だけに着目するな、と指摘したいのである。

第Ⅱ部

文化のなかの虫たち

神話から現代サブカルチャーまで

第1章　トンボ　近代以降に創られた郷愁の虫

筆者は日本トンボ学会の会員である。また、福井県環境審議会野生生物部会長でもある。そのおかげで、絶滅危惧種のトンボの生息状況の悪化は否応なく耳に入ってくる。人口や国際的地位と同様、我が国のトンボの個体数は絶賛右肩下がり中である。では、トンボの文化的な地位はどうか？　トンボはその形状からして、安価な日用品のモチーフにはなりにくい事情がある。単純な丸型のテントウムシは、グッズ化の際に足や触角を省いても、誰しもがテントウムシとして認識してくれる。だからこそ、弁当箱やボタン、菓子パン何にでもなれる[1]。そのテントウムシと比較すると、トンボはデザインの簡略性の点ではるかに劣る（図１）。

一方で、トンボを嫌い、気持ち悪いと感じる日本人は極めて少数派だろう。トンボはずいぶんと数が減ってしまったが、それでも大都市の公園に池さえあれば、シオカラトンボぐらいなら生息している。体が大きいことにくわえ、視界を遮るものがない水面を飛ぶトンボは、格別昆虫に興味がない人の目にも、姿が自然に映る。本章では、そんなトンボたちの文化的な栄枯盛衰の歴

（１）保科　2020a

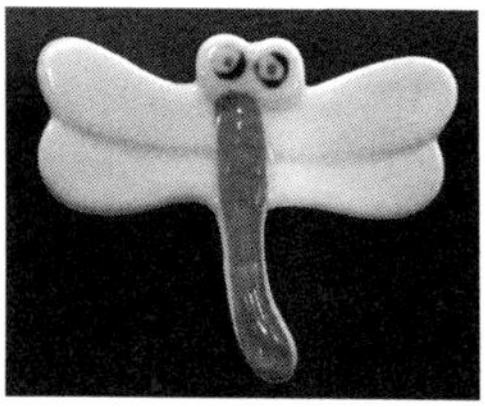

図１ トンボの箸置き

史を語ることとしよう。

❶日本神話に見るトンボ

メソポタミア地方が位置する中近東は、砂漠ばっかで水とは縁遠いとの印象を持たれがちだ。しかし、古代オリエントの神話には、トンボはしばしば登場する。たとえば、シュメル神話にはニンウルタ神が退治した十一勇士の一人がトンボだった、との物語がある。(2) また、こんな話もある。永遠の命を与えられたウトナピシュティムに対して、英雄ギルガメッシュも永遠の命を懇願した。ウトナピシュティムの回答は否定的なものだった。ウトナピシュティムは「川は永久に水位を上げ、洪水をもたらすか？　トンボはその抜け殻を残すが、その顔は一目だけ太陽の顔を見るだろう。古い日々から、永久性は存在しない」と答えた。(3) 抜け殻は残るけど、虫そのものは長くは生きられない。日本人なら、これに該当する虫として十中八九、セミを持ち出すはずだ。しかし、古代オリエントの人々は、トンボをこの哀しい定めを背負う虫に仕立て上げたのだ。発想の違いというほかない。

神話に登場するトンボといえば、日本神話に優るものはない。このことは第Ⅲ部第1章で詳しく紹介する。神武天皇は「なんと素晴らしい国を得たことよ。狭い国ではあるけれど蜻蛉《あきつ》が交尾しているように、山々が連なり囲んでいる国だ」と言われた。これにより秋津洲《あきつしま》の名ができた（『日本書紀』）。また、雄略天皇が狩りをしていると、アブに刺された。すると、どこからともなくトンボが飛んで来て、そのアブを食い殺した（『古事記』）。

幕末、岡山藩を脱藩した勤王志士の藤本鉄石は、文久三（一八六三）年、中山忠光や吉村虎太

（2）岡田・小林 2008

（3）グレイ 1993

郎らとともに天誅組を結成し、大和五条天領の代官所を襲撃した。世にいう天誅組の変である。武運つたなく天誅組は敗れ、同志だったはずの十津川郷士は離反した。落胆した鉄石は次のような歌を詠んだ。

大君の御たゞむき螫《さ》す虻をおきて蜻蛉はなきか秋のみ空に

トンボでさえ雄略天皇を助けたというのに、我々義軍には味方がいないのか、と嘆いた失意の歌である。鉄石は絵画を書けるほどの教養の持ち主だったから、敗戦の最中であっても、とっさに『古事記』を踏まえた和歌を詠めても不思議ではない。

天皇家と最も縁が深い昆虫を挙げよ、と問われれば、間違いなく「トンボ」が正解である。令和元年十月、秋篠宮殿下の長男の悠仁さまは、夏休みの課題で書いた作文「トンボと私」が佳作に入賞された（令和二年九月六日付朝日新聞）。悠仁さまは、ご先祖の雄略天皇がトンボに助けられたことをご存じなのだろうか？　作文の中身が気になるところである(4)。

❷鳴かず飛ばずの時代

『古事記』『日本書紀』で天皇家との強い絆が描かれたトンボ。日本文学史上、最高のスタートを切りながら、その直後からトンボは文化的に低迷してしまう。たとえば、『万葉集』には以下のような二歌がある。

あきづ羽《は》の袖振る妹を玉くしげ奥に思ふを見たまへ我が君

（4）悠仁さまの作文中に、古代天皇家とトンボとの関係に言及された箇所があるのかどうかは、大いに気になるところである。なお、本文中の「ご先祖の雄略天皇」との表現は、厳密には正しくない。雄略天皇の次の清寧天皇の代で、雄略の血統は絶えている。現在の天皇家の直接の先祖は、雄略の大叔父の末裔の継体天皇である（天皇家の系図が正しいならば）。

たらちねの　母が形見と　我が持てる　まそみ鏡に　蜻蛉領巾
　負ひ並め持ちて　馬買へ我が背

トンボの羽のような袖。そして、蜻蛉領巾《あきづひれ》とはトンボの羽のように薄く透き通った頭巾のことである。(5) どちらもトンボは比喩として用いられているだけで、生物としてのトンボが詠まれているわけではない。平安時代に入っても、トンボが和歌の題材となることはなかった。押野は、(6)「雅な和歌には、俗なトンボは似合わなかったのではないか」と推察する。なにはともあれ、『古事記』『日本書紀』が編纂された八世紀以降、トンボは文化的に鳴かず飛ばずの時代に入る。

(5) 小島ら 1995b
(6) 押野 2012

❸近世文化におけるトンボの復活

宮中の貴族や上流僧が独占していた文化の担い手は、室町時代以降、民間の有識者へと拡大を始めた。俳句や連歌が流行し、御伽草子が編まれる中、日本文学にトンボがポツポツと姿を現すようになる。

たとえば室町時代成立の御伽草子に、登場人物が虫だらけの『虫妹背物語《むしいもせ》』がある。モテモテのヒロインの玉むし姫に対して、さまざまな虫の男が言い寄るお伽話だ。そして、キャラクターの一人に「とんほのとひの助」なる者がいる。(7) とんほのとひの助は見事玉むし姫のハートを射止めるイケメン役…ではなく、振られ役…でもなく、手紙を運ぶただのパシリである。

江戸後期の歌人の香川景樹は、トンボを詠んだ和歌をいくつか残した。以下、二歌を記す。

(7) 横山・松本 1985

ゆふ日さすあさぢが原に乱れけりうすくれなゐの秋のかげろふ
尾羽ふれてあきつ飛ぶなる草川のみぎはに咲ける大和なでしこ

前者のかげろふ（蜻蛉）は、現在でいうところのカゲロウではなく、明らかにトンボ、しかも赤トンボのことである。後者は、あきつ（＝トンボ）が飛ぶ川の岸にはナデシコが生えている、との情景を詠んだ歌だが、トンボとナデシコの組み合わせは偶然ではない。秋津洲は日本の古名で、「大和」にかかる枕詞である。[8] それゆえに景樹はトンボと大和なでしこを繋げたのである。景樹と同じ江戸後期の歌人の大隈言道《ことみち》も「旅人とみちゆくかさのうへにさへあなづらはしくゐるあきつ哉」との歌を残した。旅人の笠の上を飛ぶトンボを詠んだ歌で、旅情を慰める一風景と受け取れる。[9]

元禄期の松尾芭蕉には「蜻蜓《とんぼう》や取りつきかねし草の上」との有名な俳句がある。また、同じく江戸前期の磐城国平七万石の藩主で、大名俳人の内藤風虎《ふうこ》にも「秋の色や見ざりし雲の赤とんばう」との作がある。ただ、筆者が近世俳句と近代俳句をぼんやり眺め比べていると、なんとなく明治以降の近代俳句の方が、トンボがより多く登場するような気がしてきたのである。

遊磨[10]は約一万の昆虫類が詠まれた俳句を収集した。そして、それらの俳句の詠み手を江戸時代以前・明治大正時代・昭和時代の三つに分けた。さらに、一万の俳句を昆虫のグループごとに分類した。これにより、蝶やセミ、トンボがどの時代に、どれだけの俳句に登場するかが明らかになったのである。トンボについて見ると、詠まれた割合はどの時代も大差がないとの結果になっている。

近世は近代よりもトンボが詠まれなかった、というのは、筆者の気のせいなのか。ただ、遊磨

（8）久保田 2002
（9）高木・久松 1966
（10）遊磨 2004

が収集した俳句は、江戸以前の生まれの俳人による作品は一四四二句で、一方、明治大正生まれの作品は八〇四八句で、分母に差がある。もちろん、近世、近代とも、その時代に詠まれた俳句を全部集めきるなんぞ到底不可能で、分母の固定はできない。

筆者は別の方法を考えた。雲英ら校注『近世俳句俳文集』と楠本ら『近代俳句集』は、ともに編集者の好みで集められた、近世と近代の俳句のアンソロジーである。そして、編集者は昆虫学者でも何でもないから、全俳句中トンボが出てくる作品の割合を調べるとの点においては、掲載されている俳句は、同時代の全俳句からの無作為抽出に近いはずだ。そこで、物は試しと、筆者はこの俳句アンソロジー集でもって、近世と近代の俳句中のトンボの出現頻度を比べてみた。

以下、結果である。『近世俳句俳文集』には一一七三の俳句が収録され、トンボが詠まれたのはわずかに一句。一方、『近代俳句集』は二六九二句中、トンボを含む句は十。これだけ見ると、たしかに近代の方が、トンボが多く詠まれているように感じる。

筆者の統計処理にとうてい堪えられないデータはともかく、室町期や江戸期の文学において、トンボが他の昆虫と比較して、明らかに軽んじられている作品がいくつか散見されるのはたしかだ。たとえば、御伽草子の一つに『こうろき草子』がある。(11) 夕暮れに萩の下葉の影から多くの虫が集まって来る。その中でコオロギが、自分ら虫たちが季節の中で必死に生きていることを仲間の虫たちに訴えかける。そして、各々は心の内を思い思いに歌にし、藪の中に帰っていく、とのあらすじだ。特に大きなストーリーがあるわけではない。名乗りをあげた虫は、首領格のコオロギのほか、スズムシ、キリギリス、マツムシ、クツワムシ、ケラなど鳴く虫勢が多く、タマムシ、コガネムシなどの甲虫、それに蝶、ハチなどが含まれる。しかし、マイナー昆虫と思しき蚊、毛虫、シラミ、ノミ、ミノムシまでが歌を詠んでいるのに、トンボがまったく登場しないのは、現

(11) 萩野 1901

代人の感覚では解せないところである。

次は江戸前期の俳人の北村季吟《きぎん》の『山の井』より。『山の井』は慶安元（一六四八）年刊行の俳句のテキストである。[12] この中に「虫」との章がある。「松むしは松にたよりて、せんざいにかはらねいろをめで、又人まつむしとそへてもいへり」マツムシは、松にことよせて、前栽の松の緑とともにいつまでも変わらない鳴き声をたたえ、また人待つ虫として、俳句にするとよいでしょう、と季吟は指南しているのである。季吟は俳句の題材とすべき虫として、スズムシ、クツワムシ、ミノムシなどのほか、コメツキムシやカマキリまで例として挙げているが、トンボについてはまったく言及がない。[13]

三番目は江戸中期の俳人の横井也有《やゆう》の俳文『鶉衣《うずらごろも》』。この中に「百虫賦」との章があって、蝶は優美だ、セミは五月晴れに初めて聞くのが趣がある、ホタルは四季の風物の中でも最上だ、その他、アリ、ハエ、シラミ、カマキリ、スズムシ、イモムシ、蚊、ゲジゲジはああだこうだと力説しているのに、トンボについてはこれまた完全シカトなのである。シラミやゲジゲジにまで高説を垂れているのに、なぜトンボの「ト」の字も出てこないのか？

最後は江戸期の仮名草子『尤之双紙《もっとものそうし》』である。『尤之双紙』は「大切なる物のしなじな」「青き物のしなじな」等の項目を掲げ、それに該当する品々を面白おかしく列記した作品である。たとえば、「惜しきもののしなじな」だと、金銀、命、盛りの花、などなど、物品、人生哲学、生き物など、さまざまなジャンルから「惜しいもの」を選び出して、書き連ねていくとのスタイルだ。『尤之双紙』は「細き物のしなじな」としてアリの腰、「憎き物のしなじな」としてハエ、「紫の物のしなじな」としてツボスミレを挙げる。しかし、「赤き物のしなじな」では、天火、稲妻、ざくろの実、赤貝などが来るが、赤トンボはない。細いものとして、著者の頭にアリの腰を選ぶ発想

（12）雲英ら 2001

（13）季吟は「虫」の中で、俳句の題材としてホタルを取り上げていない。それもそのはず、ホタルについては「蛍」と独立した章で解説している。俳句に詠むべき虫の中で、ホタルは別格扱いなのである。

はあるのに、赤色のものと問われて、赤トンボが浮かばなかったのか…。筆者は思わず腕組みをしてしまった。

上田[14]は、十二世紀に作られたとされる国宝「自然釉秋草文大壺《しぜんゆうあきくさもんおおつぼ》」にススキとおぼしき秋草にトンボの絵が描かれているところから、この時代にすでにトンボが秋の季節の象徴として意識されていた、と述べる。江戸期にはトンボの図譜がさかんに描かれていたことは事実だ[15]（図2）。十返舎一九『貧福蜻蛉返《ひんぷくとんぼうがえり》』は「稼時は忽蜻蛉の目玉の如く。大なる身代となるべし。若一心蜻蛉返せば。終に借金の淵の川とんぽうから。耻かく顔の赤蜻蛉」との冒頭で始まる。そして、江戸後期の国学者の伴信友《ばんのぶとも》は「蜻蜓は夕になれば、蚊などを食はむとして、多く中空を飛めぐるものなれば」（『比古婆衣《ひこばえ》』）と、ヤンマの黄昏飛翔を正確に承知していた。このように、図譜の作者は言うに及ばず、江戸期の文人たちはたしかにトンボに強い関心を持っていた。

しかし、北村季吟と横井也有の俳諧論説や俳文で、トンボが俳句の好素材として扱われていない点は、どうにもこうにも引っかかる。江戸期の俳人たちのトンボ観の全容を語るのは筆者の能力の範囲を大きく超える。プロの文学者の見解を知りたいところだ。ただ、現代人と比較すると、江戸期文人たちのトンボ観は異なる、ざっくばらんにいえば、同時期の文人たちはトンボを軽視していた面がある、と筆者には思えるのである。

❹近代日本人とトンボ──季節の風物詩としての地位確立

ここで時を明治時代以降に進めよう。当然のことながら、近世文学で復権を果たしたトンボは、近代短歌や俳句においても、その姿を見せている。

(14) 上田 2004
(15) 小西 1990、光瀬 1990

図2 江戸後期に描かれたトンボの図譜（栗本丹洲『丹洲蟲譜（千蟲譜）』〔東京大学附属図書館蔵〕より）

さ庭べに往き来をやめぬ蜻蛉ゐて白壁のうへに夕日移るも　　中村憲吉
金魚草にトンボとまりて金の眼を日にまはす時ドンのとゞろく　　木下利玄

前者は庭を往き来するトンボと白壁にさす夕日の光の動きを重ね合わせた短歌だ。後者の「ドン」とは、かつて旧江戸城から正午を知らせるために発射していた空砲の音のこと[16]。つまり、現代日本人にはもはや詠めない代物である。近代俳句も例として以下に三つ記す。

三日月の空を蜻蛉の行方かな　内藤鳴雪
西ゆ北へ雲の長さや夕蜻蛉　大須賀乙字
肩に来て人懐かしや赤蜻蛉　夏目漱石

次に近代以降の新情報媒体である新聞記事を中心に見ていこう。トンボ関連記事は、数的には決して多くはないものの、ところどころで紙面を占めている[17]。明治二十五年、読売新聞は「下谷、浅草、本所、深川等の場末ハ一昨日よりムギワラ蜻蛉が出初めたり」と報じた（同年五月三十日付）。明治時代、シオカラトンボの成虫の出現は、夏到来を告げる風物詩であったことがうかがえる。

赤トンボの大群飛も人々に強い印象を与えていた。明治二十八年晩夏、東京の日本橋区蛎殻町に雲霞の如きトンボの二つの大群が二方向から出現した。この風景を読売新聞は「蜻蛉の合戦」と称した（同年八月三十日付）。当時の人々にとってこの規模の大群は物珍しかったようで、多数の見物客が詰めかけた。

（16）木俣 1973
（17）保科 2020b

集結したトンボの個体数が多すぎたゆえか、やや奇異的に報じた記事もある。明治四十二年晩秋、茨城県結城郡に数十万頭の赤トンボが集まり、電話電信線に多数止まったほか、トンボの羽ばたきの音まで聞こえたそうだ（同年十一月十九日付東京朝日新聞）。明治末の茨城県人には奇観と思えたらしく、見物人が山のごとく集まった。あまりに多くの群衆だったため、駐在所から巡査が派遣され、非常警戒までしたというのだから恐れ入る。現代の昆虫学の知見から判断しても、十一月も半ばを過ぎた時期に、アキアカネのとてつもない大群を見ることはあまりないような気がする。当時の茨城県の人々が大変奇異に感じて一目見ようと思いついても不思議ではない。

赤トンボが季節の風物詩として記事になるのは現代も同じである（たとえば平成三十年十月四日付朝日新聞〈高知県版〉など）。そのような意味では近代日本人も現代日本人もトンボへの見方はそう変化していないが、明治日本人のように周辺の住民が大挙してトンボ見物に押し寄せた、との話は近年聞かない。近代は、トンボが季節の風物詩として、庶民レベルで確実に定着した時代である。

もっとも、現代社会では赤トンボの大群を見ること自体が難しくなっているので、物好きの見物客が発生しないのはやむなき事かもしれない。近年、各種農薬の影響で赤トンボ類の減少が指摘されている[18]。一方、たった百数十年前の明治十五年十月には、東京の南品川の上空を数万の赤トンボが群飛し、一〇分間空が見えぬほどトンボで埋め尽くされたというのだから（同年十月四日付読売新聞）、トンボも随分と少なくなったものである。

❺新聞広告と企業名になったトンボ

（18）神宮子 2012

現代日本でも「トンボ鉛筆」や「トンボ出版」など、トンボは企業名になることがある。また、筆者は町中で「とんぼ」なる飲み屋の前を通りがかった記憶がある。実際、「トンボ　居酒屋」でネット検索すると、いくつかの店舗が引っかかる。ちなみに、同じ酒類を提供する店であっても、トンボは居酒屋、蝶はキャバクラと、トンボと蝶の間で、ある種の〝住みわけ〟が見られる。生物の実態に合っているかどうかは別にして、蝶はどうしても性的な雰囲気を持つ昆虫として扱われることが少なくない[19]。逆に、トンボは素朴との印象を客に与えるイメージを持つのか。

かつてトンボは漢方薬の材料として取引されていた。とくに、ナツアカネやショウジョウトンボなどの赤みの強い種を材料とした漢方薬は、百日咳や扁桃腺炎、梅毒に効果があると信じられていた[20]。明治十七年八月八日付朝日新聞は「鳥獣魚虫を黒焼にする高は三府中当地（大阪）を最も多しとするよし」と報じた。この記事によれば、同年上半期に商取引された生き物の内訳は、赤蜻蛉二万、蛇一三〇〇、百足二一〇、石亀五〇、鳶六五〇、猿二〇などなどで、赤トンボがずば抜けて多く取引されていた。なお、すべての生き物の合計取引金高は八五〇円余だったという。明治十年年代後半は大工の日当が約四〇銭との時代である[21]。仮にこの四〇銭を現在の貨幣価値の一〜二万円とすると、八五〇円は数千万円ぐらいの計算になる。令和日本の漢方薬材料市場の経済規模がどれくらいか、筆者には見当もつかないが、当時の大阪が日本経済の中心だったことを鑑みると、数千万円は意外と控えめの数字のような気がする。

明治時代、神戸元町の「精々薬館」との製薬業者がさかんに新聞広告を出していた。たんを取り、咳を直す薬の「和胸散」はこの業者の商品である（明治十九年六月五日付神戸又新日報）。そして、この「精々薬館」の商標がトンボなのである（図3）。「精々薬館」製商品のいずれかにトンボが原材料として使わ

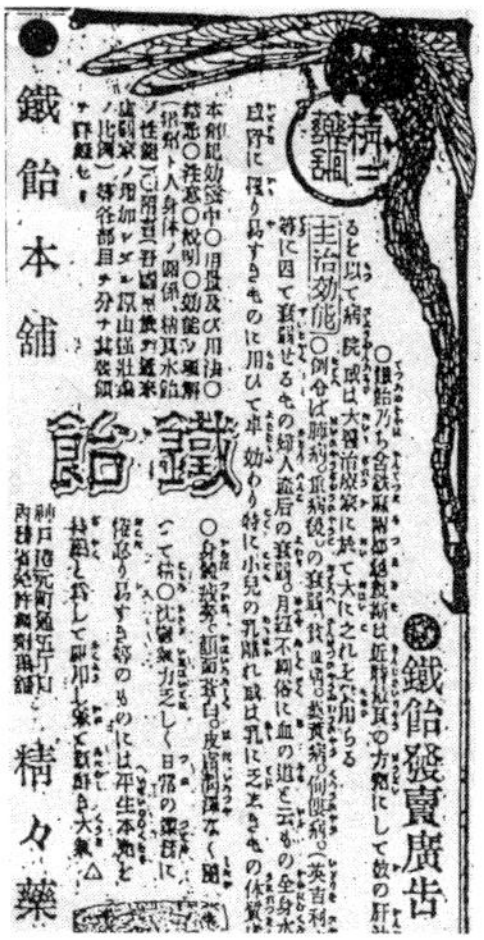

図3　明治19年7月1日付神戸又新日報

（19）保科　2018b

（20）二橋　2014

（21）森永　2008

れていたことが推測できよう。なお、「精々薬館」の鐵飴は中々の売れ筋だったようで、それ故に他社のコピー商品まで市場に出回ってしまった。そこで、「精々薬館」は「とんぼの商標なきものは真正の鐵飴にあらざるなり」との注意喚起の新聞広告を掲載している（明治三十年六月一日付神戸又新日報）。

「精々薬館」とは異なり、トンボとの名を直接持つ企業も存在した。筆者が近代期の新聞広告や記事中に見つけた〝トンボ〟企業と業種は以下の通りである。

・時計及び附属品装飾品「蜻蛉商店」（明治二十二年六月二十九日付東京朝日新聞）
・美術雑貨店「蜻蛉商会」（明治二十四年九月十日付読売新聞）
・印刷業「蜻蛉社」（明治二十七年十月二十三日付東京朝日新聞）
・出版社「蜻蛉館書店」（大正五年六月二十四日付読売新聞）
・毛糸屋「トンボ屋」（大正十二年十二月二日付東京朝日新聞）
・料亭「とんぼ」（大正十四年八月七日付読売新聞）
・雑貨店「赤とんぼ」（昭和六年九月六日付東京朝日新聞）
・楽器製造業「トンボハーモニカ手風琴製作所」（昭和十七年十月二日付読売新聞）

ここで挙げた企業は、「精々薬館」とは異なり、トンボとはまったく無縁の業種である。トンボは名称でしかない。この他、企業名ではないが、明治二十年代には「蜻蛉ビール」との商品名のビールがあった（明治二十一年五月十一日付読売）。現代でも日本やヨーロッパにトンボが描かれたラベルを持つ酒類は存在するから、とくに珍しい話ではないのだろう（図4）。

図4　日本酒「夏ヤゴ」

❻トンボは勝ち虫

トンボは勝《か》ち虫《むし》と呼ばれる。トンボは飛ぶ際に後退せず、ひたすら前進するからである。そのため、トンボ型金具は武家政権時代の鎧や兜などのさまざまな武具に備え付けられてきた(22)（図5）。また、越前松平家は「蜻蛉《とんぼ》模様《もよう》顕紋紗《けんもんしゃ》夏用《なつよう》陣羽織《じんばおり》」を所蔵していて、背中には細密なトンボの蒔絵が施されている(23)（図6）。いわば縁起担ぎとしてのトンボは、前述の季節の風物詩とは、まったく異なる扱われ方ということになる。

では、武家政権の時代が終わり、鎧兜が骨董品になった明治以降、トンボはどうなったか。たとえば、明治二十一年創刊の雑誌『日本人』の表紙はトンボの絵柄である（図7）。そして、関東大震災後に発行された切手の図柄もトンボである(24)（図8）。このトンボ切手は、震災からの復興を願う人々の心情の結晶であろうが、同様に経済不景気からの脱出をトンボに託す慣習が一部存在した。

当時、不景気になるとトンボをあしらった着物が流行する、との新聞記事があった。昭和恐慌

(22) 柏崎市立博物館編 2005
(23) 福井市立郷土歴史博物館編 2013
(24) 上田 2004

図5 鉄錆地帽子形兜
（柏原美術館蔵）

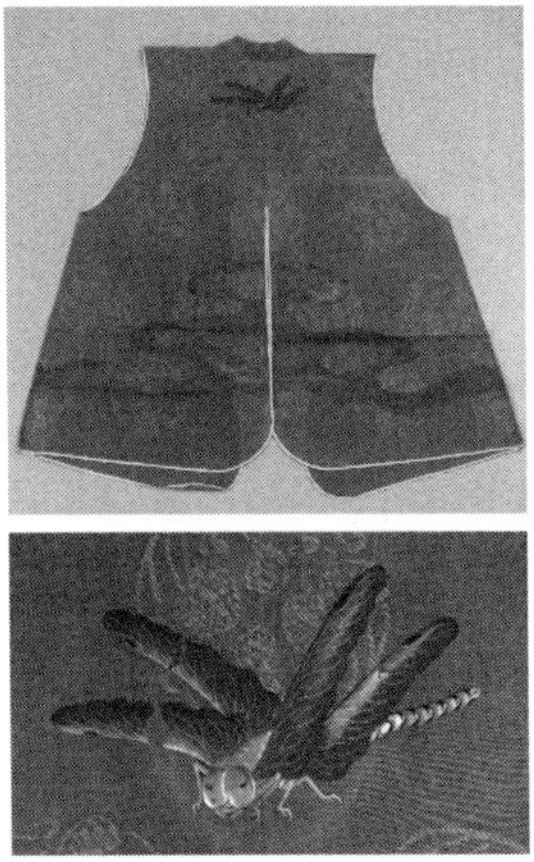
図6 蜻蛉模様顕紋紗夏用陣羽織
（越葵文庫蔵）

図7 雑誌『日本人』の表紙
（明治21年4月3日発行）

図8 関東大震災後に発行されたトンボ柄の切手

真っ只中の昭和五年、歌舞伎座に来る見物人の三割がトンボ模様の着物を着ていたという（同年八月二十二日付読売新聞）。また、昭和十二年七月、盧溝橋事件が勃発し日中戦争に突入した日本は、慢性的な経済不況に陥った。翌昭和十三年、デパート関係者は記者の取材に対して「不景気になるとトンボ模様の着物が流行る」と答えている（同年十一月二日付東京朝日新聞）(25)。

こうして見ると、明治以降も日本人はトンボを勝ち虫とする武家政権時代の発想を守ったかに見える。そして、それを象徴するエピソードがある。時は明治二十七年六月の日清戦争の緒戦の成歓の戦い。混成第九旅団を率いる大島義昌少将は成歓駅にて部下将校と軍議を開いていた。すると、トンボが飛んできて少将の肩に止まった。さてこそ縁起良きことかな、と当時話題になった。これを報じた新聞記事の見出しは「勝ち虫の紋」となっている（明治二十八年十一月十二日付読売新聞）。このトンボの御加護があったせいか、成歓の戦いは日本軍の圧勝となった。その後も、日本陸海軍は清国軍相手に連戦連勝を重ね、戦争は日本の大勝利に終わったことは周知のとおりだ。

さて、この大島少将の逸話は大変面白いのだが、問題は本稿で引用した新聞記事は成歓《せいかん》の戦いから一年以上たった、回想記事であるとの点だ。大島義昌将軍にはまとまった伝記はなく、また日清戦争とほぼ同時期に書かれた陸海軍軍人列伝の類にも大島少将とトンボの逸事は記録されていない(26)。現時点では大島少将のこのエピソードを史実として断定してよいのかどうかは不安が残る。

❼日本陸海軍は勝ち虫思想を継承せず

（25）戦前の昆虫学者の中林馮次は、大阪市内のデパートでトンボ模様の衣類を目撃している。中林は「トンボ模様が流行すると景気が良くなると昔から言われている。トンボが益虫であることとから出てきた言葉だろう」と推察している（中林 1935）。

（26）堀本 1894、元木 1896

二・二六事件の強い衝撃から、昭和の軍部は暴力による威圧で、大日本帝国を牛耳ったと思われがちだ。しかし、近現代史の権威である秦郁彦氏によれば、昭和ファシズム期に軍人が文官を圧倒した要因の一つは、膨大な教育量を施された知的背景の格差にあったという。軍部ほど幹部候補生の教育と再教育に力を入れる組織は他になかったからである。(27)

そんな英才教育を反映してか、一見粗暴と思われがちな、かつての軍人は意外にも雅な短歌を多く残している。とくに、硫黄島で戦死し、「ルーズベルトニ与フル書」で有名な市丸利之助海軍中将は、軍人歌人としても名高い。この市丸にはトンボを詠んだ一首がある。(28)

湯の山の山ふところを大やんますくすくと飛びひぐらしの啼《な》く

山のふところを飛ぶ大きなヤンマ。筆者は市丸が詠んだのはオニヤンマではないかと推測する。それはさておき、『市丸利之助歌集』にはトンボを勝ち虫と称え、戦争に勝ってみせる、との意の歌は収録されていない。そして、市丸にかぎらず、筆者は今のところ、勝ち虫のトンボを詠んだ軍人短歌を一首たりとも見つけ出せていない（ご存じの方があれば、御教示いただければ幸いである）。

結論からいうと、日本陸海軍はトンボを勝ち虫とみなす武家政権時代の発想を受け継がなかった。前述の日清戦争時の大島義昌将軍の逸話は、例外の部類に入る。むしろ、陸海軍はトンボを馬鹿にしていたと思われるフシがある。たとえば、日本陸軍には徒歩で荷物を運ぶ役目を負う輜《し》重《ちょう》輸卒《ゆそつ》と呼ばれる兵がいた。在営期間が短く、日中戦争期までは二等兵で終わることが多かった。そのため、彼らは軍隊内では「輜重輸卒が兵隊ならば、チョウやトンボも鳥のうち」と揶揄されていた。(29) ここでは、縁起担ぎのトンボとの発想はカケラも見受けられない。

(27) 秦 1982

(28) 市丸 2006

(29) 大谷 2014

そして、いざ戦争となると、日本海軍、新聞記者、そして国民はトンボを勝ち虫どころか、敵側の雑魚戦闘機になぞらえていたフシがある。たとえば、盧溝橋事件勃発からほどない昭和十二年十月。東京朝日新聞に「空襲、空襲、赤いとんぼの爆撃隊。編隊飛行で堂々と僕等の陣地へ攻めてきた。(中略)万歳！　万歳！　命中だ。とんぼの敵機は大慌て。散々ばらばら逃げていった」との読者投稿の詩が掲載された(同年十月十七日付)。

次に同じ日中戦争の話。昭和十二年八月、日本海軍は中国大陸へ渡洋爆撃を敢行した。その時の飛行隊長の入佐俊家少佐は四年後に「如何なる敵戦闘機もトンボにすぎなかった」と自慢げに回想した(昭和十六年八月十四日付読売新聞)。

三番目は大東亜戦争中の昭和十七年。朝日新聞の日高特派員は輸送船団警護に当たる血野一大中尉にインタビューした。中尉は敵戦闘機をトンボになぞらえ、己の任務を「蜻蛉釣」と呼んでいる(同年一月二十日付)。

四番目は昭和十八年十二月のラバウル海空戦を報じた新聞記事。その見出しは「宛ら蜻蛉叩き落とし。見敵必殺海鷲の神技」とある(同年十二月四日付朝日新聞)。

こうした軍人のコメントや新聞記事見出しに加え、昭和二十年の軍歌『神風節』(時雨音羽作詞)には以下の一節がある。[30]

敵の自慢の　ヘナヘナ蜻蛉　叩き落して　粉微塵

このように海軍航空隊はトンボをヘボの虫と貶めていた。彼らは「海の荒鷲、陸のにわとり」と、仲が悪い陸軍航空隊をバカにしていた。かの山本五十六が陸軍の東条英機に「ホホウ、君のところの飛行機も飛んだか。それはえらい」と愚弄したこともあったほどである。[31]ならば、「俺たち

(30) 長田 1976

(31) 阿川 1973

は鷲だ！」と自負する海軍関係者が、ワシよりはずっと弱いトンボを叩き潰す敵に想定したのもわかる気がする。

このような風潮がある以上、日本陸海軍が己の勝運をトンボに託し、戦闘機に「羽黒蜻蛉」「銀蜻蜓」などと命名する余地はまったくなかった、ということになる。(32) むしろ、日本陸海軍は、軍艦や飛行機にトンボというよりは、昆虫そのものの名前を使うとの発想を一切持たなかった、との説明の方が正しい。(33)

ある意味皮肉である。昭和十二年、日本陸軍は揚子江航行中の英国の砲艦を、敵の中国艦船と勘違いして砲撃してしまった。(34) この英砲艦名は「レディバード号」。テントウムシを意味する軍艦名である。そして、大東亜戦争中、日本海軍が死闘を繰り広げたアメリカ海軍の空母に「ワスプ」「ホーネッツ」がある。ともにスズメバチないしはジガバチを意味する艦名である。

日本人は自分たちが世界でも有数の虫好き民族であるとの根拠不明な自負を持ちがちである。(35) そして、戦争中の日本人はイギリスとアメリカを鬼畜米英と蔑み、現代日本人も何となく「俺たちは米英の連中よりも、虫を愛し、自然を大事にする民族だぜ」と思い込んでいる。しかし、実際の戦争にくわえ、昆虫愛勝負でも、日本海軍は米英に完敗したと明言しておこう。

有史以降、軍艦名に昆虫の名前を付けるとの発想が我が国にまったくなかったわけではない。なぜなら、幕末の諸藩が保有した洋式艦船には「胡蝶」「蜻蛉」「空蝉」などの名前が付けられていたからだ。(36) しかし、明治陸海軍が軍艦や戦闘機に昆虫名を拝借した命名をしなかったのは前述のとおりである。マニアックな事柄ながら、筆者は近代陸海軍の昆虫への冷淡さを文化昆虫学上の大きな論点と認識している。

さらに、輪をかけて不思議なのは、現代のテニスプレイヤーの錦織圭選手やメジャーリーガー

（32）厳密には日本海軍が所有した飛行機に虫の名を持つ機体は存在した。九三式中間練習機、愛称〝赤とんぼ〟である。九三式中間練習機は技量未熟者が操縦していることを周囲の一般機に知らせ、注意を促すため、機体全体を目立つ黄色で塗っていたから、〝赤とんぼ〟と呼ばれるようになった（野原 2004）。昭和二十年頃の軍歌『飛練節』には「長い予科練暇を告げて　着いたところが憧れの　赤いトンボが西条の空を　今日も飛ぶ飛ぶ飛行隊」との一節がある（長田 1976）。この〝赤とんぼ〟は終戦間際には特攻機に改装されたこともあるという（平成三十年四月十六日付朝日新聞「語り継ぐ戦争」）。

（33）保科 2016

（34）近代日中関係史年表編集委員会 2006

（35）保科 2019a

（36）神谷 2018

の前田健太投手が勝ち虫トンボの縁起担ぎを、己のユニフォームやグローブ上で実行している点だ（令和二年八月二十七日付読売KODOMO新聞）。リストラされた後に再起をかけて、トンボの絵柄の名刺入れを購入したサラリーマンの方もいる（令和三年一月二十七日付配信BUSINESS INSIDER JAPAN）。勝ち虫発想は明治維新を期に完全に途絶えたというのならともかく、最も勝ちを欲していたはずの近代陸海軍を素通りして、現代に継承されたのは謎というほかない。

❽帝国議会の請願に取り上げられたトンボ採集禁止法

日米開戦五か月前の昭和十六年七月の読売新聞に「トンボは蚊や害虫を食べてくれる益虫である。夏の市中にはトンボ捕りの少年たちが多くみられるが、親御さんや国民学校の先生は子供がトンボを捕らぬよう指導すべきだ」との投書が載った（七月二十六日付）。戦場では、トンボは敵戦闘機になぞらえられたヘボの虫であるが、それとは別に大事な益虫であるとの敬意も持たれていた。食糧増産が緊急課題とされていたこの時代、日本人のトンボを見る目はなかなか複雑である。

また、大正時代の時点で「トンボが可愛そうだから捕るな」との愛護思想も存在した。大正十一年、小石川の淑徳《しゅくとく》高等女学校では有志が「慈愛の會」を結成し、東京全市の小学校にセミやトンボを捕らないように、との宣伝活動を開始した（同年六月二十日付読売新聞）。活動の中で彼女らが前面に押し出したのは、組織名が示す通り慈愛の精神である。大正十一年六月といえば、シベリア出兵の最中だ。また、大正九年ニコラエフスクで赤軍パルチザンによる多数の日本人居留民が虐殺された尼港《にこう》事件の衝撃が収まらぬ時期でもある。そのような時代の風潮を受けてであろうか、「慈愛の會」はセミやトンボの羽と足をむしる遊びを「まるでパルチザンの行為」とまで喝破している。

同じ年、動物愛護の思想から過激に昆虫採集を批判し、名物男と呼ばれたお爺さんが出現した。このお爺さんは新潟県の資産家の内藤某といい、上京して農商務省、内務省、首相秘書官に押しかけ、蜻蛉保護法令を出すようにと陳情した（同年八月三日付読売新聞）。この当時の農商務大臣の荒井賢太郎はお爺さん曰く、若い頃このお爺さんの生家で筆生をしていたこともあったそうで、そのつてでもって農商務省に働きかけたという。このお爺さんは新聞記者の取材に対し「自分の陳情に対して農商務省は目下調査中と答えた。また、内務省は自分の主旨に賛同し、いずれ地方長官にトンボ保護の通牒を発すると約束した」と意気揚々だったらしいが、役所が簡単に民間人に言質を与えるものだろうか？　陳情を受けた部署は「あ〜はいはい。たしかにトンボは益虫だから大事ですよね〜」と適当にあしらったのを、お爺さんが勝手に自己流の解釈をしただけではないか。

このように、戦前の日本に益虫のトンボ捕るべからずとの風潮が一部であったのはたしかだ。もっとも、学校や家庭での指導に止まらず、国の法律による採集禁止にまで踏み込む新潟のお爺さんの要請は、笑い話とばかり思っていた。しかし、筆者は、帝国議会にトンボ採集禁止法案が請願されていたことを最近知った[37]。

第八十一回帝国議会開会時の昭和十八年二月八日、請願委員会第一分科会で、愛媛県臣民の井上鹿市の請願が審査された。その請願の内容は、トンボは農業上の益虫であるにもかかわらず、児童が捕殺している。戦時下の現在、食糧増産は必須だし、トンボの殺傷は思想教育上の問題もある。この際、トンボの捕獲禁止令を定めて、トンボ保護を図るべきである。ドイツでも似たよ

（37）保科 2021

うな事例がある、というものだ。このドイツ云々とは、ナチス・ドイツが政権獲得後に動物愛護、自然保護に関連した法律を制定していたことを念頭に置いたものだろう[38]。

結果からいえば、この請願は採択されず、帝国議会で「蜻蛉捕殺禁止法」が審議されることはなかった。ただ、昭和十八年にトンボ採集の禁止法が帝国議会に請願されたことは、注目に値する。請願とは議会に議席を持たない国民による直訴制度のようなものだ。ただ、請願の提出は帝国議会議員の紹介が必要なので、あまりに荒唐無稽な案件は議会に持ち込まれない仕組みになっている[39]。つまり、戦時下の当時、食糧増産のためにトンボの殺生を法律で全面禁止にせよ、との主張が多少なりとも説得力を持ったわけである。トンボ保護の歴史を考える上で、興味深い事実ではある。

（38）西村 2006

（39）保科 2021

❾近代日本のトンボ観を継承した現代サブカルチャー

現代詩歌では、トンボはどのように詠まれているのだろうか。令和二年度の朝日新聞の歌壇から、トンボ短歌を二つ抜粋してみた。

混沌のこの世にありて清しさで吾を癒せりオハグロトンボ（九月十一日付栃木県版）

二階までシオカラトンボやってきて「残暑お見舞い申し上げます」（十月六日付山口県版）

オハグロトンボとはハグロトンボの俗称である。現代は近代以前とは異なり、図書館やインターネットで主要なトンボの種名を調べるのに、そんなに手間がかからない。それ故か、具体的な種名が詠まれた現代トンボ短歌は少なくない。ただ、トンボにどこか懐かしさを覚える情感は、近代から変貌することなく、戦後に引き継がれたといえよう。

ここで現代アニメやゲームに目を転じると、トンボの出番はセミや鳴く虫と比較して、絶対的に少ないことがわかる。それもそのはず、セミやコオロギは鳴き声のみでの出場機会が与えられるが、無声のトンボは姿形が描かれないことには、登場しようがないからである。とはいえ、トンボは夏や秋の季節を示す生き物として、二次元キャラクターたちの背後を時折飛ぶ存在である。たとえば、二〇一八年放送のTVアニメ『からかい上手の高木さん』第八話（図9）。友達以上恋人未満の主人公二人組の西片くんと高木さんは、夏休みの終盤、空き地で自転車の二人乗りの練習をしていた。二人が「そろそろ夏休みも終わり」とふと空を見上げると、一匹の赤トンボが飛んでいた、とのこそばい場面である。秋の到来を知らせる、赤トンボの王道的使用法だ。次は、ファンタジーの空想世界にはまってしまった小鳥遊六花がヒロインのTVアニメ『中二病でも恋がしたい！』（二〇一二年）（図10）より。初夏の回の第五話で、六花が通う高校の職員室の表札に、オニヤンマらしきトンボが止まっているシーンがある。率直なところ、このオニヤンマ（？）はストーリーに何の影響も及ぼしていない。初夏の一風景として描かれているのであろうが、オニヤンマが絵としてアニメ中に出てくるところに珍しさがある。

『からかい上手の高木さん』と『中二病でも恋がしたい！』のトンボは、季節を告げる役割にとどまっている。それに対して、二〇〇七年発売のPS2用ゲーム『智代アフター』（図11）の赤トンボはやや傾向が異なる。両想いの岡崎朋也と坂上智代の日常は、朋也が頭を強く打ち、一週間で記憶がリセットされるようになったことで大きく狂い出す。しかし、

図9『からかい上手の高木さん』
© 山本崇一朗・小学館／からかい上手の高木さん製作委員会

図10『中二病でも恋がしたい！』
© 虎虎／京都アニメーション／中二病でも製作委員会

図11『智代アフター』
©2007 Key／Visual Art's／PROTOTYPE

二人は記憶障害を乗り越え、二人で生きていこうと決意したその時、赤トンボが彼らの前を飛んだ。二〇〇八年放送のTVアニメ『あかね色に染まる坂』第八話では、声優オーディションに落ちた霧生つかさを、主人公の長瀬準一が夕方の河原で慰めた（図12）。そして、二人が赤く映える川面を見つめる中、二匹のトンボがゆっくり飛ぶ、との場面がある。恋人同士の朋也と智代は言わずもがな、『あかね色に染まる坂』のつかさも、昔からの友達である準一にほのかな好意を抱いている。両作品のトンボは、季節や時刻に加えて、男女間の情愛を暗に示す存在として描かれているのだ。

この他、二〇一七年放送のTVアニメ『アホガール』第十一話では、とことんアホの花畑よしこが、赤トンボについつい気を取られる場面がある（図13）。二〇二〇年のTVアニメ『レヱル・ロマネスク』第四話では、登場キャラクターの一人で虫好きの〝りいこ〟がハッチョウトンボを捕る（図14）。この二作品の場合は、トンボがキャラクターの無邪気さを強調しているのである。

こうして見ると、現代サブカルチャーにおけるトンボは主役を張ることは絶対にないし、一見物語の進行にほとんど絡まない存在である。ただ、いぶし銀の役割と呼べばよいのか、トンボには視聴者のノスタルジーをかきたてる何かがある。ここは派手な色彩で塗られた蝶では絶対に務まらない役どころなのだ[40]。トンボに夏ないしは秋を重ねた近代日本人の感性は、現代短歌は言うにおよばず、アニメやゲームにも確実に継承されているのである。

⑩紆余曲折を経ている日本人のトンボ愛

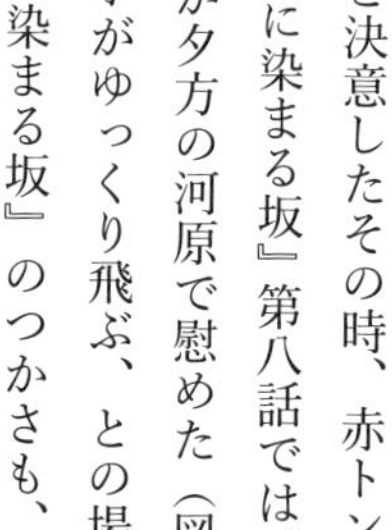
図12 『あかね色に染まる坂』© feng・私立アミティーエ学園登山部 2008

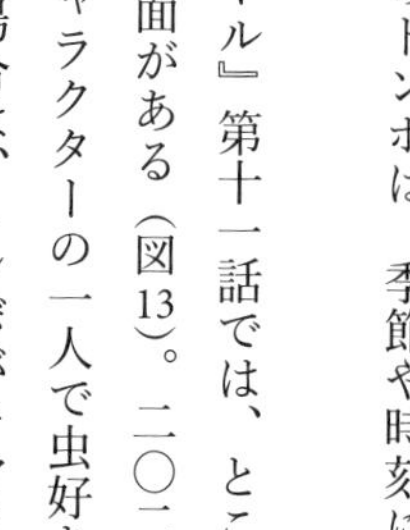

図13 『アホガール』ヒロユキ／講談社

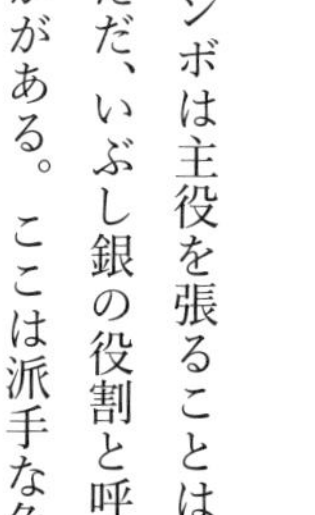
図14 『レヱル・ロマネスク』のりいこ ©レヱル・ロマネスク製作委員会

（40）保科 2018b

　本章で度々引用した上田哲行編『トンボと自然観』には、古今東西のトンボの民俗、芸術、方言、俳句などに関する概説が収録されている。この書で引用されている文献も含めると、先人たちによる文化蜻蛉学の知見には大きな蓄積があることがわかる。『トンボと自然観』に類する本は今後半世紀、いや一〇〇年は出版されないであろう、文化昆虫学の名著である。よって、本章は『トンボと自然観』との重複を避け、近代新聞と陸海軍、そして現代サブカルチャーという、従来とは異なった観点で文化蜻蛉学の考察を試みた。

　アメリカでは「悪魔のかがり針」とか「魔女の針」との、あまり好意的ではないトンボの別名がある。(41)欧州でもかつてトンボを悪魔と忌み嫌う傾向があった。(42)トンボへの怖れは二十世紀になっても残った。一九八九年七月、イタリアのトリノにトンボの大群が押し寄せた時は、人々は恐ろしがって戸と窓を閉めた。そして、警察や消防団が警戒した。(43)一方、明治四十二年の茨城県では、現れたトンボの大群に対して大勢の見物客が殺到し、警官が派遣される羽目となった（本章④参照）。(44)同じ警官出動ではあっても、日本とイタリアでは状況が真逆である。

　日本の古名の秋《あき》津《つ》島《しま》との語には豊饒繁栄の到来を願う言霊信仰が内在したという。(45)そして、古代日本人はその願いを秋津（トンボ）に託した。そして、各地で発掘される銅鐸にはトンボが描かれたものもある(46)（図15）。弥生の昔から、日本人はトンボとともにあった。

　日本人が世界有数のトンボ好き民族であることは間違いないだろう。石田ら(47)は、日本人にとって縁起の良い虫、好ましい虫であり続けたことを強調する。日本音楽史上屈指の名曲である童謡『赤とんぼ』（三木露風作詞、山田耕作作曲）が国際トンボ学会の愛唱歌に選定されている事実は、日本人としてまこと誇らしい。(48)令和二年晩夏、朝日新聞の天声人語は「残暑というのもはばかられる暑さだが、だからこそ秋の気配を探したくなる。公園で赤とんぼを見かけた」と、赤トンボ

(41) 杉村・一井 1990
(42) Kiauta-Brink 1976
(43) Corbet 2007
(44) 日本人が常にトンボの大群を興味津々で眺めていたといえばウソになる。江戸時代後期の国学者の西田直義は、大坂の町を赤トンボの大群が通り過ぎたことを聞き、「黒船来航がしきりに取り沙汰されているが、トンボの大群と思い合わせて用心せねばならぬ」と警戒したという（小林 1985）。直義はトンボの大群の襲来を不吉とみなしていたことがわかる。
(45) 小西 1997
(46) 笠井 1997

図15 トンボの描かれた銅鐸（弥生時代、伝香川県出土、東京国立博物館蔵）

(47) 石田ら 1998
(48) 井上・谷 2010

の可憐な姿に秋の到来を重ねた（同年八月二十二日付）。

筆者は日本トンボ学会の末席を汚す身、トンボに肩入れしがちである。だが、日本人とトンボの関係については一考を要する、と考えている。日本神話には雄略天皇と蜻蛉の故事あり、戦国期にはトンボが描かれた陣羽織あり、近代にはトンボが詠まれた短歌・俳句少なからず、童謡『赤とんぼ』は世界のトンボ学者が愛する日本屈指の名曲、現代アニメでは赤トンボは秋の情景の一つである、よって日本人は常にトンボと歩みをともにした民族なり、と単純に結んでよいのかは疑問を残す。

日本人が庶民レベルでトンボを夏ないしは秋の季節の象徴とみなし、郷愁を覚え始めたのは、近代以降であると筆者は認識している。その理由は、近世の文学諸作品にどこかトンボへの冷淡さが読み取れるからだ（本章③参照）。もちろん、人によっては、俳句や連歌が流行した室町時代には、トンボを季節の風物詩とする、現在に近い感覚が民間に確立していた、と反論される人もおられるだろう。それはそれでよい。しかし、日本文化史上で大きな重みをもつ平安王朝文学では軽視され、近代陸海軍ではヘボ虫扱いされたトンボ。古代から現代に至るまで、一貫して季節の風物詩としてあり続けたホタルや鳴く虫と比較すると、日本人とトンボの関係は決して平坦な道のりではなく、紆余曲折があった。

現代人は童謡『赤とんぼ』で描かれる、故郷と季節への強烈な想いが日本人のトンボへの伝統的な感性であると思いがちである。しかし、そうではない。トンボに郷愁を重ねる感覚は、意外と年季が入っていないのだ。日本人から向けられる愛情との点で、トンボは、ホタルや鳴く虫の後塵を拝しているというのが筆者なりの結論である。

（保科英人）

第２章

バッタとコオロギ　文化的に二分されるバッタ目昆虫

古代朝鮮王朝史『三国史記』(1)を開くと、当時の朝鮮が頻繁にイナゴの被害に苦しめられていたことがわかる。江戸後期の国学者の伴信友《ばんのぶとも》は「うちおける烏扇の風しらで瑞穂にすがる秋のいな蝗」などと長閑なイナゴの和歌を詠んでいるが、日本の百姓もイナゴやバッタとの長く苦しい戦いを強いられてきた。(2)旧約聖書「出エジプト記」で、バッタが農作物や木の実を食べつくす描写は有名だし、英国には十八世紀後半の宰相で、対ナポレオン戦争を指導した小ピットをバッタになぞらえた風刺画がある。(3)民衆を抑圧するピットの野郎め、との意である。このように、洋の東西を問わず、イナゴとバッタは忌み嫌われてきた歴史がある。

イナゴとバッタは分類学的には直翅目（バッタ目）バッタ亜目バッタ科に属する昆虫で、バッタ科にはコイナゴやハネナガイナゴ、ショウリョウバッタ、トノサマバッタなどの種がいる。イナゴやバッタの仲間は基本鳴かない。一方で『万葉集』以降、和歌に詠まれてきたコオロギやキ

（1）金・金 1997

（2）田中 2014

（3）小林 1999

リギリス、スズムシは、同じバッタ目に属し、コオロギ亜目コオロギ科、キリギリス科、マツムシ科に分類される虫である。(4) 一般には、イナゴやトノサマバッタをバッタ類、そしてコオロギやスズムシ、マツムシ、キリギリスをコオロギ・キリギリス類ないしは鳴く虫と呼ぶ。

バッタと鳴く虫。片や害虫として駆除、片や情緒の虫として観賞されているのだから、同じバッタ目の仲間でも、いにしえの日本人からの扱いはずいぶんと両極端である。鳴く虫は、日本人にとって大事な観賞用の虫であった。平安期に堀河天皇が嵯峨野で鳴く虫を捕えてこいと命じた話は有名である。(5) これは真偽不明の伝聞でも何でもなく、歴史史料として重要な藤原宗忠の日記『中右記《ちゅうゆうき》』にちゃんと書かれている史実である。

日本人の鳴く虫愛は近世になっても途切れることはなかった。江戸期にはスズムシの養殖、そして小売りの流通体制が既に確立していた。(6) そして、近代期にはスズムシだけでなく、マツムシ、カンタン、キリギリス、エンマコオロギ、クサヒバリ、カネタタキ、ウマオイ、クツワムシと、ありとあらゆる鳴く虫が養殖され、そして縁日で売られた。(7)

しかし、鳴く虫飼育ブームは敗戦とともに凋落した。そのかわり、七〇年代になると、鳴かないバッタが特撮の世界に新星のごとく現れた。本章では『万葉集』の時代から現代に至る、バッタ目の文化史を解説していきたいと思う。

❶キリギリス雑話

『万葉集』には「夕月夜心もしのに白露の置くこの庭にこほろぎ鳴くも」との和歌が収録されている。しかし、『万葉集』に出てくるコオロギは、必ずしも現在のエンマコオロギやツヅレサ

(4) 日本直翅類学会 2006
(5) 加納 2011
(6) 加納 2011
(7) Hoshina 2017、保科 2017b

セコオロギなどのコオロギ類を指すだけでなく、キリギリスやスズムシなどの鳴く虫全般の呼称であった[8]。そして、不思議なことに平安時代の『古今和歌集』から、鎌倉時代初期の『新古今和歌集』までの八代集には、「コオロギ」なる単語は一切登場しない[9]。その代わりに、キリギリス、マツムシ、スズムシの語句で和歌が詠まれるようになる。マツムシとスズムシについては後述することにして、キリギリスについて見ていこう[10]。

キリギリスは七月に成虫が出て、九月には姿を消す[11]。つまり、夏の虫である。また、スズムシやマツムシとは異なり、キリギリスは昼間に鳴くのが普通である[12]。しかし、一般には鳴く虫の仲間と思われているせいか、キリギリスも秋の虫と勘違いされることがある。たとえば、平成三十年度放送のTVアニメ『ゾンビランドサガ』第十話では、秋の描写にキリギリスが使用されているが、季節的にはややおかしな用法である（図1）。

『古今和歌集』には次のような和歌がある。

きりぎりすいたくな鳴きそ秋の夜の長き思ひは我ぞまされる　藤原忠房
秋萩も色づきぬればきりぎりすわが寝ぬごとや夜はかなしき　読人しらず

このように、コオロギを押しのけ、『古今和歌集』で和歌デビューを飾ったキリギリスだが、実は和歌の中の「きりぎりす」が、現在の我々がいうところのキリギリスかどうかはまた別の話である。そして、この二歌の「きりぎりす」は、実は今のコオロギである[13]。今となっては、和歌の詠み手がどの虫の声を聞いていたかはわからないし、そもそも貴族たちが種ごとに、これはキリギリス、あっちはコオロギと虫の鳴き声を聞き分けようと試みていたかも怪しい。ただ、この

（8）小島ら 1995a
（9）笠井 1997
（10）厳密にいうと、現在「キリギリス」との名を持つ種は存在しない。東西でヒガシキリギリスとニシキリギリスの二種に分けられている。
（11）日本直翅類学会 2006
（12）後藤 2016

図1『ゾンビランドサガ』© ゾンビランドサガ製作委員会 (P) 2018 AVEX PICTURES INC.

（13）小沢・松田 1994

二歌は夜の鳴く虫を題材にしているのだから、詠まれているのはコオロギ類であって、キリギリスではないということになる。

　　秋更けぬ鳴けや霜夜のきりぎりすやや影寒し蓬生の月　　『新古今和歌集』
　　きりぎりす啼や露夜のさむしろに衣片敷き独かも寝ん　　『正治二年院初度百首』

　この二歌の場合、「夜に鳴く虫の描写だからキリギリスではない」との理屈もさることながら、前者は霜夜、そして後者は露夜のさむしろ、と晩秋を思わせる歌であることに着目したい。前述のとおり、キリギリスは夏の虫なので、季節が合わないのである。[14] よって、この「きりぎりす」もコオロギ類と解釈すべきである。

　しかし、室町時代以降に成立した御伽草子になると、キリギリスとコオロギの二語が同時併用されるようになる。たとえば『玉虫の草子』では、こふろき、きりきりす、すずむし、まつむし、すべて完全別のキャラクターである。[15] 虫だらけの他の御伽草子『きりきりすの物かたり』『こうろき草子』も同じで、コオロギとキリギリスは別の虫として扱われている。

　江戸期の文学や和歌では、作品中の「きりぎりす」が、現在のキリギリスと同じと判断できる作品が増えてくる。たとえば、幕末の孝明天皇には、以下のような和歌がある。

　　きりぎりす草葉にすたくおもひをも夏は梢の蟬のもろ声　　『孝明天皇御製集』

　セミが昼間に木の梢で一斉にがなり立てる中、草むらにいる鳴く虫はキリギリスとして矛盾はないだろう。次に季節ではなく鳴き声の形容からキリギリスと特定できる事例がある。近松門左

(14)「さむしろ」とは幅の狭い庭のことだが、この和歌では「寒し」を響かせている（久保田ら 2016）。

(15) 横山・松本 1980
一般に「はたおり」はキリギリスの別名といわれているが、ショウリョウバッタのことを指す場合もあるという。『枕草子』では、趣ある昆虫として、「きりぎりす」と「はたおり」の名が挙がるが、前者をコオロギ、後者をキリギリスと考えれば、矛盾は生じない。しかし、この『玉虫の草子』では、「きりきりす」と「はたおり」と「こふろき」はすべて別の登場人物である。「きりきりす」と「はたおり」の関係については難しいところもあり、本書では言及しない。

衛門『用明天王職人鑑』に次の一節がある。

　刈りとる鎌のするどくも、声きりぎりす、くつわ虫

この「するどく」は鎌の切れ味とキリギリスの声の両方の意を持つ[16]。鋭く鳴くのは明らかにキリギリスであって、コオロギではない。

以上、コオロギとキリギリスの二語の混乱・混同はすさまじいものがあった。笠井[17]によると、「蟋蟀」との漢字が「きりぎりす」「こおろぎ」の二通りに読めることに起因するという。そして、この混同は明治維新後も続いた。近代の新聞は、「蟋蟀」を「きりぎりす」「こおろぎ」のいずれにも用いたからである[18]。当時の新聞記事の多くは「蟋蟀」に対して振り仮名を打ってくれていたので、読むには困らない。ただ、エンマコオロギを漢字で「閻魔蟋蟀」と書き、その同一記事中の「蟋蟀」に「きりぎりす」と振り仮名を打たれると（たとえば明治四十二年八月二十六日付都新聞）、現代人には大変奇異に感じられる。

❷コオロギ雑話

日本人と西洋人とでは、虫の声を聞く脳の部位が違う、と聞いたことがある。筆者らは脳科学の専門家ではないので、この件の是非には言及しない。ただ、大正時代の東京毎日新聞の記者は「抑虫の声を楽しむと云ふことは実に我日本国民特有の趣味で外国では絶へてないのである」と言い切っている（大正七年七月三十一日付同紙）。現代でも、美術史家の宮下規久朗氏の「秋に虫の声を愛でる感受性は西洋にはまったくない[19]」、奥本大三郎氏の「欧米人は一般に鳴く虫の声に耳を

（16）鳥越ら 2000
（17）笠井 1997
（18）保科 2017b
（19）宮下 2013

傾けることは少ない[20]」など、わが国では日本人の鳴く虫愛の優位性が強調される向きがある。ただ、ギリシャでもドイツにも鳴く虫の声を愛でる文化はある。[21]また、中国のコオロギを戦わせる遊戯の闘蟋は有名だが、それとは別にキリギリスやアオマツムシ、カンタンなどもペットとして売られている。[22]日本人の鳴く虫愛への過大評価は慎みたい。

ただ、来日した欧米人が日本のコオロギの鳴き声に何かを感じた、との記録は散見される。たとえば幕末の米国公使のハリスは、安政三年九月六日付日記に、「(コオロギの鳴き声は)寂寥の感を深からしむ」と記した。[23]明治後半に来日したオーストリアの美術研究家のフィッシャーも、知恩院の周囲で鳴くコオロギに対して深い趣を感じ取った。[24]

ここでコオロギにまつわる民話に視点を転じてみよう。まず『古事記』『日本書紀』の日本神話にはコオロギは登場しない。そして、室町時代の御伽草子などの古来の創作物語では、虫がすべてのキャラクターを占める話は多いが、人と昆虫との間の強い絆は描かれにくいというのが筆者らの印象だ。もっとも、助けたコオロギの恩返しによって、百石の知行を得たお爺さんの民話は存在するらしい。[25]

むしろ、コオロギにまつわる民話ならば、海外の物語の方が見るべきものが多い。友情を大切にするコオロギが主人公の東南アジアの民話「ありとこおろぎ[26]」、川の中にあった別世界から火とコオロギを持ち帰った始祖エマコングのメラネシアの伝承、[27]コオロギに演奏させて舞踏会を開く小人の女王が出てくるオーストリアの民話、[28]妖精がその姿を魔法でコオロギに変えられてしまったハンガリーの民話、[29]コオロギを煮て名薬を作って富を得たというマヨルカ島の民話[30]などなど、日本人には着想できない、さまざまな民話や伝承が海外にはある。

日本のコオロギの話に戻る。『万葉集』で和歌に登場する鳴く虫の先陣を切ったコオロギだが、

(20) 奥本 2019
(21) 加納 2011
(22) 竹田 1994
(23) ハリス 1913
(24) フィッシャー 1994
(25) 小西 1992
(26) 小澤 1979
(27) 松村 1980a
(28) 山崎 1980a
(29) 山崎 1980b
(30) 竹原 1986

平安時代の『古今和歌集』以降の八代集からは、姿を消してしまったことは既に説明した。しかし、「こおろぎ」との文言は出てこないものの、平安・鎌倉期の和歌の詠み手が、実質的にはコオロギを題材としていたことも前述した。そして、江戸中期の国学者の賀茂真淵には以下のような和歌がある。

こほろぎのなくやあがたのわが屋戸に月かげきよしとふ人もがも　『賀茂翁家集』
こほろぎのまちよろこべる長月のきよき月夜はふけずもあらなむ　『同』

このように室町時代の御伽草子などで復権を果たしたコオロギは、和歌の世界でもカムバックしたことになる。

❸スズムシ雑話

「こおろぎ」と「きりぎりす」と同じく、「鈴虫」と「松虫」の二語の間にも混乱の歴史がある。笠井[31]にしたがって経緯をまとめると、現在のようにリーンリーンと鳴く虫をスズムシ、チンチロリンと鳴く虫をマツムシと呼ぶようになったのは、室町時代中頃の応仁の乱以降で、それ以前は両者が逆だったというのだ。筆者らが属する虫業界でも「鈴虫・松虫」論争がある。たとえば、両者の逆転は文献上だけのことで、話し言葉では、鎌倉以前から鈴虫は今のスズムシ、松虫は今のマツムシのままだった、との説がある[32]。近年では、森上[33]がこの両者の入れ替わりはなかったとの説に賛成している。

(31) 笠井 1997
(32) 栗林・大谷 1987
(33) 森上 2013

小西(34)は、貝原益軒《かいばらえきけん》の『大和本草《やまとほんぞう》』などを引用しつつ、江戸時代には鈴虫と松虫は今と同じ虫を指すようになったと結論している。一方で、益軒とほぼ同時代の歌人の下河辺長流《しもこうべちょうりゅう》に「はかなかる命を露にかけながら名のみ千歳の松虫の声」との和歌がある。そして、近年のプロの文学者がこの和歌に対して、「この松虫とは現在の鈴虫のことか」と、小西(35)とは逆の注釈をつけているのもたしかだ。(36)筆者らの考えとしては、鈴虫と松虫の逆転の有無、ないしはその時期の問題は、『古今和歌集』や『源氏物語』など超有名古典にしか目を通していない虫屋風情が考察できる代物ではない。昆虫学ではなく文学の範囲に属する命題なので、プロの文学者にすべての判断を委ねよ、というものだ。以下、本書では「鈴虫ないしは松虫は、現在のどの虫に該当するか」には一切触れずに話を進めていく。

奈良時代成立の『万葉集』には影も形も見えないスズムシだが、平安時代以降、和歌や王朝文学の世界に取り上げられるようになる。『源氏物語』の女三の宮の歌「おほかたの秋をばうしと知りにしをふり棄てがたき鈴虫の声」はその一例だ。さらに次の二歌をあげる。

年毎にとこめずらなる鈴虫のふりてもふりぬ声ぞ聞ゆる　『大納言公任集』
秋の夜の更行くまゝに鈴虫の声の高くもなりまさるかな　『万代和歌集』

前者の藤原公任の和歌。題は「鈴虫の羽に」である。無論、実際の鈴虫の羽に和歌なんぞ書けるはずもなく、別に書いて、鈴虫の羽を模した細工物に添えたものであるとのこと。そして、鈴といえば「振る」なので、「ふりて」は鈴虫の縁語として用いられている。(37)後者の場合は、「なりまさるかな」の「成り」に鈴の「鳴る」がかけられている。(38)とくに鈴虫に「振る」をかけるのは、「鈴

(34)　小西 1993
(35)　小西 1993
(36)　大山ら 2019
(37)　松本ら 2004
(38)　安田 1998

虫の声乱れたる秋の野は振り捨て難き物にぞありける」（『玉葉和歌集』）など、鈴虫和歌の基本技法の一つである。

次に鈴虫を比喩表現として用いている事例をあげる。鎌倉時代後期『十六夜日記』より。作者（藤原為家側室）の息子の為相が「旅の仮寝の、草を枕にした夜々の情を思いやるにつけて、都の私の袖も露で濡れることだ」との歌を送って来た。彼女は、「秋深き草の枕に我ぞなくふり捨てて来し鈴虫の音を」と返した。故郷に置いてきた、可憐な鈴虫にも似た子を思っています、との意である。[39] もし、現代人の息子がママに「鈴虫のような我が子よ」と言われたら、嬉しいのか悲しいのか。

鈴虫を楽器に喩えた事例もある。鈴のような音で鳴く虫だから鈴虫、との語源からいって、楽器に比喩した表現は当然想定される。軍記物語『源平盛衰記』は「太政入道（平清盛）は琴を愛して、女房達を集めて常に聞き給ひける中に、秋風・鈴虫・唐琴・渋といふ世の宝物四張あり」と、清盛が宝とした四つの琴の一つの名前が「鈴虫」であると記す。

また、軍記物語『義経記』で、捕縛された源義経の愛妾の静御前が頼朝の前で舞わされる場面。その時、鐘を担当したのが、義経の仇敵の梶原景時である。その舞が始まる前、景時が鐘の音を合わせて準備するシーンは「鈴虫などの鳴くやうに」と形容されている。

鐘を鈴虫に喩えるのはわかる。しかし、琴と鈴虫の鳴き声は全然違うよな、というのが筆者らの偽らざる感想である。

（39）長崎ら 1994

❹マツムシ雑話

平安時代から室町時代前期にかけて編集された八代集と十三代集の和歌の中で、松虫は鳴く虫の主役である。その登場頻度は鳴く虫の中で群を抜く。

君しのぶ草にやつるる故里は松虫の音ぞ悲しかりける　『古今和歌集』
来むといひし程や過ぎぬる秋の野に誰松虫ぞ声のかなしき　『後撰和歌集』
白露と草葉におきて秋の夜を声もすがらに明くるまつ虫　『新勅撰和歌集』
野辺に取る我がまつ虫の鳴く声も馴れし住みかを恋しくや思　『玉葉和歌集』

近世の松虫和歌も二首挙げておく。

我かともいづれをとはむ花薄招くかたへの松虫の声　下河辺長流
今こむとかけし契りのあさぢふに身はまつ虫の音をのみぞなく　日野資枝

南北朝時代成立の歴史物語『増鏡』に「門田の稲の風になびく気色、つまとふ鹿の声、衣うつ砧の音、峰の秋風、野辺の松虫」とあるように、松虫はその音色でもって、秋の代表的な風情とされていた。だから、松虫は最も多く和歌に詠みこまれたのだ。この解釈は決して間違いではない。

しかし、和歌や文学で松虫が重宝されたのは、単に「可憐な鳴き声が詠み手の心の琴線に触れた」との説明で片づけられない背景がある。それは、松虫の「松」と「待つ」のかけである。前出の松虫和歌六首は、すべて「待つ」にかけられている。なるほど、好いた惚れたの言語遊戯の世界で、秋の夜長、愛しきあなたを待ってます、と歌にしたい場合、松虫の採用は安易な技法である。松虫が和歌に頻繁に詠まれたのは、言語学的な理由も大きい。仮に松虫が〝杉虫〟などと命名されていたら、和歌への登場頻度はまた変わっていたにちがいない(40)。

ここで令和二年度、ＮＨＫ大河ドラマ『麒麟がくる』が話題になった時流に乗っかってみよう。明智光秀は本能寺の変の直前に愛宕山で連歌会を催した。光秀は「時は今天が下知る五月哉」と詠んだ。「時」を明智氏の出自である土岐氏に読み換え、「今こそ我れが天下を取って見せる」との決意を述べた、との有名な逸話だ。『明智軍記』によると、この時、次のような連歌の句も詠まれている。

うらがれになりぬる夏の枕して　　兼如
聞きなれにたる野辺の松虫　　行澄

光秀の謀反は成功し、織田信長は本能寺にて無念の死を遂げた。その後の歴史は周知のとおりで、羽柴秀吉に敗れた光秀は三日天下に終わった。勝った秀吉方についた細川藤孝は信長を弔うため、本能寺跡にて連歌の会を催した。ここでは、次のような句が詠まれている（『太閤記』）。

分かへるかげの松むし音に鳴て　　紹巴

信長の死の前と後の連歌の会で、松虫が詠まれているのは何かの因縁か。信長は松虫に呪われて死んだ！　と無理やりこじつけたいところである。

（40）仮に松虫が杉虫との名前だったら、今度は「夜明け前にすぎ去る愛しい人よ」の類いの和歌に詠まれていたかも。

❺クツワムシ雑話

清少納言は『枕草子』の「笛は」で、次のように記した。

篳篥《ひちりき》（管楽器の一種）はいとかしがましく、秋の虫をいはば、轡虫《くつわむし》などの心地して、うたて
け近く聞かまほしからず

清少納言殿は、篳篥なる楽器はやかましく、クツワムシのような心地がして不愉快である、と述べられている。クツワムシの鳴き声は彼女のお気に召さなかったらしい。

清少納言の個人的好き嫌いはさておき、和歌の世界ではクツワムシはやっぱり人気がなく、詠まれた歌は多くない。それでも、かの和泉式部には次のような和歌がある。

我背子は駒にまかせて来にけりと聞きに聞かする轡虫かな　『万代和歌集』

そもそもクツワムシの名は、馬具の轡がぶつかる時のような音で鳴くことに由来する。(41) そのため、クツワムシは駒（馬）の縁語であり、駒をクツワムシにかける形で同じ歌で詠まれたのである。明治維新直後にもクツワムシと駒が同時に詠まれた和歌がある（『幟仁親王《たかひとしんのう》日記』）。

乗駒にまかせて行は秋の野の草ねにすたく轡むしかも　有栖川宮幟仁親王

幕末の動乱時、「駒」との語句は使われていないものの、騎馬を彷彿させるクツワムシ和歌がある。

（41）森上 2013

まち得たる時はいまとて武蔵野にいさましくなく轡むしかな　　吉田松陰

長州藩の吉田松陰のこの和歌は、アメリカ密航の企てが露見し、幕府に召喚されて館を出る時に詠んだものだ。(42)颯爽と騎馬で駆け、幕府と対決せんとの松陰の志が、クツワムシ和歌を詠ませた、と筆者は解釈しているが、いかがであろうか。プロの文学者の見解を聞きたいところだ。近松門左衛門の痛快時代劇『国姓爺合戦《こくせんやかっせん》』にもクツワムシが出てくる場面がある。

秋の夜討の国姓爺、乗つたる駒の轡虫、月まつ虫の声澄みわたり、しんしんりんりんしづしづしづと、堀ぎは近く攻めよせて

英雄の鄭成功が敵に夜討ちをかける場面であるが、この「轡虫」は馬との掛詞、次の「まつ」（＝待つ）も松虫との掛詞である。(43)

❻戦場の鳴く虫

鳴く虫の音は、戦闘の合間の緊張感や静けさを表現する際の格好のＢＧＭである。軍記物語『源平盛衰記』は富士川の合戦の直前の雰囲気の描写を鳴く虫に託した。

汀に遊ぶ鷗鳥、群れ居て水に戯れ、叢に住む虫の音とりどり心を痛ましむ

富士川を挟んで対峙する源平両軍の緊張感が、虫の鳴き声を通じて伝わってくる。『源平盛衰記』

(42) 丹 1944
(43) 鳥越ら 2000

が描く富士川の合戦前夜の虫の音は、半ば創作である。しかし、極度の緊張感に置かれた兵士たちが、夜長の虫の音に耳を傾けたとの実話がある。

大東亜戦争終戦一日前の昭和二十年八月十四日、近衛歩兵第二連隊は密かに宮城内に入った。表向きの任務は天皇の護衛だが、実際は阿南惟幾陸軍大臣が終戦反対を直諫するための参内通路の確保であったという[44]。ようするに、無条件降伏に抵抗する陸軍反乱の一角である。戦後に編集された関係者の回想記『さらば昭和の近衛兵』を読むと、宮城内に侵入した兵士たちが「私語を禁じられたので、虫の音が緊張を和らげる唯一の慰めだった」「宮城内でお見かけした陛下は、虫の声を聴きに散歩されているように思えた」「終戦を決意された陛下は、毎年聴いている虫の声を思い出されたにちがいない」「天皇は虫の音に強く誘われたのだろう」などなど、鳴く虫に関する回想を多く残していることに気付く。銃を手にした兵士たちが心の拠り所としたのは虫の音だった。日本人の性なのだろうか。

次は、戦いの勝ち負けごとに分けて、鳴く虫の事例を出そう。鎌倉時代末の元弘元（一三三一）年、鎌倉幕府を打倒せんと挙兵した後醍醐天皇は京都を脱出し、笠置山にこもった。一方、天皇配下の花山院師賢、四条隆資、二条為明は幕府の目をくらますため叡山に入り、天皇がここにあると思わせる偽装工作を行った。しかし、この策略はすぐに露見、叡山に集結していた味方の軍勢は「帝がいないのに戦えるか」と離散してしまった。やむなく三人は叡山を脱出し、笠置山の天皇と合流しようとした。その道中、師賢は次の和歌を詠んでいる（『異本伯耆巻《ほうきのまき》』）。

古ハ露分カネシ虫ノ音ヲ尋ネヌ草ノ枕ニソキク

笠置山の戦いは現在の暦で十月初旬にあたる。幕府の追手に捕まったら最後、夜の山中を逃げ

（44）秦 1993

惑う三人の公家には、虫たちの声はどのように聞こえたであろうか。時は一気に進んで、大東亜戦争末期の小笠原諸島硫黄島。島の陥落必至の中、同島を守備する第二十七航空戦隊司令官の市丸利之助海軍少将（戦死時は中将）は次のような短歌を残している。(45)

常夏の島静かなり相思樹の下の暗きにすだく虫の音

相思樹《ソウシジュ》とはマメ科の外来樹木である。小笠原諸島にはムニンエンマコオロギやムニンツヅレサセコオロギ、オガサワラカネタタキなどの固有の鳴く虫がいる。(46)市丸は生きて家族の待つ内地に戻れる、などと考えていなかったはずだ。死を覚悟した市丸がいかなる想いで虫の鳴き声を聞いたのか、胸が締め付けられる短歌である。

笠置山の戦いと硫黄島の戦い。歌を詠んだのはともに負けた方である。萩の乱で敗れた前原一誠も、日記に弱々しく鳴く虫の音を綴った（第I部第２章）。たしかに物哀しい虫の音は負け戦が似合うとのイメージがあるが、意外にも勝ち戦の場面でも、鳴く虫は歌に詠まれていた。

時は幕末の慶応二（一八六六）年夏。第二次長州征討で山県有朋率いる長州藩兵は関門海峡を渡って九州に上陸、幕府方の小倉藩を攻撃した。戦闘は長州側の勝利に終わった。その年の秋の末、葛原の屯営にて山県は次のように詠んだ（『椿山集』）。

むしの音の哀れもさらに身にそしむもる夜あまたの床のさむしろ

長州藩と小倉藩の間で講和が成立するのは、翌慶応三年の一月である。山県にとって勝ち戦ではあったが、戦闘は長期化していた。後に陸軍元帥、二回の組閣、そして元老として絶大な権力をふるう山県といえど、晩秋の夜、戦場で聞こえてきた寂しげな虫の音に、ふと郷里を思ったか、

（45）市丸 2006

（46）日本直翅類学会（2006）によれば、ムニンエンマコオロギは戦後になってから、アメリカ軍の物資に紛れ込んで運ばれてきた外来種の可能性が高いという。

それとも戦争の行方に不安な思いを巡らせたのか。

明治二十七年七月二十五日、日清戦争が勃発した。初戦の成歓の陸戦と豊島沖の海戦で完勝した日本陸海軍は、その後も連戦連勝、朝鮮半島を北上して、中国本土に進軍する。日本国民が勝ち戦に酔いしれる同年十月末に編集された『征清歌集』には次の一首がある。

はびこれるしこの醜草をれふして高麗の荒野にくつわ虫なく　水島菜花

この「しこ」とは「四顧」（四方を見回すこと）との理解でよいだろう。そして、作り手は「四顧」を「醜草《しこぐさ》」にかけていると思われる。クツワムシは朝鮮半島にも中国にも分布している。背の高い草原の茂みをかきわけて戦う兵士たちに、「異国にも我が国と同じクツワムシがいるのか」と感慨にふける余裕があったのかどうか。支那事変時の昭和十三年の軍歌『西湖の月』（島田磬也作詞）の一番の歌詞にも鳴く虫が出てくる。

鳴くは虫の音　草枯れて　露は戎衣を　濡らさねど
還らぬ戦友は　今いずこ　西湖の月よ　答えかし

支那事変は泥沼化して、その状況を打破することなく、昭和二十年の日本の敗戦を迎えることは周知のとおりだ。もっとも、昭和十三年時点では日本軍は勝っているのだが、戦闘に勝とうが負けようが死傷者は必ず出る。従軍兵士にとって、虫の音は戦友への鎮魂歌である。

こうして見ると、負け戦時はもちろんのこと、戦いに勝っている時でも、虫の音は「行け行けドンドン」の陣太鼓の役割ではないことがわかる。日本人にとって、どことなく悲しげに聞こえる虫の鳴き声は、ふと己を見つめ直し、郷愁の感を呼び起こす楽曲なのである。

❼近代支配者層と鳴く虫

『古今著聞集』によると、堀河天皇の治世時の嘉保二（一〇九五）年、左右に分かれ、前栽《せんざい》（庭に草木を植えこんだもの）の優劣を競争する遊戯が開かれた。そして、左右の殿上人が和歌を講じていくのだが、鳴く虫を籠に入れて、その籠に歌を付けたとの記述がある。お偉方の間で、虫籠に歌を添えるとのこの風習は近代になっても続いていた。たとえば、明治十年八月十三日付『幟仁親王《たかひとしんのう》日記』には「松浦辰男ゟ鈴虫二籠入ニ詠添而本邸江廻ス」とある。

この有栖川宮幟仁親王の長男が、明治陸軍の創設者となる熾仁《たるひと》親王である。この熾仁親王も父同様、日記に鳴く虫への想いを多く書き残した（『熾仁親王日記』）。随所に自分が詠んだ鳴く虫の和歌を記すほか、明治十九年六月十三日付日記には「青山御所明宮エ参入、同宮へ松虫・鈴虫一籠宛進上，午後三時ヨリ東京砲兵工廠内後楽園エ一統行向，同所ニ於テ夕餐蛍火観覧」とある。明治期、皇族間でスズムシとマツムシのやり取りがあったことがわかるが、さらに同じ日の晩にホタル観賞までしている。また、明治二十五年八月二十五日、神戸の舞子の別荘にいた親王は夜、虫の声に誘われてふらりと散歩した（「晩餐後ヨリ散歩、別荘ニテ休憩、虫ノ声ヲ聞之事」）。熾仁親王はずいぶんと虫好きの御仁であったことがわかる。

この有栖川親王父子にかぎらず、近代日本の支配者層には鳴く虫好きは少なくなかった。東郷平八郎、野津道貫、黒木為楨、松方正義、大隈重信、三島弥太郎、伊東巳代治、村井吉兵衛らの政軍財界の首脳は、鳴く虫飼育が趣味である、とたびたび新聞で報道された。日本で最初にアオ

マツムシを飼い始めたのは島津公爵家であるとの証言もある。(47)

ここで一人の近代政治家の鳴く虫にまつわるエピソードを紹介しておく。天保七(一八三六)年、江戸の旗本の家に生まれた榎本武揚《えのもとたけあき》は、オランダ留学を経て、徳川海軍の司令官に抜擢された。そして、戊辰戦争時には軍艦を率いて函館へ脱走し、最後まで明治新政府軍と戦った。函館で降伏した榎本は、その見識を買われて新政府に登用され、外務大臣、文部大臣、農省務大臣などを歴任した。明治政府に出仕した旧幕臣の中では異例の出世を遂げた人物である。

函館戦争で負けて囚われの身となった榎本は、網籠に入れられ、東京へ護送されることとなった。その道中、虫籠の松虫を見た榎本は次の歌を詠む。(48)

松虫の啼くふしなくばなかなかに籠のうちには籠らざらまし

籠の中に閉じ込められている自分を、同じ境遇にある松虫に重ね合わせた歌である。国際法に通じていた榎本は明治七年、駐露特命全権公使に任命され、ロシア側と粘り強く交渉を重ねた結果、樺太千島交換条約を結ぶことに成功する。明治十一年、サンクトペテルブルクを発った榎本はシベリア横断を決行した。八月十四日ロシアの真ん中あたりのトムスクで、榎本は日記にこう記した。(49)

本夕も月明に星稀に、草卉間に虫音の響く様大に秋の景を装へり

傑物の榎本武揚もしょせんは人の子、ロシアの大地で聞いた虫の音に、ついつい祖国のスズムシやマツムシを思い出さずにはいられなかったのかもしれない。

榎本最晩年の明治四十年、東京府下の向島百花園で虫放会が開かれた。鳴く虫を園内に放して、

(47) 保科 2017b

(48) 加茂 1988

(49) 加茂 1969

その声を楽しむ催事である。政財界の重鎮が来賓として顔を揃えたが、そのうちの一人が榎本であった。旧幕臣で生粋の江戸っ子の榎本は、江戸以来の伝統を誇る百花園の行事の来賓として最適の要人だったにちがいない。この時、榎本は「そういえば、四〇年前、敗軍の将だったわしは護送中の網籠の中から松虫の声を聞いたものじゃ。今は明治政府の代表としてチンチロリンを聞いておるのか」などと感慨深く松虫の声を聞いていたのだろうか？

❽戦後の特撮ヒーローとしてのバッタ

近代の庶民や政治家向けに鳴く虫を養殖していた東京の虫屋は、大東亜戦争中の空襲で壊滅した(50)。近代の鳴く虫文化は、戦争によって強制的に終焉させられたのである。そして、戦後の日本は、スズムシを飼う習慣だけはかろうじて残ったものの、縁日で多種多様な鳴く虫が並ぶ風景は一掃されてしまった。端的にいえば、日本人の鳴く虫に対する関心は薄れてしまったのである（第III部第3章参照）。そのかわり、戦後日本人は、バッタ目には属するが、鳴く虫とは別の虫に着目し始めた。それがバッタである。その代表的な例は、サブカルチャーとしてTV放映用に制作された特撮ヒーローの「仮面ライダー」シリーズである（図2）。

「仮面ライダー」シリーズは、昆虫をモチーフとした特撮ヒーローとして成功した世界でも稀な作品であり、日本の文化昆虫学を語る上でも避けて通れないであろう。一九七一年から二〇二〇年まで三五作品があり、毎年新作が制作されている。基本はTV放映であるが、映画版のオリジナル作品が三〇本以上も公開され、現在も新作映画の発表が続いている。日本の特撮ヒーローとしては、「ウルトラマン」シリーズや「スーパー戦隊」シリーズと共に子供から大人まで

（50）小西 1992

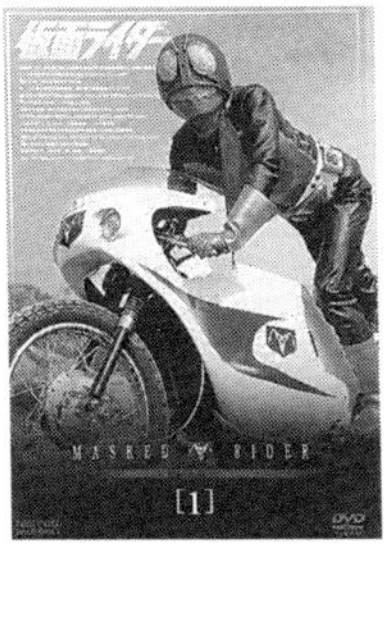

図2『仮面ライダー』

幅広いファンに支持されている。公開時期に合わせて、昭和ライダー（1号からJ《ジェイ》）、平成ライダー（クウガからジオウ）、令和ライダー（ゼロワン、セイバー）と呼ばれている（表1）。これらのライダーからバッタをモチーフにしたライダーを取り上げて、その特徴を解説したい。

（1）ヒーローのモチーフとしての昆虫

二〇二〇年現在、『仮面ライダー』シリーズの全三五作品（1号からセイバーまで）から、昆虫がモチーフとなったライダーを取り上げると総数は三三人であった。最も多いのがバッタ（一四）でその次にカブトムシ（七）、クワガタムシ（五）、スズメバチ（三）、トンボ（二）、カマキリ（二）、コオロギ（一）、カミキリムシ（一）の順になっている（図3）。仮面ライダーオーズの「ガタキリバ コンボ」はバッタ×クワガタ×カマキリがモチーフであり、それぞれの昆虫に数として加えた。昆虫がモチーフとなるライダーは、電王（二〇〇七年）以降、ほとんど登場せず、オーズ（二〇一〇年）を最後に途絶えた状況だったが、ゼロワン（二〇一九年）の基本形態としてバッタのモチーフが復活した（表1）。

仮面ライダーのモチーフはなぜバッタだったのかを考えてみる。『仮面ライダー』シリーズは、昭和、平成、令和の四九年にわたり制作された間に、そのモチーフとなった昆虫についても変遷が見られた。一九七一年に始まった『仮面ライダー』は、悪の秘密結社がその科学技術で作り上げた改造人間で、バッタの能力を強化した怪人であったが、洗脳手術の前に逃げ出し、悪の組織と戦うヒーローとなった。仮面ライダーのデザインは、原作者の石ノ森章太郎が異形のヒーローとして発案したドクロをモチーフにした「スカルマン」が原型であり、正統派ヒーローとして考えられたものではなかった。この案は印象が悪いと却下され、昆虫図鑑から描いた怪

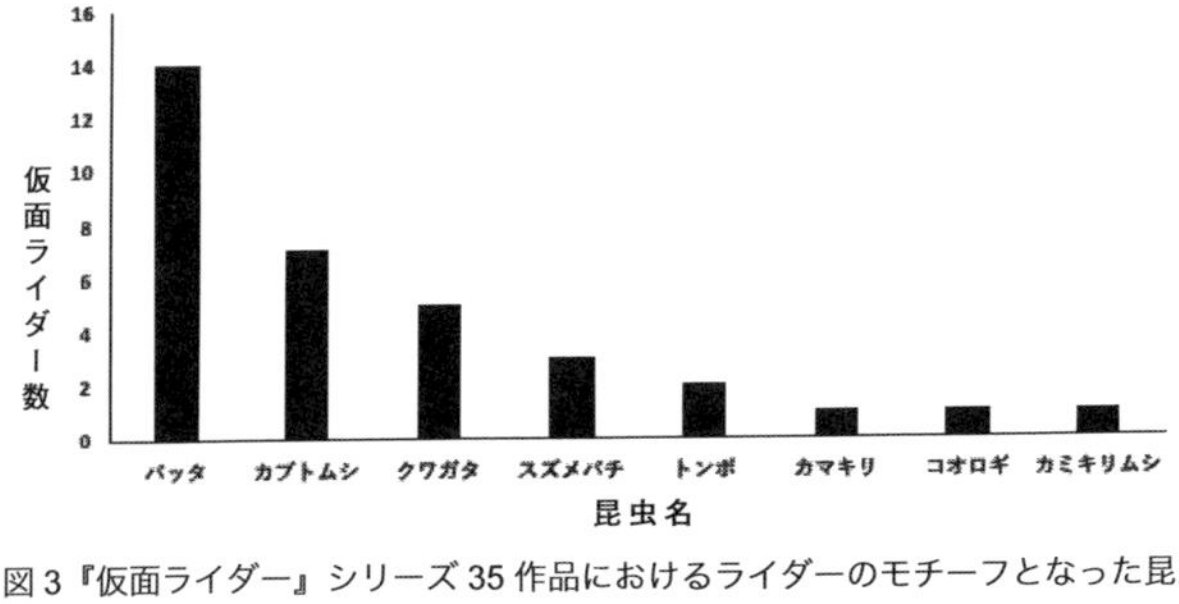

図3『仮面ライダー』シリーズ35作品におけるライダーのモチーフとなった昆虫

表１　『仮面ライダー』作品リストとそのモチーフとなった昆虫類

	仮面ライダー	モチーフ昆虫	ライダーの役割	発表媒体	放映年
	昭和ライダー				
1	1号	トノサマバッタ	メイン	ＴＶ放映	1971
	2号	トノサマバッタ	メイン		
2	V3	トンボ	メイン	ＴＶ放映	1973
	ライダーマン	*	サブ		
3	Ｘ（エックス）	*	メイン	ＴＶ放映	1974
4	アマゾン	*	メイン	ＴＶ放映	1974
5	ストロンガー	カブトムシ	メイン	ＴＶ放映	1975
6	スカイライダー	イナゴ	メイン	ＴＶ放映	1979
7	スーパー1	スズメバチ	メイン	ＴＶ放映	1980
8	ゼクロス（ＺＸ）	*	メイン	ＴＶ特番	1984
9	ブラック	トノサマバッタ	メイン	ＴＶ放映	1987
10	ブラックＲＸ	ショウリョウバッタ	メイン	ＴＶ放映	1988
11	真（シン）	バッタ	メイン	Ｖシネマ	1992
12	ＺＯ（ゼット・オー）	バッタ	メイン	映画	1993
13	Ｊ（ジェイ）	バッタ	メイン	映画	1994
	平成ライダー				
14	クウガ	クワガタムシ	メイン	ＴＶ放映	2000
15	アギド	*	メイン	ＴＶ放映	2001
	ギルス	カミキリムシ	サブ		
	G3	クワガタムシ	サブ		
	アナザーアギド	バッタ	サブ		
16	龍騎	*	メイン	ＴＶ放映	2002
	オルタナティブ	コオロギ	サブ		
17	ファイズ	*	メイン	ＴＶ放映	2003
18	ブレイド	ヘラクレスオオカブト	メイン	ＴＶ放映	2004
	カリス	カマキリ	サブ		
	ギャレン	クワガタムシ	サブ		
19	響鬼	*	メイン	ＴＶ放映	2005
20	カブト	カブトムシ	メイン	ＴＶ放映	2006
	ザビー	スズメバチ	サブ		
	ドレイク	トンボ	サブ		
	ガタック	クワガタムシ	サブ		
	キックホッパー	ショウリョウバッタ	サブ		
	パンチホッパー	ショウリョウバッタ	サブ		
	ダークカブト	カブトムシ	サブ		
	コーカサス	コーカサスオオカブト	サブ	映画版のみ	
	ヘラクレス	ヘラクレスオオカブト	サブ	映画版のみ	
	ケタロス	ケンタウルスオオカブト	サブ	映画版のみ	
21	電王	*	メイン	ＴＶ放映	2007
22	キバ	*	メイン	ＴＶ放映	2008
23	ディケイド	*	メイン	ＴＶ放映	2009
24	W（ダブル）	*	メイン	ＴＶ放映	2009
25	オーズ（タトバ　コンボ）	タカ+トラ+バッタ	メイン	ＴＶ放映	2010
	ガタキリバ　コンボ	クワガタ+カマキリ+バッタ	サブ	ＴＶ放映	
26	フォーゼ	*	メイン	ＴＶ放映	2011
27	ウィザード	*	メイン	ＴＶ放映	2012
28	ガイム	*	メイン	ＴＶ放映	2013
29	ドライブ	*	メイン	ＴＶ放映	2014
30	ゴースト	*	メイン	ＴＶ放映	2015
31	エグゼイド	*	メイン	ＴＶ放映	2016
32	ビルド	*	メイン	ＴＶ放映	2017
33	ジオウ	*	メイン	ＴＶ放映	2018
	令和ライダー				
34	ゼロワン	バッタ	メイン	ＴＶ放映	2019
	バルキリー	スズメバチ	サブ		
35	セイバー	*	メイン	ＴＶ放映	2020

メインの仮面ライダーは記載したが、サブライダーで昆虫がモチーフでないものは未記載である。

*印は昆虫以外がモチーフ

人用のデザインから原作者の子供が選んだのがバッタのマスクのデザインであったという。[51] バッタには田畑の作物を食い荒らす害虫のイメージが強く、ヒーロー向きではない。もっと「かっこよく強い」イメージのある昆虫の方がヒーローにはふさわしい感じがするが、設定では悪の組織で改造された怪人だったとあり、それが害虫のバッタであっても不思議ではないだろう。正統派ヒーローとしてはひと味違う外見になったが、結果として原作者の異形のヒーローという意向もある程度反映された姿になった。

次に、『仮面ライダー』に反映されたバッタの形態について考察する。仮面ライダー1号、2号はトノサマバッタの形態を反映したデザインとなっている。まずフルフェイスの硬い仮面であるが、昆虫の体は外骨格で硬く、特に頭部は幼虫の脱皮の際にもそのままヘルメットのように脱ぎ捨てる。仮面ライダーの頭部はまさにその硬いヘルメットの形態を維持している。頭部には、複眼、額に単眼、触角を確認できる。胸部から腹部にみられる体節構造も昆虫を連想させるものだ。バッタの特徴である飛び跳ねる跳躍力はライダーのジャンプ力に表現され、必殺技のライダーキックは、そのジャンプから落下する力を利用した技である。これらの昼間に活動するバッタの優れた運動能力は、バッタの特徴を反映させた昆虫型ヒーローの特徴となった。ライダー1号、2号がもつ昆虫の形態的な特徴は、シリーズが進むにつれて薄れていった。しかし、その後の昆虫をモチーフとしないライダーであっても、昆虫に似た大きな眼がその共通した特徴として踏襲されていくこととなる。

(2) バッタ型ヒーローは減少、メインからサブ、そして怪人へ

バッタがモチーフとなった仮面ライダーの一三人のリストを表2に示した。昭和のライダーは、

(51) 石森プロ 2012

基本的には独りで戦うヒーローであった（メインと呼ぶ）が、平成のライダーは、中心となるメインのライダーの他にも複数のライダーが活躍した（メイン以外をサブと呼ぶ）。平成になると、バッタ型のライダーは減少し、その役割もメインからサブに変化していくことがわかる。平成ライダーの中でバッタ型ライダーがメインとなったのは、二〇一〇年のオーズのみだが、それも複数の生物のモチーフが合わさったもので、バッタは一部でしかなかった。バッタ型の仮面ライダーのヒーローとしての出番は、徐々に少なくなったのである。その流れに伴ってライダーのモチーフ昆虫は、カブト・クワガタムシに移行していった。この変化の背景にあるものについては、カブト・クワガタムシの章（第II部第4章）で述べたい。

　次は、バッタ型ヒーローが怪人として復活した事例である。ヒーローが昆虫型であれば、その敵となる怪人としては、昆虫の天敵となる捕食者や寄生者が想定されるだろう。昭和ライダー六作品（1号、2号、V3、エックス、アマゾン、ストロンガー）に登場した二〇〇体の怪人のモチーフを調べると、コウモリ（八体）が最も多かった（表3）。昆虫の天敵として捕食者であるコウモリは対戦相手として納得が

表2　バッタ・コオロギがモチーフの仮面ライダー

ライダー名	公開年（西暦）	和暦	モチーフ昆虫名	役割	登場媒体	役割
1号	1971	昭和	トノサマバッタ	メイン	TV	
2号	1971		トノサマバッタ	メイン	TV	
スカイ	1979		イナゴ	メイン	TV	メイン
ブラック	1987		トノサマバッタ	メイン	TV	
ブラックRX	1988		ショウリョウバッタ	メイン	TV	
真（シン）	1992		バッタ	メイン	Vシネマ	
ZO（ゼット・オー）	1993		トノサマバッタ	メイン	映画	
J（ジェイ）	1994		トノサマバッタ	メイン	映画	
アナザーアギド	2001	平成	バッタ	サブ	TV	
キックホッパー	2006		ショウリョウバッタ	サブ	TV	
パンチホッパー	2006		ショウリョウバッタ	サブ	TV	サブ
オーズ（タトバ コンボ）	2010		タカ×トラ×バッタ	メイン	TV	
ガタキリバ	2010		クワガタ×カマキリ×バッタ	サブ	TV	
オルタナティブ	2002	平成	コオロギ	サブ	TV	

表3　昭和ライダー6作品に登場した200体の怪人のモチーフ生物の頻度

順位	怪人数	モチーフとなった生物
1	8	コウモリ
2	7	クモ、ヘビ、カニ
3	6	トカゲ
4	5	カマキリ、ガ・チョウ、サソリ、カエル、カメレオン

いく。捕食系の怪人としてクモ、ヘビ、トカゲをモチーフとした怪人の数も多かった。一方、寄生者が怪人となった例は見当たらなかった。

昭和ライダー六作品に登場した怪人の中から昆虫がモチーフとなった怪人を選び、その頻度をみると、捕食系のカマキリ（五体）が最も多かった。カブトムシの頻度も四体と意外と多く、クワガタムシの二体と合わせると、目立つ存在であった（図4）。平成ライダー一二作品（クウガ、アギト、龍騎、ファイズ、ブレイド、ヒビキ、カブト、電王、キバ、ディケイド、ダブル、オーズ）の五三三体の怪人について、昆虫がモチーフとなった怪人を調べた。平成ライダーになっても、捕食系のカマキリ（九体）が最も頻度が高いことに変わりはなかったが、バッタをモチーフとした怪人（六体）が突然と現われた（図3、白抜き棒グラフ）。昭和ライダー六作品ではバッタの怪人はゼロであったから、バッタはヒーローから怪人へと見事に立場が変化したことになる。

バッタをモチーフとしたライダーは、元は悪の組織が改造した怪人だった。バッタ型ライダーが主役であった昭和ライダーでは、その対戦相手としてバッタ型怪人は登場しなかったのだ（怪人として登場した偽ライダーはバッタ型であるが、オリジナルな怪人とは異なるので除いた）。しかし、バッタ型ライダーが消えた平成ライダーでは、

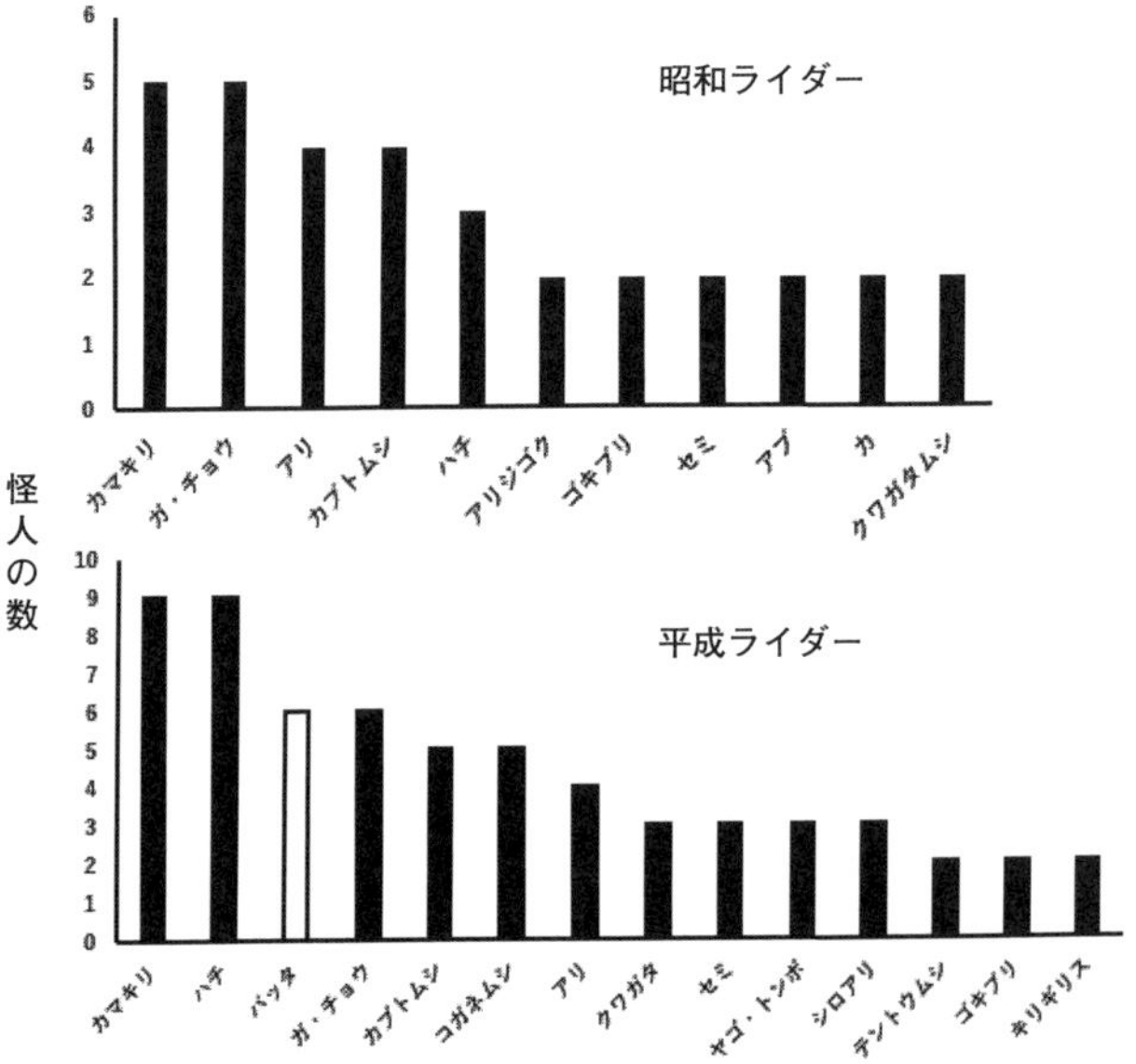

図4　昭和、平成ライダー怪人のモチーフとなった昆虫の頻度

本来害虫のイメージを持ったバッタは、怪人のモチーフとして頻度高く復活したと考えられた。

❾映画に登場するバッタ・コオロギ

日本映画の中でバッタ・コオロギが主役で登場する作品は見当たらない。おそらく、鳴く虫としての役割は、夜のシーンのBGMと思われるが、この役割として登場したコオロギやスズムシを示せる映画の情報は著者らの調査不足のためここでは示さず、今後の課題としておきたい。しかし、アメリカで制作されたアニメーション映画から、バッタ・コオロギが登場する作品を紹介したい。アニメーション映画が多いのは、昆虫を意のままに動かすことは実写映画では難しいからである。

バッタを主役にした初期のアニメーション映画として『バッタ君町に行く』（一九四一年、米）がある（図5）。日本では一九五一年に公開され、アニメーション関係者には評価されていたが、その後は見る機会がなく、知る人ぞ知る作品になっていたが、二〇〇九年にニュープリントに焼き直されリバイバル公開された。著者はこの機会にアニメーション映画のぼっ興期のエネルギーが伝わるとされる本作品を見ることができた。舞台はニューヨークの片隅の小さな草むらに暮らす昆虫たちの世界で、長旅に出ていた主人公のバッタの青年ホピティが帰ってくる場面から始まる。草むらは人間が侵入するようになり危険になったので、昆虫たちはビルの屋上を目指して引越しを試みる。バッタの恋人であるミツバチの娘をめぐって、カブトムシを親分とする子分のカ、ハエの悪者グループとの駆け引きが絡みながら物語は進行する。主役のバッタと恋人のミツバチがナイトクラブへ出かける場面もあり、内容は子供向けではない。人間の物語を昆虫に置き換え

図5『バッタ君町に行く』

て描いた作品であり、バッタが主人公の青年として描かれたのは、バッタの姿も関係していたと思われる。ホピティは細身で背が高く、脚も長く、グリーンの服と帽子という擬人化された姿で描かれていた。太ったカブトムシ、小さなハエ、人を刺すカでは、主人公の青年のイメージと合わなかったのだろう。

同時期にディズニーのアニメーション映画『ピノキオ』（一九四〇年、米）（図6）もアメリカで公開された。この作品にはジミニー・クリケットと呼ばれるコオロギが登場する。ピノキオの相談相手として描かれ、脇役だが存在感があった。当時の映画作品で昆虫がポジティブに描かれることは稀なことで、このコオロギは、アメリカの文化昆虫学の文献の中では、映画史上最も成功した昆虫と記されていた[52]。現在でもジミニー・クリケットは、日本のディズニーシーの代表的なキャラクターとして知られている。

『バッタ君町に行く』を制作したフライシャー・スタジオは一九三〇年代を通じてディズニーの最大のライバルであり、両者の競い合いがアメリカのアニメーション黄金期を不動なものにしたという（映画パンフレット）。『バッタ君町に行く』は昆虫が主役の稀な昆虫映画であったが、興行的には振るわなかった。バッタVSコオロギのアニメ映画昆虫対決は、脇役だったコオロギが勝利した。

『バッタ君町に行く』から昆虫主役の新しいアニメ映画の出現までは五〇年以上の年月が必要であった。本格的なCGアニメーション映画として公開されたのが、ディズニーとピクサーが共同で制作した『バグズライフ』（一九九八年、米）であった。主役はアリであるが、その宿敵として主役級で登場したのがバッタであった。バッタに服を着せ帽子をかぶらせるという擬人的な描き方から、バッタの厳つい体つきと体節構造、脚の棘に至るまで正しく再現し、リアルな歩行や

図6『ピノキオ』

（52）Leskosky & Berenbaum 1988

飛翔といった動きを表現したCGアニメーションの技術的な進歩は、昆虫映画の新たな可能性を示した。この映画の中では、悪役であるバッタは、その形態をリアルに表現した結果、悪役の存在感を十分に示し、主役のアリは丸みをおびた柔らかい対照的な表現で描かれていた。

⑩文化的に二分されるバッタ目のバッタとコオロギ

戦前期までの農業従事者は、重要害虫のイナゴやバッタを否応なく注視せざるをえなかった。しかし、化学農薬の普及が進んだ現在では、イナゴとバッタは一応農業害虫の一つではあるもの[53]、さほど問題にされなくなったのである。

文化面でいうと、イナゴやバッタは、かつての和歌や王朝文学などの世界では重視される虫でなかった。しかし、重要害虫ではなくなり、人々の関心から外れたはずのバッタは、戦後の特撮やアニメの世界で存在感を示すようになる。七〇年代半ばのTVアニメ『タイムボカン』のタイムドタバッタン（図７）はバッタ型のメカだし、七〇年代初頭の初代仮面ライダーはバッタがモチーフである。近年の事例では、令和三年のファンタジー冒険物のTVアニメ『俺だけ入れる隠しダンジョン』第二話で、捕獲に懸賞金がかけられているレアモンスターとして、巨大バッタが登場した（図８）。このように、登場頻度は決して高くはないものの、バッタモチーフのキャラクターは現代サブカルチャーで見られる。

仮面ライダーの放送が始まった七〇年代初頭は、戦前の鳴く虫飼育ブームを直接肌で知る世代が、まだまだ世間にいたはずである。ならば、仮面ライダーやタイムドタバッタンが、スズムシやコオロギではなく、バッタをモチーフとしたのは、ある意味謎である。ただ、仮面ライダーの

（53）梶原ら 1986

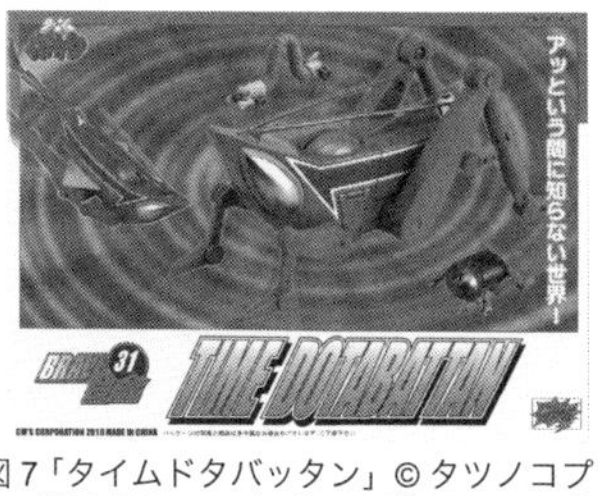

図７「タイムドタバッタン」©タツノコプロ（発売元シーエムズコーポレーション）

図８『俺だけ入れる隠しダンジョン～こっそり鍛えて世界最強～』瀬戸メグル：原作、樋野友行：漫画、竹花ノート：キャラクターデザイン／講談社

原作者の石ノ森章太郎は昭和十三年生まれで、物心つく間に鳴く虫ブームを経験していない世代であるうえ、バッタを自然の象徴とみなしていた。[54] 石ノ森にかぎっては、バッタをモチーフに選んだ明確な理由があったようだ。

一方、近代期にペット昆虫としてさかんに売買された鳴く虫であったが、戦後は、スズムシのみがペットショップで売られるだけになってしまった。そして、現代TVアニメやビジュアルノベル型式のゲームでは、スズムシやコオロギは秋の季節を告げる役割として、その鳴き声は重宝されているものの、虫の姿形が描かれることはまずない。[55]

なぜ、戦闘キャラクターのモチーフはバッタ中心であって、コオロギではないのか。一つには、現代にあっても、昼行性のバッタは公園等で普通に観察できることがあげられよう。一方、ペットとして売られなくなった鳴く虫は、現代人にとって夜間に鳴き声を耳にすることはあっても、姿を目にする機会は皆無になってしまった。コオロギモチーフの戦闘メカは、現代人にとってピンとこないのである。また、バッタの優れた運動能力が、戦闘向きと見なされたとも推測できる。少なくとも、仮面ライダーの製作陣がバッタの跳躍力に注目していたのは事実である。[56]

確実にいえるのは、バッタとコオロギは分類学的には同じバッタ目に属する昆虫であるが、文化的にはまったく異なる虫だ、との点である。現代サブカルチャーでは、外見をさらすモチーフはバッタ、鳴き声だけが流れて秋の夜長を描写するのはコオロギ、と役割が完全に分かれてしまった。分類学的な類縁性と、文化的な類似性は必ずしも一致しない。蛾と蚕の間にも見られるこの現象は、バッタとコオロギにも当てはまるのである。

（保科英人・宮ノ下明大）

(54) 平山 1998

(55) 二〇二一年放送開始のTVアニメ『バトルアスリーテス大運動会ReSTART!』第三話では、夜の森の中でマツムシやコオロギの声が流れるとともに、茂みの中で羽を振るわせて鳴くコオロギらしき虫の姿が絵として描かれた。アニメ作品としては例外的な描写である。

(56) 平山 1998

第3章 セミ　文化昆虫学的論点を欠く虫

『源氏物語』「常夏」より。源氏の君が「水のそばも一向に役に立たない今日の暑さですね。無作法な格好をお許しください」と申す場面。紫式部は「風はいとよく吹けども、日のどかに曇りなき空の西日になるほど、蟬の声などもいと苦しげに聞こゆれば」と綴った。その紫式部の時代から約七〇〇年後。徳川吉宗の次男で聡明と名高い田安宗武は「苦しげになく物からに蟬の聲を聞ば猶しも暑くおもほゆ」と詠んだ。セミの声が暑苦しく聞こえるのは、どうやら宮廷女官も徳川将軍家も大差はないらしい。

とはいえ、セミの鳴き声に夏の到来を感じ、そしてその消失をもって過ぎ去りし夏を惜しむのが平均的日本人である。二〇一八年八月二十六日配信のAFP. BB Newsによれば、フランス南東部のルボーセ村で、旅行客がセミの鳴き声にたまりかねて、村役場に苦情を申し出たとのこと。このような騒動は、日本ではあまり考えられない。仮に有名人が「セミがうるさいです。役所はセミを駆除してもらいたい」などとツイートしようものなら、「日本人の心がわからないヤツ」「日本から出ていけ」と非難ごうごう、炎上すること間違いなしである。

日本人は万葉の昔から、セミとともにあった。本章では日本人とセミとの強固な結びつきを解説していきたいと思う。

❶『万葉集』の「蟬」と「蜩」

セミを漢字で書くと「蝉」（略字）ないしは「蟬」（正字）となる。まずは、八代集と十三代集からセミが詠まれた和歌の例を三首ずつ出してみる。

明けたてば蟬のをりはへなきくらし夜は蛍の燃えこそわたれ　『古今和歌集』
したもみぢひと葉づゝちる木のしたに秋とおぼゆる蟬のこゑかな　『詞花和歌集』
秋近きけしきの森に鳴く蟬の涙の露や下葉染むらん　『新古今和歌集』
夜は燃え昼はおりはへ泣きくらし蛍もせみも身をばはなれず　『続後撰和歌集』
雨晴れて露吹き払ふ梢より風に乱るる蟬のもろ声　『風雅和歌集』
琴の音にひゞき通へる松風をしらべても鳴く蟬の声かな　『新拾遺和歌集』

勅撰和歌集である十三代集最後の『新続古今和歌集』以降、セミが和歌の世界から消失したわけではない。近世と近代の歌人たちもセミをさかんに題材に用いた。以下、一首ずつ記す。

吹おろす松の嵐にたぐひ来て秋思ほゆる蟬の諸声　村田春海

夏の土ふかく曇れりふところに蟬を鳴かせて童子行きたり　　中村憲吉

セミの和歌を取り上げるとキリがないので、これくらいにしておこう。本州、四国、九州で見られる主要なセミは、アブラゼミ、ミンミンゼミ、ニイニイゼミ、クマゼミ、ツクツクボウシ、ヒグラシの六種である。うち、最後のヒグラシだけは「蜩」と一漢字で表記することができる。強い合唱性、そして明け方および夕方だけに鳴くとの生態学的特徴から、他の五種とは一線を画すセミである。以下、八代集と十三代集から、三首ずつヒグラシ和歌を抽出してみた。

秋風の草葉そよぎて吹くなへにほのかにしつるひぐらしの声　『後撰和歌集』
風吹けば蓮の浮葉に玉越えて涼しくなりぬ蜩の声　『金葉和歌集』
山かげや岩もる清水のをとさえて夏のほかなるひぐらしの声　『千載和歌集』
今よりは涼しくなりぬひぐらしの鳴く山陰の秋の夕風　『続古今和歌集』
ひぐらしの声きく杜の下草に秋まつ露の結びそめぬる　『玉葉和歌集』
忘れては秋かとぞ思ふ風わたる峰より西の日ぐらしの声　『新続古今和歌集』

近世と近代からも一首ずつ例として記す。

きりぎりす鳴夕かげの山風によわり初ぬる日ぐらしの声　小沢蘆庵
一つ来て鳴きし蜩うらがなしいづべに去りし街の夕日に　古泉千樫

現代の分類体系では、アブラゼミ、ミンミンゼミ、ニイニイゼミ、クマゼミ、ツクツクボウシ、ヒグラシの身近なセミ六種はすべてセミ科に属する。(1)我々は「セミ」はセミ科昆虫の総称であり、その中にアブラゼミやヒグラシが含まれると考えている。しかし、日本最古の歌集である『万葉集』では、セミは種類を問わず、すべて「ひぐらし」と呼ばれていた。(2)

一般には、日が暮れる頃に鳴きだすから、ヒグラシとの名前が付いた、と思われている。(3)しかし、これだと朝や日中に鳴くセミまで、かつてヒグラシと呼ばれていたことの説明がつかない。一方、日本のセミ学に大きな業績を残した加藤正世は、「『ひぐらし』とは鳴いて日を暮らす」が元々の語源である、と指摘した。(4)なるほど、これなら昼間に鳴くアブラゼミやミンミンゼミを「ひぐらし」と呼んでも矛盾はない。

ここで、『万葉集』でヒグラシが詠まれた歌三首を例に挙げる。

ひぐらしは　時と鳴けども　恋しくに　たわやめ我は　定まらず鳴く
夕影に　来鳴くひぐらし　ここだくも　日ごとに聞けど　飽かぬ声かも
黙もあらむ　時も鳴かなむ　ひぐらしの　物思ふ時に　鳴きつつもとな

前二首は「決まった時間に鳴く」「夕方に鳴く」セミを詠んでいるので、現在のヒグラシをあてでもよさそうだ。一方、三首目は「何の屈託もない時にでも鳴いて欲しい」といっているだけなので、この「ひぐらし」が現在のヒグラシかどうかは判断し難い。何はともあれ、『万葉集』のセミ＝ヒグラシとの扱いは、現代人の感覚とは大きく異なるものである。

（1）林・税所　2011
（2）笠井　1997、小島ら　1995b
（3）たとえば、三木　1990
（4）加藤　1981

❷「蟬」と「蜩」の用語上の関係

①で述べたとおり、『万葉集』の時代は、セミの仲間全てを「ひぐらし」と呼んでいた。ただし、『万葉集』には一首「石走る滝もとどろに鳴く蟬の声をし聞けば都し思ほゆ」との歌がある。(5) よって、万葉の時代にも「蟬」との名称、そして概念が存在したことは付け加えておく。

セミとヒグラシとの用語の関係は単純には収まらない。前述のとおり、『万葉集』に収録された歌の中のセミは一首を除き、すべて「ひぐらし」と表記されている。しかし、その「ひぐらし」が題材の諸歌には「蟬を詠む一首」「蟬に寄する一首」などの題が付けられている以上、万葉時代の歌人たちは、「ひぐらし」を「蟬」とみなしている。時代はずっと下って、江戸後期の文人の上田秋成『藤簍冊子』でも、「蟬」との題のもと「明けぬれば樗花さく葉隠れにやめば次るゝひぐらしの声」との歌が収録されているのだ。(6) 明治維新以前の日本人が、詩歌中に用いた「蟬」とは現在のどのセミを指すのか。その判断は難しいことが多い。

次は室町時代以降に書かれた御伽草子における「蟬」と「蜩」との名称について見ていこう。たとえば、『玉蟲の草紙』では、セミとヒグラシが同一物語内の別キャラクターとして出てくる。つまり、「ひぐらし」をセミの呼称として用いていた『万葉集』の時代とは、大きな変化が見られる。ただ、現代人としては、セミとヒグラシが別の登場人物との扱い方にも違和感を覚えてしまう。同じ絵本で、ただの犬とポメラニアンが異なるキャラクターとして出てくるようなものだからだ。『玉蟲の草紙』の登場人物「蟬の左大臣殿」の「セミ」はグループ名ではなく、アブラゼミなりミンミンゼミなり特定の種に置き換えて読むべきなのだろう。

第II部第1章で紹介した『こうろき草子』でも、セミとヒグラシは別キャラクターである。『こ

（5）小島ら 1996

（6）鈴木・中村 1997

うろき草子』は虫たちが次々に名乗りを上げ、歌を詠むだけのお話しである。日暮は一七番目に登場し、「何となくけふは日暮しあすは又いかなる方に身をや隠さん」と詠む。蟬は最後に出てきて「はかなしや身はうつ蟬のから衣なほうらめしき秋風そふく」と場を閉めた。(7)

三番目は『諸虫太平記』。蟬六郎音高は子息の小六音続を、蜘悪太郎足数に殺された。蟬六郎は息子の敵を討たんと蜘悪太郎の巣に攻め入ろうとするが、日暮五郎は「まずしばらく」と立ちふさがった。「少し待たれたし。同じく蜘悪太郎に親族を討たれた蜻蛉牛之介と協議せよ」と助言した。最終的には蟬と蜻蛉の連合軍が、蜘悪太郎の軍を打ち破って、物語は終わる（『むろまちものがたり』）。ヒグラシの役どころは、冷静な参謀役といったところか。

最後に、江戸期の俳文を例にとって「蟬」と「蜩」の関係を見てみよう。結論を先にいうと、「蜩を蟬の一種として扱うか」「蜩と蟬を同格の用語として扱うか」は書き手によって異なる。たとえば、上嶋鬼貫《うえじまおにつら》『独りごと』は、「蟬は、日のつよき程声くるしげに、夕ぐれは寂し」と説く。これを思い切って現代風に意訳すると「アブラゼミやミンミンゼミは日中に暑苦しげに鳴くが、ヒグラシは夕方に寂しげに鳴く」となる。鬼貫は現代でいうところのセミ科に近い感覚で「蟬」との用語を用いている。反対に横井也有《よこいやゆう》『鶉衣《うずらごろも》』では、「(蟬は)やゝ日ざかりに啼きさかる頃は、人の汗しぼる心地す」「(日ぐらしは)暑さは昼の梢に過ぎて、夕べは草に露置く比ならん」と説く。也有は「セミは暑さ厳しい時に鳴き、ヒグラシは涼しい時に鳴く」といっている。彼がここでいう「蟬」とはセミ科ではなく、アブラゼミなりミンミンゼミなりの特定の種を指しており、「蟬」と「蜩」を同格の用語として用いたことになる。(8)

以上、近代動物分類学が導入される以前の我が国における「蟬」と「蜩」との用語の使い分けは、非常に複雑であることがわかる。

（7）萩野 1901

（8）横井也有は「つくつくほうしというせみは、つくし恋しともいふ也」とも述べている。ヒグラシやツクツクボウシもセミの一種である、との認識はあったはずである。

❸「空蟬」の変遷史

大正十二年、東京朝日新聞は、帝国議会における関東大震災後の復興計画法案審議の関連記事に、「空蟬の復興計畫」との見出しを付けた（十二月二十二日付）。「中身は空っぽではないか」との批判的意味が込められていることはいうまでもない。大正時代後半のこの「空蟬」は、現代人とほぼ同じ感覚の用法である。我々は空蟬を「セミの抜け殻」の同義語として使っているからだ。しかし、『万葉集』に出てくる「うつせみ」は、我々の頭に最初に浮かぶ空蟬ではない。

うつせみの　現し心も　我はなし　妹を相見ずて　年の経ぬれば
うつせみの　人目を繁み　逢はずして　年の経ぬれば　生けりともなし

『万葉集』における「うつせみ」とは、現世の人を指している。もしくは二首目のように「世間」に近い意味を持つ(9)。現在の漢字で書けば「うつせみ」は「現人」となる。笠井(10)は「万葉集で詠まれているセミはほぼヒグラシであり、〝蟬〟はただ一首だけである」と述べているのは、まさにこれである。『万葉集』には「うつせみ」なる語が用いられた歌は多いが、蟬を意味しないのだ。だから、笠井の指摘は間違っていない。『万葉集』の「うつせみ」を現代風に「セミの抜け殻」と解釈してしまうと、歌の意味がまったく取れなくなる。

やがて、万葉仮名の「うつせみ」に「空蟬」を当てたことにより、「空蟬」はセミそのもの、セミの抜け殻、またははかなく短い人の命を表す語にもなった(11)。『古今和歌集』には、セミを意味する語としての空蟬を用いた和歌がある。

（９）小島ら　1995b
（10）笠井　1997
（11）小沢・松田　1994

空蟬の蛻は木ごとにとどむれど魂のゆくへを見ぬぞ悲しき

「蛻」とはセミの抜け殻のことである。現代人の感覚では「空蟬の蛻」といわれると、〝白い白馬〟のような二重修飾に思えてしまうが、ここは空蟬を単にセミと取ればよいのである。同じ『古今和歌集』には「空蟬の世の人言の繁ければ忘れぬものの離れぬべらなり」との和歌もある。この空蟬は、前時代と同じく「世間」と解釈するのが正しい。なお、空蟬＝セミそのものとする技法は、平安王朝文化が終了したはるか後の近代まで、しぶとく残った。有名な有栖川宮熾仁親王《ありすがわのみやたるひとしんのう》の父の幟仁《たかひと》親王は、明治四年五月十三日、杜蟬との題で以下のような歌を詠んだことがある（『幟仁親王日記』）。

松杉の木深きもりの茂みより涼しくもあるか空蟬のこゑ

セミの抜け殻が鳴くはずもないので、この空蟬は明らかにセミそのものである。さらに、スギの森から涼しげな声を届けているこのセミは、ヒグラシであるとの推測も可能だ。

脱いだ服に蟬の抜け殻をなぞらえた和歌もある。『源氏物語』の「空蟬」。源氏は空蟬（登場人物の女性の名前）の寝所に忍び入るが、気配を察した空蟬は、小袿《こうちぎ》を脱いで逃げてしまう。源氏の抱いた女は、別人の軒端荻《のきばのおぎ》であった。源氏は、空蟬の仕打ちを辛いと思いながらも、人違いと気取られぬように取り繕い、空蟬の脱ぎ残した小袿を持ち帰った。結局、空蟬は源氏の気持ちに応じえない意思を歌に書く。対する源氏は以下のように詠む。

空蟬の身をかへてける木のもとになほ人がらのなつかしきかな

セミが脱殻を残して姿を変え、去ってしまった後の木の下で、もぬけの殻の衣を残していったあの人の気配をやはり懐かしく思っている、との意味である。[12]貞操観念との観点で多々ツッコみたいところもあるが、それは止めておこう。『源氏物語』よりもやや早い時代に成立した『後撰和歌集』にも、あけすけな空蝉和歌のやりとりがある。

今はとてこずゑにかゝる空蟬のからを見むとは思はざりしを　　平なかきがむすめ
忘らるゝ身をうつせみの唐衣返すはつらき心なりけり　　源巨城

通っていた男が来なくなって、夫婦関係を解消する場合は、女の家に置いてある男の衣裳や持ち物を返却する習慣があったらしい。[13]女は「今はお別れだ」と言って来なくなった男の衣が、梢にかかっている蟬の抜け殻に見えてしまう、と嘆いている。それに対して、男側は「あなたに忘れられる我が身を憂く思っているのに、私の衣をお返しになるとはつれないですね」と答えているのである。自分から「もう来ない」と突き放しておきながら、「自分の衣装を返されて辛いです」とのたまうところ、どのツラ下げて言うのか…。こんな俗人めいた感想はさておき、セミの抜け殻を脱いだ後の服（中身の人間がいない状態）になぞらえるところ、現在の空蟬に近い発想が描かれていることがわかる。

時代を一気に室町時代に進める。十六世紀成立の軍記物語『応仁記』には、以下の落書が転載されている。

空蟬ノウツヽナキ世ニ出ストモツリシ義敏ハイリイヨカシ

（12）阿部ら　1994
（13）片桐　1990

義敏《よしとし》とは、応仁の乱の契機の一つとなった、斯波《しば》氏の内紛の一方の立役者の斯波義敏である。「義敏は余計なことをせず引っ込んでいろ」と馬鹿にした落書だ。現世の人、世間、むなしい、はかない、セミとのさまざまな意を持つ「空蟬」は、庶民の落書に用いられやすい語だったのだろう。

元禄時代の近松門左衛門『心中二枚絵草紙』には、以下の一節がある。


夢か現か、空蟬のもぬけの魂とも知らばこそはなんとして、いつの間に、一所に死なん、嬉しやと

夢か現実か。セミの抜け殻のような、もぬけの魂ともわかりはしない。近松は、空蟬を魂の抜けた、もぬけの殻のような身にたとえている。近松得意の心中物と空蟬との語の相性は良いように思える。この空蟬も、現代人が思い浮かべる空蟬に近い語として用いられている。

最後に明治時代の戦争と絡めた「空蟬」との用法を見つけた。


空蟬の命はよしや絶るとも世にとゞめてよ武士の名を　大川忠真

これは日露開戦三か月後に刊行された『征露詩歌集』の「兵士の餞別に」に収録されている短歌である。大川は命を惜しまず武名を上げよ、と兵士たちを激励している。日露開戦は明治三十七年二月なので、兵士たちはセミの鳴き声のもと出征しているのではない。この短歌の「空蟬」は短い命の代名詞だが、兵士たちそのものにもなぞらえられているとの点が特徴か。

このように、万葉時代以降「空蟬」が持つ意味は拡大されてきた。令和二年十月二十九日付朝日新聞（岡山県版）の「岡山俳壇」には「空蟬の葉裏に揺れる通り雨」との俳句が掲載されている。

いうまでもなく、この空蟬は単純にセミの抜け殻を指す。誰しもが理解できる季語である。現代俳句や短歌で、空蟬をはかないものの代名詞として題材とすることも珍しくないだろう。ただ、さすがに、空蟬をセミそのものとして詠みこむのは、相当な教養の持ち主でないかぎり、思いつかない技法と思われる。

❹ヒグラシ雑話

清少納言はヒグラシを「いとあはれなり」と形容した。何を隠そう、筆者が最も好きな虫はヒグラシである（『月刊むし』395号）。古来、日本人はヒグラシの鳴き声に、どこか寂し気な気分を重ね合わせた。江戸期の仮名草子の『尤之双紙《もっとものそうし》』はヒグラシの鳴き声を「さびしき物の品品」の一つとして取り上げているほどである。この④では日本文学史における、とりとめもないヒグラシの雑話を集めてみた。

和歌や俳句に頻繁に出てくる「蟬」との語句から、詠まれたセミを種のレベルで確実に特定するのは、大概の場合不可能である、と前述した。では、以下のような和歌ではどうか。

鳴く蟬の声も涼しき夕暮に秋をかけたる森の下露　『新古今和歌集』
入日さす峰の梢に鳴く蟬の声を残して暮るる山もと　『玉葉和歌集』
雨晴るゝ夕かげ山に鳴蟬の声より落つる木々の下露　『新後拾遺和歌集』

夕方に鳴くセミは何といってもヒグラシだ。となると、この三首のセミをヒグラシと当てはめておくのが、妥当ではある。とはいえ、アブラゼミやツクツクボウシも夕方に絶対に鳴かないわけではない。この三首のセミをヒグラシであると断定まではできないのがもどかしいところだ。

次にヒグラシは「日暮らし」とも書く。「一日を暮らす」との意を踏まえたヒグラシの和歌がある。

君恋ふる歎きのしげき山郷はたゞひぐらしぞともになきける　『玉葉和歌集』

待賢門院が亡くなり、その邸宅は木々が茂って、人影もしない。万感の思いで佇んでいるとヒグラシの声が聞こえてきた。この和歌には以上のような背景がある。「ヒグラシ」と「鳴く」を、「日暮らし一日中泣くしかない」にかけた歌なのである。[14]

『蜻蛉日記』でも、「ヒグラシ」と「日を暮らす」をかけた場面がある。作者は、夫である藤原兼家が、日が暮れてから参内するのをおかしく思っていた。すると、その年初めてのヒグラシの声が聞こえて来た。すかさず作者は詠む。

あやしくも夜のゆくへを知らぬかな今日ひぐらしの声は聞けども

日暮らしここにいてくださったのに、夜になってからお出かけしてしまう我が夫殿よ。お出まし先もどこやらわからず、私は不思議です、と作者は兼家に問うているのだ。ようするに作者は「あなた、他の女のところに行ってるんでしょ！（怒怒怒）」とジト目で睨んでいるのである（この解釈で合っているはず）。さしもの兼家も作者の鬼気迫る嫉妬に押されたか、その日は外出を止めたそうな。

次はヒグラシと季節の話題。『玉葉和歌集』収録の「夏歌」に以下の歌がある。

（14）中川　2020

ひぐらしの聲きく杜の下草に秋まつ露の結びそめぬる　　高階成朝朝臣

ヒグラシは七月中旬から成虫が出現し、七月下旬から八月上旬に発生のピークを迎える。盆を過ぎると数は減り始め、九月中旬には姿を消す。よって現代人の感覚ではヒグラシは盛夏のセミである。「秋を待つ」との意味で、高階成朝の歌は現代人のイメージと大きくは違わない。しかし、和歌の世界ではヒグラシは秋のセミとして扱われることが多い。

秋風の草葉そよぎて吹くなへにほのかにしつるひぐらしの声　『後撰和歌集』
影よはき木のまの夕日うつろひて秋すさまじき日ぐらしの声　『風雅和歌集』

室町時代の御伽草子『鴉鷺《あろ》物語』にも「夏になれば山時鳥をも誰より先に聞、秋の日ぐらしの夕かけたる音をもげに憂き秋の物と思知れば」との一節がある。[15] 夏の風物はホトトギス、秋はヒグラシだ、といっているのだ。ヒグラシの鳴き声の消失をもって秋本番と考える現代人からすれば、モヤモヤする話である。

もちろん、ヒグラシを秋のセミと呼ぶのは旧暦と新暦との差、といってしまえばそれまでである。それに暦は違えど、ヒグラシが鳴く地球季節は平安時代も現代も同じはずだが、暑さ和らぐ九月初旬（新暦換算）に秋のヒグラシを詠んだ和歌だ、と無理やり解釈しておけばよいのか。

漢詩と和歌の世界では「寒蟬」との語句まで存在するのだから、現代人との感覚の差は大きいと納得しておくしかない。ただ、室町時代中期成立の『竹林抄』収録の次の連歌はいかがなものであろうか。

（15）市古ら 1989

秋来るからに袖は濡れけり
蜩の鳴けば空蟬音をたえて

二句を繋げれば「ヒグラシが鳴きだす初秋、他のセミは鳴き止んだ。秋になったせいか、涙で袖が濡れます」との意になる。ここの「空蟬」は③で述べたセミそのものを指す。生物学的にはアブラゼミもニイニイゼミもクマゼミも、ヒグラシと同様に九月中旬前後には姿を消す。よって、他のセミが鳴き止むその季節、ヒグラシが鳴き始めました、というのは昆虫学的にあり得ず、断固承服しがたい。この連歌では、「秋」を「夕」にしておけばよかったのだ。

最後は、ヒグラシの生態に対する話題である。『正治二年院初度百首』に以下の二首がある。

ならがしは末葉に夏や成ぬらん木陰涼しきひぐらしの声　惟明親王
四極山風吹きすさむ楢の葉に絶え絶え残るひぐらしの声　守覚法親王

「ならがし」「楢」とは、コナラ、ミズナラ、カシワなどのいわゆる広葉樹のナラの木である。[16]現代日本人がヒグラシの声を聞きたければ、やつらがもっとも好む針葉樹のスギ林に向かうのが手っ取り早い。少し郊外に出れば、スギ植林なんぞどこにでもあるからである。ただ、ヒグラシは広葉樹にもいる。[17]詠み手の二人の皇族は里の雑木林で、ヒグラシの声を聞いたのだろうか。

ヒグラシの鳴く時間にも着目してみた。『新勅撰和歌集』に以下の和歌がある。

葉を繁み外山の陰やまがふらん明くるも知らぬ蜩の声　藤原実方朝臣

（16）久保田ら 2016
（17）林・税所 2011

実方《さねかた》は、「木々の葉が繁茂しているので、暁になっても暗い外山の影を日暮れと間違えているのだろうか。夜が明けるのも分からないで鳴くヒグラシのやつらめ」と詠んだわけだが、残念でした。間違えているのはあなたです。なぜならヒグラシは夕方だけでなく、早朝にも普通に鳴くからである。野暮なツッコミをせずにおれないのは、筆者の虫屋としての哀しい性か。一方、『拾遺和歌集』より、以下の和歌を引用してみた。

あさぼらけひぐらしの声聞ゆなりこや明けぐれと人の言ふらん　左大将済時

明けぐれとは、明け方のほの暗い状態や時刻のことだ。この「ぐれ」を「暮れ」と響かせる。暁にヒグラシ（日暮らし）が鳴くことの矛盾の面白さを、「明け」「暮れ」だからと納得し、「明け暮れ」の語源を説明した言語遊戯の歌となっている[18]。

江戸前期の下河辺長流《しもこうべちょうりゅう》は、ヒグラシの生態を一層正しく理解したかのような和歌を残している。

夕立の端山過にし木伝ひに又しぐれ行むら蟬の声　『晩華和歌集』

木伝いとは、木を伝うように再び鳴く蟬が数を増していく様子を指す。そして、むら蟬とは、群がる多くのセミのことである[19]。筆者はヒグラシの合唱を詠んだ歌であると解釈したが、合っているだろうか。

❺薄い蟬の羽

セミの羽は分厚いか薄いか？　と問えば、誰しもが「薄い」と答えるだろう。ただ、真っ白な

（18）小町谷　1990

（19）大山ら 2019

状態で、「セミの羽は薄きもの」と着想できる現代人は多くはないはずだ。しかし、平安時代から幕末にいたるまで、羽が薄いことを念頭に置いた和歌が数多く存在する。以下、その一部である。[20]

鳴く声はまだ聞かねども蟬の羽の薄き衣はたちぞ着てける　大中臣能宣
けさかふる蟬の羽ごろもきてみればたもとに夏はたつにぞありける　藤原基俊
暮るより涼しく成て蟬の羽の夜るの衣に山風ぞ吹　津守国冬
蟬のはのうすき袂に吹きかへてやがて身にしむ秋の初風　足利義詮
白たえの衣の錦はぬぎすててせみの羽袖に夏は来にけり　平野国臣
蟬の羽の袖かろけにも涼しくて声聞時そ夏ふかきかな　孝明天皇

次に景色の中に存在する薄い物とセミの羽を対比させた和歌がある。

をりはへて音に鳴くらす蟬の羽の夕日も薄き衣手の杜　『続拾遺和歌集』
晴れぬるか雲さへうすし鳴く蟬の初瀬の山の夕立の空　『新続古今和歌集』
鳴蟬の翅も薄き曇り日の夕かげ山は風ぞ涼しき　『晩華和歌集』

薄い夕日や雲を「セミの羽のようだ」と詠んだわけである。なお、二首目の和歌には一見「羽」との語はない。しかし、「初瀬の山」は大和国の歌枕で、ここに「セミの羽」の意がかけられている。[21]近代以降も日野草城の「飛ぶときの蟬の薄翅や日照雨」と、薄日がセミの羽を透く様子を

（20）紗や絽で作った薄い夏衣を「蟬の羽衣」という（中川 2005）。

（21）村尾 2001

詠んだ俳句はある。ただ、国語の授業で短歌と俳句を習う程度の現代人にはまず考えつかない着想といえよう。

美しき物のたとえとして、セミの羽を持ち出す事例もある。たとえば、平安初期の役人の桑原宮作が病床に臥せっている時に詠んだ漢詩に次の一節がある。

力尽魂危　鬢謝蟬兮化緇

「体力も尽き果てて心も弱って、もうだめになりそうだ。髪を蟬の羽のように透ける美しい形に結ったりもしたが、それが今は白髪がただ垂れるだけである」とのことらしい(22)。たしかにミンミンゼミやクマゼミの羽は透けている。面白いのは、軍記物語『源平盛衰記』の記述である。『源平盛衰記』は、平清盛の七女は「みめかたちは人に勝れ給へり」と、その容姿が優れていたとする。そしてその端麗ぶりを以下のように記す(23)。

（清盛七女の）嬋娟たる両鬢は秋の蟬の翼、宛転たる双蛾は遠山の色とぞ見え給ふ

ここでは、清盛七女の髪の左右の生え際の艶美さはまるで蟬の羽のよう、両目の眉の優しい曲線ぶりは蛾のようである、と真面目に褒めている。ただ、「宛転たつ双蛾は遠山の色」云々との文言は、『源平盛衰記』作者のオリジナルではないことに留意する必要がある。というのも、作者は平安時代に編集された『和漢朗詠集』の漢詩「妓女《ぎじょ》」の「嬋娟両鬢秋蟬翼、宛転双蛾遠山色」との一節を引用しているにすぎない。なお、現代人の筆者は、己の教養を誇らんがため、女性に対して「あなたの髪の生え際はセミの羽のようですね！」などと褒める勇気はない。地雷を踏むこと間違いなし。

（22）菅野・徳田　2002

（23）水原　1988

最後に情けが薄い、つまり薄情さをセミの羽にたとえた事例を紹介しておく。『古今和歌集』には以下の和歌がある。

蟬の羽のひとへにうすき夏衣なればよりなむものにやはあらぬ　凡河内躬恒

凡河内躬恒《おおしこうちのみつね》の歌は手が込んでいる。セミの羽のように、ひたすら薄い一重の夏衣は着ていれば、しわが寄ってしまう。したがって、薄情な人でも慣れ親しんだら、互いに寄り添うものではないでしょうか、とのこと。(24) ほほう、そんなものか。

『蜻蛉日記』は、セミの羽を利用して、相手の薄情さを嫌味ったらしく表現している。作者が夫の兼家に送った長歌の一節には「わが身空しき　蟬の羽の　いましも人の　薄からず」とある。我が身は蟬の脱殻のような虚しさであり、そして、その蟬の羽にも似たあなた（兼家）の薄情は今に始まったことではないですよ、と難詰しているのだ。対する夫の兼家「ときの紅葉の　さだめなく　うつろふ色は　さのみこそ　あふあきごとに　つねならめ　嘆きのしたの　この葉にはいとど言ひおく　初霜に　深き色にや　なりにけむ　思ふ思ひも　絶えもせず」紅葉が色あせるごとく、新婚当時の愛情もやがて飽いてくるのが世の常だが、自分はそんなことはない。むしろ、愛は深まるばかりである、と必死に弁明している。(25) 令和の世の夫婦喧嘩で、「あなたの情はセミの羽のように薄いじゃないの！（怒怒怒）」と申し立てる細君はおられるのであろうか？

❻蟬の声にて故郷を想う

学問の神様の菅原道真といえば、大宰府に左遷される寸前、邸内の梅の木に「こち吹かば匂い

(24) 小沢・松田 1994

(25) 菊池ら 1995

起こせよ梅の花あるじなしとて春な忘れそ」と詠んだ逸話で有名だ。ようするに都を離れたくない、とおっしゃっているわけだが、地方分権が叫ばれる現代からすれば、「地方は嫌だ」と駄々をこねる道真の評価はいかがなものであろうか。さて、この道真サン、讃岐守として四国赴任中にも、性懲りもなく次のような漢詩を作っている。(26)

新発一声最上枝　莫言泥伏遂無時　今年異例腸先断　不是蟬悲客意悲

蟬の鳴き声を聞いて今年はことに例年とは違って、なぜか深い愁えに断腸の思いがする。これは蟬の声が悲しむのではなく、讃岐に客居する私の心が悲しむのである、と。セミの声を聞いて、望郷の念を呼び起こされたといえば聞こえが良いが、ようするに道真サンは「香川なんかにいたくない、さっさと都に帰りたいよ～（泣）」と嘆いているのだ。地方在住者の筆者からすれば、興趣をそがれる。

地方でセミの声を聞いて、都を懐かしく思ったのは、菅原道真が最初ではない。『万葉集』に「石走る滝もとどろに鳴く蟬の声をし聞けば都し思ほゆ」との前出の一首がある。これは大石蓑麻呂が安芸国長門の島の磯辺に停泊中に、都を想って詠んだものだ。次は南北朝時代成立の『新葉和歌集』より。

せめてげに杜の空蟬もろ声になきてもかひのある世なりせば　中務卿尊良親王

もろ声（諸声）とは、多くのセミが一斉に発する声を指す。(27)後醍醐天皇の皇子の尊良親王《たかよししんのう》は、鎌倉幕府打倒を企てた父に連座する形で、土佐国に流された。そして、後の敦賀金ケ崎の戦いで

（26）川口 1966

（27）深津・君嶋 2014

新田《にった》義顕《よしあき》とともに戦死する悲劇の皇子である（図1）。生涯父親の野心に振り回され続けた親王は、土佐にて「蝉が声のかぎり鳴いても甲斐なく短い命を終えるように、私の嘆きもむくわれない」と流罪になった己を嘆いたのだ。高知県には強い合唱性を持つヒメハルゼミが生息している。「もろ声」だけでは、親王が悲嘆にくれたセミの鳴き声を、ヒメハルゼミとするのは深読みがすぎるか。

最後は転勤と出張を繰り返した、幕末のサラリーマンの川路聖謨《かわじとしあきら》。川路は豊後国生まれで、のち小普請組の川路家の養子となった。俊秀をうたわれた川路は幕末の幕府外交を担うも、江戸開城とともに自殺、徳川家に殉じた気骨の幕臣である。川路は天保十一（一八四〇）年佐渡奉行に任ぜられ、佐渡に赴任した。翌十二年に任期を終え、佐渡を発つ前日の五月十五日、川路はヒグラシの声を聞いた。翌日、川路は思わず次の二歌を詠んだ（『川路聖謨文書』）。

常とはになく日くらしのねもむへし佐渡の島根はものかなしきに

うきときはいつも秋とてさみたれの空も日くらし鳴くらすらむ

無事勤めを終えた川路の脳裏に浮かんだのは、生まれ故郷の豊後国のヒグラシか、それとも養家のある江戸のヒグラシだったか(28)。

❼はかない蝉

幼虫の期間を考えると、セミほど長生きする昆虫も珍しいはずだが、「成虫の命は一週間」との通説により、セミは短い命の代名詞とされている。たとえば、日本の三大随筆の一つ『徒然草』

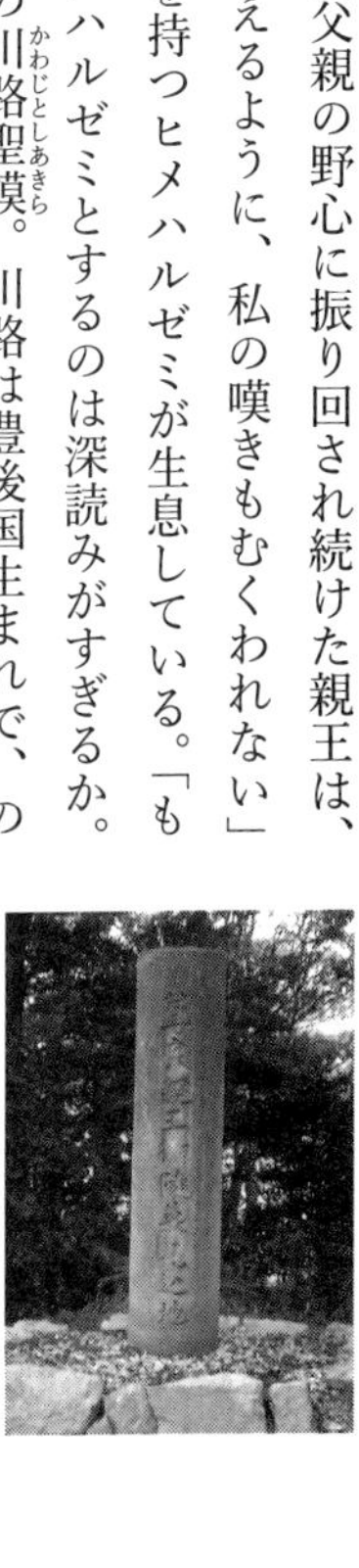

図1　尊良親王の墓（福井県敦賀市）

（28）川路がヒグラシの声を聞いたのが、現在の暦に直すと七月初旬である点は多少気になる。たとえば、筆者が居住する福井市だと、およそ七月中旬である。ただ、七月初旬にヒグラシの初鳴きは絶対に発生しないとまでは言い切れない。

には「命あるものを見るに、人ばかり久しきはなし。かげろふの夕を待ち、夏の蟬の春秋を知らぬもあるぞかし」（人間は長生きだが、短命のセミは夏と秋両方があることを知らない）とある。セミははかない命との捉え方は、日本人の固定観念の域に達している。

筆者は幼少時、周囲から「セミは長い間土の中で我慢しているのに、成虫になると長く生きられない。かわいそうな虫だから殺すな」との教育を受けた。実際にセミが地中生活を辛いと考えているかどうかはともかく、平安貴族にも似たような発想があった。『うつほ物語』に、右近将監清原松方の「春山の木の根の蟬は巣を狭み夏の木の葉や恋しかるらむ」との歌がある。木の根っこにあるセミの巣穴は狭いから、さぞ広々とした木の下の葉が恋しいであろう、との意味だ。

次に『新古今和歌集』に、以下の和歌が収録されている。

秋近きけしきの森に鳴く蟬の涙の露や下葉染むらん　　摂政太政大臣

この摂政太政大臣とは藤原良房のことである。(29) 良房はセミの命の終わり近い涙が、木々の下葉を紅く染めているのかと詠んだ。良房は藤原北家全盛の礎を築いた剛腕政治家との印象が強いが、虫けらにもずいぶんと思いを寄せた歌を詠んだものである。

『新撰朗詠集』には、別の観点でセミのはかなさを詠んだ歌がある。

つれもなき夏の草葉に置露を命と憑《たのむ》蟬のはかなさ

露を命のように大切なものと思って頼みにするセミは、はかないものだ、との意だ。中国ではセミは高潔のシンボルである。そして、三国時代の英雄曹操の子の曹植の『蟬賦』には、朝露で口をすすぐセミは清らかである、と歌われている。(30) よって、セミが水分を摂取するのは木の幹か

(29) 峯村　1995

(30) 瀬川　2016

らではないか、との昆虫学視点からのツッコミはこの際野暮なのである。

❽墓地の蟬の声

大東亜戦争敗戦に際し、俳人の高浜虚子は終戦を迎えた感慨を次のように詠んだ。

秋蟬も泣き蓑虫も泣くのみぞ

当時、虚子は「俳句は戦争から何の影響も受けなかった」と新聞記者のインタビューに答えた（平成二十五年三月十一日付朝日新聞）。「鳴く」と「敗戦に泣く」がかけられているのだろうが、インタビューにしたがうのなら、虚子自身は敗戦の事実を淡々と受け止めていたかのようである。

墓地で人の死を悼む行為とセミの鳴き声は、組み合わせの妙を示すらしい。次のような短歌がある。

墓地の杉蟬はなけどもいとし子は姿も見えず土に入りつゝ　木下利玄

華族歌人の木下利玄《きのしたりげん》子爵は我が子を幼くして失った。その利玄が子を葬ったのは、上野谷中の墓地である。[31]杉の木で鳴くセミ、そして悲しみ。筆者に歌心はないけれども、このセミは哀しげに鳴くヒグラシと断定してよいのではないか。

次は俳句。幕末の筑後の豪農の家に生まれ、維新後は自由民権運動に身を投じ、後に逓信大臣や商工大臣にまで登りつめた野田卯太郎（大塊）という政治家がいる。その野田は、西郷隆盛の墓参りをし、次のような俳句を詠んだ。[32]

（31）木俣　1973

（32）坂口　1939

　墓るいるい声も悲しや秋の蟬

野田自身は西南戦争で西郷軍に参加していない。それどころか官軍相手に米を売って儲けていた。[33] しかし、自由民権運動の闘士の中には、宮崎八郎など薩軍に加わって戦死したものもいる。野田は同じく反政府運動に立ち上がった者として、万感の思いにかられつつ、西郷の墓前でセミの声を聞いたのだろうか。

❾蟬の殻を贈呈

平安末期成立の歴史物語『今鏡』に「そのかみ（帯刀節信）井手の蛙をとりて、飼ひけるほどに、その蛙みまかりにければ、乾して持たりけるとかや」との箇所がある。節信《ときのぶ》は捕まえたカエルを飼育して、その後死んだカエルを干物にして持ち歩いていた、というのである。[34] 平安期の貴族や役人を、フォークより重たい物を持ったことがない上品な人、などと決めつけてはならない。

カエルの死体ほど不気味なブツではないが、貴族たちの間では、セミの抜け殻を他人に送り付けることがあったらしい。

　物言ひける女に蟬の殻を包みてつかわすとて
これを見よ人もすさめぬ恋すとて音を鳴く虫のなれる姿を　『後撰和歌集』
　人のもとに空蟬をやるとて
夏山の木末にとまる空蟬のわれから人はつらきなりけり　『続後撰和歌集』

（33）坂口 1929
（34）竹鼻 1984b

前者はセミの命は短く、その恋は短いゆえに問題にされないのである。セミの殻によせて我が恋の虚しさをつぶやく歌である。後者は、あなたは私に冷淡ですね、と嘆いている歌である。当時、貴族間ではホタルを贈呈するとの習慣はあったようだが、セミの抜け殻までやり取りしていたとは、現代人には驚きである。

⑩マイナーなセミ雑話

ここまでヒグラシを中心とした身近なセミばかりを取り上げてきたが、⑪では蟬の名が付いた楽器や、マイナーな種類のセミの話題をいくつか紹介する。

軍記物語『平家物語』には、「蟬折」との名を持つ笛が出てくる。鳥羽院のころ、宋の皇帝より、生きた蟬のような節がついた笛が届けられた。ある時、高松の中納言がこの笛を吹いたところ、ふつうの笛のように思い、うっかり膝の下に置いた。すると、笛がその無礼をとがめたのだろうか、急に折れてしまった。以来、その笛は「蟬折」と名付けられた。この笛については、別の伝承で続きがある。「蟬折」は後に源義経の手に渡った。平家打倒後、兄頼朝に追われる義経は、金沢から海路能登半島を北上したが、半島先端近くで大風に会った。義経は三崎権現（現在の須《す》須《ず》神社）（図2）に無事を祈願した。その際、義経は「蟬折」を奉納し、その笛は今も須須神社の宝物として守られているとのことである（須須神社敷地内の案内説明板より）（図3）。

次は幕末に来日し、維新後に駐日英国公使になったアーネスト・サトウの逸話。彼は明治三十一年六月下旬、日光に遊んだ。サトウは同月二十日付日記に「森の中には、蛙のように耳ざわりな声で鳴くやかましい蟬がいっぱいいる」と記した[35]。まず間違いなくエゾハルゼミのことで

（35）サトウ 1991

図2 須須神社（石川県能登半島）

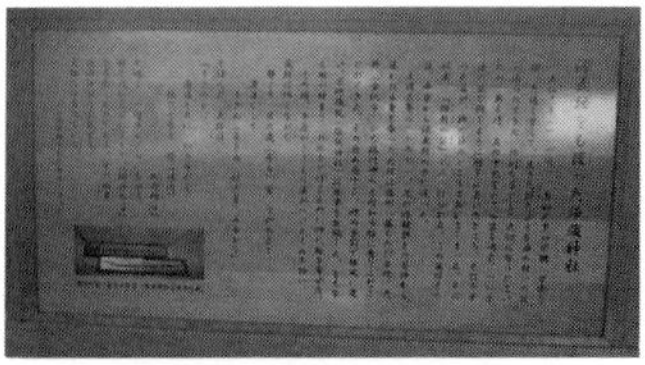
図3 須須神社境内の案内説明板

ある。滞日年数が長く、知日派英国人のサトウであるが、我々の期待とは裏腹に、日記に「日本人の昆虫に対する感性は素晴らしいものがある。とても英国人の真似できるものではない」などと一言も書いていないことを明言しておこう。エゾハルゼミの鳴き声は、彼のお気に召さなかったのである。

三番目は春から初夏に成虫が発生するハルゼミについて。ハルゼミは主にマツ林に生息するので、松蟬との異名を持つ。大正時代と昭和戦前期に活躍した歌人の土田龍平には、ハルゼミを詠んだ短歌がある。

障子あけて風まともなる涼しさよ遠くまた近く松蟬の声

すべての近代短歌に目を通せているわけではないが、ハルゼミを題材とする短歌はそんなに多くないはずである。

このハルゼミの鳴き声は、昆虫に詳しくない人が鳴き声を聞けば、ニイニイゼミやアブラゼミなどの夏のセミと間違える可能性はある。たとえば、明治二十五年六月初旬、郵便報知新聞は「宮城内の樹林に於て蟬の聲を聞けり恐くは府下は本年の初蟬ならん」と報じた（六月四日付）。梅雨に成虫が出るニイニイゼミにしては時期が少し早すぎる。記者はハルゼミの鳴き声を夏のセミの初鳴きと誤認したのではないか。

最後はヒメハルゼミ。明治四十三年七月、東京朝日新聞は「片庭の大蟬」との記事を掲載した。茨城県西茨城郡北山内村片庭（現在の笠間市）にある八幡神社境内に、奇妙なセミが毎年発生するという。体の大きさはアブぐらいしかないが、声が大きいので、地元の人々は「片庭の大蟬」と称している。とくに今年は大蟬が大発生したので、近隣の人が大挙して見物に押し寄せている、と記事にある（七月二十二日付）。現代人はこのセミがヒメハルゼミであることを承知しているわけだが、明治末時点では片庭のセミは正体不明とされていた。それにしても、セミ目当てに大勢の見物客が詰めかけるとは、何とものんびりとした話である。なお、明治末にトンボの大群に見物人が殺到したのは第Ⅱ部第1章で述べたとおりだが、昭和六年六月に京都市内にミツバチの巨大な群れが出没した際も、一目見ようと人だかりができてしまったという（六月十八日付京都日出新聞）。どうやら近代日本人は、虫の大群現ると聞くと、見に行かずにはおれなかったらしい。

⓫季節が夏であれば、場所を問わず出没するアニメ世界の蝉

明治維新前の近世、セミはホタルと鳴く虫とともに、文学や和歌の世界で三つ巴の地位にあった。しかし、日本の近代化が始まると、セミは大衆文化の新たな媒体の一つである新聞で、ホタルと鳴く虫に大きく後れを取るようになる。[36] 伊豆の大島がヒグラシの名所である、とわざわざ新聞記事になったこともあり（昭和九年七月二十四日付都新聞）、近代日本人は江戸時代同様、セミを季節の風物詩として見なしていた。ただ、明治大正の先人たちは昆虫を虫籠に入れて観賞することに、より大きな意義を見出し始めたのである。セミの飼育は不可能とまではいえなくとも、素人が簡単に取り組める代物ではない。[37] セミを虫籠に閉じ込めることは簡単だが、鳴き声を楽しむことはできない。セミは籠の中ではなかなか鳴いてくれないからである。近代以降の大衆文化におけるセミの地位の下落は、セミが飽きられたというよりは、人々が鳴く虫とホタルに熱中したことによる、相対的な低下である（第Ⅲ部第3章参照）。

敗戦後の日本人は、セミは夏を告げる虫と見なす先人たちの感性を引き継いだ。さらに、戦後

（36）保科　2019e

（37）橋本　1975, 1991

日本文化の申し子である現代アニメは、キャラクターたちの躍動感あふれる動画に加えて、川のせせらぎや木々の葉のざわめきを音源で表現することを可能にした。自然や季節を実際の音で聞かせて、相手の耳に伝える。これは平安期の勅撰和歌集や江戸期の昆虫図譜の世界では、絶対に不可能だった技法である。

　こうして、セミはアニメの世界で夏が描かれるたびに、その鳴き声でもって季節を強調する新たな役割が与えられた。「ミーンミーン」と鳴くミンミンゼミ、「ジリジリジリ」のアブラゼミ、「カナカナカナ」のヒグラシ。クリエイター側からすれば、これらの音を流しておけば、ほぼすべての視聴者が「セミの鳴き声が響いている。この場面は夏なんだ」と一瞬で認識してくれる使い勝手の良さがある。逆の例を出すと、童話『桃太郎』で有名なキジは、大概の日本人はその姿を思い浮かべることができる。しかし、その鳴き声となると、はたして何割の人が知っているか心もとない。アニメ中の長閑な田園風景の描写法として、キジの鳴き声は使いづらいのである。

　セミの仲間の昆虫のうち、アブラゼミ、ミンミンゼミ、ツクツクボウシ、ヒグラシは、ほぼ日本全土に分布する。加えて、アブラゼミは都市部だろうが、海辺だろうが、山の中だろうが、どこでも鳴いている。ミンミンゼミも東日本なら市街地に普通に見られる。ということは、アニメの舞台が、町中であろうがド田舎であろうが、画面中でセミを鳴かせても、何ら問題がないのである。実際、都市部でセミが鳴くＴＶアニメとしては、『かなめも』（二〇〇九年）、『ガヴリールドロップアウト』（二〇一七年）（図4）、『ぼくたちは勉強ができない』（二〇一九年）、山の中でセミが鳴く作品としては『グリーングリーン』（二〇〇三年）、『のんのんびより』（二〇一三年）、『僕の彼女がマ

図４『ガヴリールドロップアウト』© 2016 うかみ／KADOKAWA アスキー・メディアワークス／ガヴリールドロップアウト製作委員会

図５『僕の彼女がマジメ過ぎるしょびっちな件』©2017 松本ナミル／KADOKAWA／マジメ過ぎる製作委員会

ジメ過ぎるしょびっちな件』（二〇一七年）（図5）、海岸近くの作品としては『ラムネ』（二〇〇五年）、『Air』（二〇〇五年）、『キミキス pure rouge』（二〇〇七年）（図6）などなど、事例には枚挙に暇がない。さらに、『Happy Lesson』（二〇〇二年）、『夜明け前より瑠璃色な』（二〇〇六年）（図7）、『ソウナンですか?』（二〇一九年）にいたっては、無人島でもセミが鳴いている始末である。とにかく、セミは、アニメでは夏を表す昆虫として獅子奮迅の働きを示すのだ。

ホタルも夏の風物詩として誰の目にもわかりやすい昆虫である。そして、ホタルは時々アニメやゲームの世界に出てくるものの（第Ⅱ部第5章参照）、その登場頻度はセミと比べてはるかに劣る。アニメやゲームは理科の参考書に非ず。よって作品中の昆虫が科学的事実から大きく逸脱した存在でも問題ではない。ただ、製作陣としても、住宅街や校舎の場面でホタルを飛ばすのは、さすがに気が引けるのだろう。清流に生息するホタルは、使える場面がどうしても限られてしまうのだ。また、モンシロチョウや赤トンボは春と秋の風景の虫として重宝されるが、いかんせん鳴かないので、虫の絵を必ず描く必要がある。一方、セミは誰しもが盛夏の昆虫として認識し、かつ物語の舞台が都市部だろうが農村だろうが、登場させても違和感がない。また、姿形を出さずとも、鳴き音を流すだけで、存在をアピールすることができる。セミはアニメ中の生物カレンダーとして、まさに万能の存在なのである。

⓬近代以前は文化昆虫学的な論点が少ない蝉

図6『キミキス pure rouge』
©2006 ENTERBRAIN. INC.／2007「キミキス」製作委員会

図7 『夜明け前より瑠璃色な』
© AUGUST／月文化交流会

令和二年夏、コロナ禍で観客が少ない秋田市の高校野球の大会。七月十五日付朝日新聞の天声人語には「梅雨の晴れ間の八橋球場には、セミ一匹の鳴き声が驚くほど響く。異例ずくめの観客席で、部活の原点が見えた気がした」と記されている。セミを騒音の発生源と見なさず、その鳴き声に想いをよせる日本人の感性は万葉の時代から不変である。

しかし、それゆえに近代以前のセミは文化昆虫学的な論点が少ないのである。本章では、「蟬」と「蜩」の用語の使い分け、セミの羽、望郷の念など、重箱の隅を突くかのような話題ばかり取り上げて来た。結局のところ、文化昆虫学的には「近代以前のセミは季節のはかない風物詩としてとらえられています。今と同じですね」との当たり前の結論しか導き出せないのである。文学や和歌に出てくる頻度の点では、セミよりも圧倒的に少ないトンボであるが、日本神話、勝ち虫、雑魚の虫、季節の象徴などなど、日本人のトンボへの視線は実に多様だ。クモもトンボと同じで、作品中での露出回数は少ないくせに、扱われ方は非常に複雑である（第II部第8章参照）。セミとは対照的である。

圧倒的な登場回数とは裏腹に、文化的な多様性が低くなるのは、鳴く虫とホタルも同じである。登場頻度と多様性は反比例の関係にあるがごとくである。どうやら、セミ、鳴く虫、ホタルの三者は鳴く・光るとの特徴があまりに突出しているがために、人々の視線はその特徴に集中してしまう。その結果、かえって文化的な多様性が乏しくなってしまうのである。

鳴く虫についてはペット昆虫史（第II部第2章）、ホタルについては近代期の大量虐殺史（同第5章）との別の切り口がある。しかし、近代以前のセミは、とにかく文化昆虫学的な論点が少ない。

昔の和歌や文学の内容は、実際の音を伴って現在に伝わっていない。だから、作品中のセミがどの種のセミであるかの特定は難しい場合が多い。しかし、実際に音を聞くことができる現代のアニメやドラマとなると話は別である。セミが夏を表現する昆虫として最適である、と本章⑪で述べた。さらに、身近なセミ五種のアブラゼミ、ミンミンゼミ、クマゼミ、ツクツクボウシ、ヒグラシは鳴き方がまったく違う。ドラマやアニメ、ゲームでは、各場面に応じて、種ごとの鳴き声を使い分けることが可能である。たとえば、夕方の場面なら、ヒグラシの声を流せばよいのである。[38]そして、視聴者の側に多少の昆虫学の知識があれば、ドラマやアニメを見ながら、簡単に鳴いている種の特定ができる。よって、「関西の平地にはほとんどいないはずのミンミンゼミが、大阪や京都のドラマでなぜか使われているではないか」とのイチャモン、もとい考察を加えることもできる。[39]

セミは和歌や近世文学よりも、現代サブカルチャーを材料にした文化昆虫学に向いている虫なのである。

（保科英人）

（38）保科　2019d

（39）笠井　1997、沼田・初宿　2007

第４章

カブトムシとクワガタムシ

日本文化史の新顔

現在の日本のペット昆虫の主力は何といっても、カブトムシとクワガタムシである。昭和三十年代以降の生まれの筆者らも、幼少時に親にねだったペット昆虫はカブトムシとクワガタムシであって、スズムシやマツムシではない。そして、夏になると、特殊な専門店に行かずとも、身近なホームセンターでコーカサスオオカブトムシを数千円で買えるのが、令和の日本なのである。

ただ、外国の巨大カブトムシやクワガタムシが、子供の小遣いで何とか買える値段で出回る状況は、万国共通ではないらしい。たとえば、岐阜経済大学教授のエリック・ローラン氏は「日本には、アニメやコミック、TVゲームなどの有力な産業があるが、それと同時にペット昆虫の市場も確立している。欧州人の目から見れば、独特である」と述べている。(1) 地球の裏側の欧州と日本は全然違って当たり前、というなかれ。筆者の一人の保科は令和元年、お隣の韓国を訪問した際、国立生物資源研究所の甲虫学者パク・サンジェ（Sun-Jae Park）博士に同国のクワガタ市場についてて尋ねてみた。すると、「我が国でもクワガタは売買されている。しかし、日本ほど巨大な

（1）ローラン 1999

マーケットではない」との回答が得られた。パク博士の発言がどのようなデータに基づいているかはこの際どうでもよい。韓国の甲虫学者が「俺たちゃ日本人ほどクワガタにご執心ではないからなァ」と感じていることが重要なのである。(2)

現在の日本のペット昆虫業界の中で、圧倒的シェアを持つカブトムシとクワガタムシ。本章では、両者をペット昆虫としての側面ではなく、文化史の視点で概説する。

❶近代日本人はカブトムシとクワガタムシの売買や飼育に興味なし

鳴く虫の章（第II部第2章）やセミの章（同3章）に倣うと、本章はまず「『万葉集』や『古今和歌集』、『蜻蛉日記』におけるカブトムシとクワガタムシは……」と書き始めたいところである。しかし、それは無理である。『万葉集』や『古今和歌集』では、カブトムシとクワガタムシは一切詠まれていないからである。他の章でたびたび引用している、登場人物はすべて虫の御伽草子『こうろき草子』でも、数ある虫たちの中で「小がねむし」は出てくるが、カブト・クワガタは姿を現さない。(3) 同じ御伽草子『諸虫《しょちゅう》太平記』には「甲虫の与茂作」なる、ちょい役が登場する程度である。

本草学が発展した江戸期には、江戸後期の栗本丹洲《くりもとたんしゅう》著『千蟲譜《せんちゅうふ》』（図1）など、現在の昆虫図鑑にあたる虫図譜に、カブトムシとクワガタムシは精密に描かれるようになる。(4) ただし、図譜の類いは科学史の重要史料ではあっても、本書で扱う文化昆虫学とは接点が薄いというのが、筆者らの持論だ。

時代を明治維新後に進める。筆者の一人保科は、明治大正・昭和戦前期の縁日で売られていた

(2) 保科 2019h

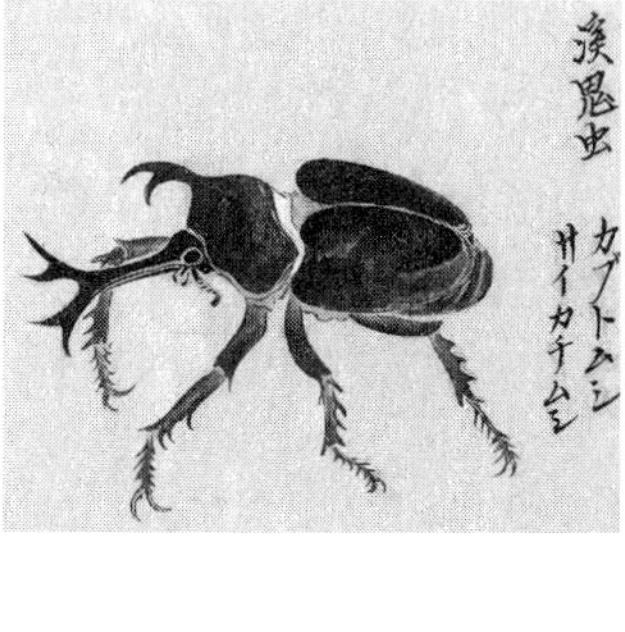

図1 栗本丹洲『千蟲譜』に描かれたカブトムシ（国立国会図書館蔵）

(3) 萩野 1901

(4) 小西 1990

スズムシやマツムシ、ホタルなど価格を徹底的に調べたことがある。当時の新聞には「虫相場」との見出しで、スズムシ○銭、ホタル△銭などの値段が記されていた。ただ、虫相場に登場する虫とは、スズムシやキリギリスなどのバッタ目の鳴く虫とホタル、あとはカジカガエルである。(5) これまで明治初期から昭和二十年までの新聞を片っ端から調べてきたが、今のところ虫相場中にカブトムシ○銭、クワガタムシ△銭との記事を発見できていない。戦前生まれの昆虫学者の方に、「昔、縁日でカブトやクワガタは売っていたか？」と尋ねまわっているものの、「そんなもの見たことない」との回答しか得られていない。どうやら、近代日本人は、カブトムシとクワガタムシをペットとして売り買いする、との発想が乏しかったらしい。

明治大正期の日本人の動物飼育技術は、現代人が想像するよりもはるかに高かった。市場に出回る鳴く虫は、養殖個体がほぼ全種で取り扱われていたし、一般家庭でのカジカガエル越冬法が新聞記事になったのも一度や二度ではない。大正時代にはカジカガエルを温室で飼育し、年から年中鳴き声を楽しむ強者もいたぐらいである。(6)

江戸期には飼育下でカブトムシの幼虫を羽化させられることは既に知られていた。(7) つまり、近代日本人がその気になればカブトとクワガタの累代飼育なんぞは造作もなかったはずである。にもかかわらず、自宅でカブトとクワガタを飼おうと考える日本人もあまりいなかったようだ。たとえば、昭和初期には都新聞(8)が毎年夏になればスズムシやマツムシの飼育法を紹介していたが、筆者は同紙上で「カブトムシとクワガタムシの飼ひ方」なる記事を見たことがない。

近代日本人が家でカブトムシを増やすとの考えを、徹頭徹尾持たなかったことを示す新聞記事がある。(9) 大東亜戦争敗戦間近の昭和二十年七月十八日付読売新聞は、食糧事情改善のためにカブトムシの蛹食を勧めている。記事には「採取してきた幼虫を少量の土とともにバケツに入れてお

（5）Hoshina 2017, 2018、保科 2017b, 2018a, 2019g
（6）Hoshina 2020b
（7）金子ら 1992
（8）現在の東京新聞の前身の一つ
（9）保科 2019i

けば、やがて蛹になる。これは中々珍味である。成虫も頭部は固いが、中身はイナゴのようなので食える」とある。この記事が掲載された頃、庶民は祖国の無条件降伏が翌月に迫っていることを知らない。戦争はまだまだ続くと思っている。ならば、「来年の食料として、カブトムシの卵や小さい幼虫を今のうちに大量確保して自宅で育てましょう。飼い方はかくかくしかじか」との記事になってもよさそうなものだが、そうは書かれていない。ペット目的にせよ食料目的にせよ、近代日本人にはカブトムシを後生大事に累代飼育する、との嗜好がまったくなかったのである。

❷わずかに記録に残った明治時代のカブトムシの価格

では、明治大正期の日本では、カブトムシをカネで買うことは、絶対に不可能だったのか？実は、そうとまでは言い切れない。極めて断片的だが、カブトムシが売られていたとの記録が少しばかりある。

まず、明治初期に来日したお雇い外国人の化学教師グリフィスは、虫屋がカブトムシに紙の大八車を引かせる見世物を見物している(10)。グリフィスはこのカブトムシが売り物であったかどうかは記していない。しかし、虫屋も商売で見世物をしている以上、客が「そのカブトムシを譲ってくれ。カネはこれだけ出す」と頼めば売ってくれたにちがいない。

次も同じく外国人の記録だ。日本甲虫学会の松沢春雄氏より御教示いただいた文献である。カナダの昆虫学者のW・H・ハリントン（W. H. Harrington）は明治二十四年、昆虫調査のため来日した。ハリントンの日本滞在記によると、彼は場所不明ながら「カブトムシの良い標本（good specimens）を三銭ないしは四銭で買った」と記述している(11)。ちなみに、明治二十四年時点の東京

(10) Griffis 1894

(11) Harrington 1893

朝日新聞は一部が一銭五厘、スズムシの値段は三銭である。[12] 現在の貨幣価値で数百円といったところか。彼の滞在記には日光、横浜、箱根などの外人が集まりそうな地名が頻繁に出てくるので、このカブトムシは日本人ではなく、外国人旅行者向けのお土産標本だったのではあるまいか。当時の庶民にカブトムシの標本を後生大事に保管するとの趣味はなかったと推測されるからである。

こうして見ると、近代期の日本にカブトムシを売るとの発想が絶無だったとまではいえない。しかし、虫業界におけるスズムシやホタルの市場規模からすれば、商品としてのカブトムシの存在感は無いに等しいものだったと思われる。[13]

❸現代大衆文化におけるカブトムシとクワガタムシ

近代日本人にまったく相手にされなかったカブトムシとクワガタムシは、戦後になって突如人気を集めるようになる。ペット昆虫としてはもちろん、サブカルチャーに登場する昆虫の常連になったのである。

たとえば、『ドラえもん』第十九巻(藤子不二雄作、小学館、一九八〇年)に、「無敵コンチュー丹」という話がある。いつものように、ジャイアンにいじめられてヨロヨロになって帰ってきたのび太に、ドラえもんが出した道具が「コンチュー丹」だ。コンチュー丹を飲めばチョウの飛ぶ力、ハチの刺す力、アリの怪力、カブトムシの固い体が身につく。虫の力を身につけたのび太は、カブトムシのような固い体のためパンチを受けても平気で、チョウのように舞い(ひらひらと相手をかわし)、ハチのように刺して(パンチを当てる)、アリの怪力でジャイアンを投げ飛ばし見事に勝利した。もう怖いものは何もなくなったのび太だったが、子供たちが持っている虫捕り網が

(12) 保科 2017b

(13) 戦前の日本で、カブトムシとクワガタムシの生き虫が売られていたとの記録は他にもある。昆虫学者の中林馮次は大阪の陶器祭で、カブトムシとクワガタムシを売っている婦人に出会った。ミヤマクワガタ一〇銭、カブトムシは一五銭との価格がつけられていた。さらに、この婦人は「大阪ではクワガタムシの知名度は低いが、京都や神戸ではよく売れている」と説明したという(中林 1933)。

怖く、ママが虫退治に使った噴射式の殺虫剤に、倒れてしまったという落ちであった。

コンチュー丹の効果で、のび太に備わった虫の力とされたものは、各昆虫に対して私たちがもっている一般的なイメージであろう。カブトムシなどの甲虫は、外骨格がまるで甲冑のように固いことから、「力強さ」「闘争」といったイメージが強く、このイメージは大衆文化の様々な昆虫が関連した作品に影響を与えてきたと思われる。甲虫のなかで一般に最も知られている種類は、日本ではカブトムシ、クワガタムシであり、子供たちの人気が最も高い昆虫であることも大きな特徴であろう。

以下、現代の大衆文化から特撮、カプセルフィギュア、食品のモチーフ、絵本に登場したカブトムシ、クワガタムシについて解説する。

（1）カブト・クワガタムシがモチーフとなった『仮面ライダー』

『仮面ライダー』シリーズは、バッタがモチーフとなったヒーローの特撮作品として知られている。昭和、平成、令和の四九年にわたり制作された間に、そのモチーフとなった昆虫についても変遷が見られる。バッタ型の『仮面ライダー』については、バッタ・コオロギの章（第Ⅱ部第2章）で触れたので参照して欲しい。今や特撮ヒーローのモチーフの主役は、バッタからカブト・クワガタムシへと移りつつある。

昆虫がモチーフとなったライダーの中から、カブト・クワガタムシがモチーフとなったライダーのリストを示した（表1）。仮面ライダーはバッタをモチーフとしてスタートしているので、昭和ライダーの多くはバッタ（八人）であり、その中で「ス

表1　カブト・クワガタムシがモチーフの仮面ライダー

ライダー名	公開年（西暦）	和暦	モチーフ昆虫名	役割	登場媒体
ストロンガー	1975	昭和	カブトムシ	メイン	TV
クウガ	2000	平成	クワガタムシ	メイン	TV
G3	2001	平成	クウガタムシ（クウガをモチーフに開発）	サブ	TV
ブレイド	2004	平成	ヘラクレスオオカブト	メイン	TV
ギャレン	2004	平成	クワガタムシ	サブ	TV
カブト	2006	平成	カブトムシ	メイン	TV
ガタック	2006	平成	クワガタムシ	サブ	TV
ダークカブト	2006	平成	カブトムシ	サブ	TV
コーカサス	2006	平成	コーカサスオオカブト	サブ	映画
ヘラクレス	2006	平成	ヘラクレスオオカブト	サブ	映画
ケタロス	2006	平成	ケンタウロスオオカブト	サブ	映画
ガタキリバ コンボ	2010	平成	クワガタムシ×カマキリ×バッタ	サブ	TV

トロンガー」が唯一カブトムシであった。平成ライダーになるとカブトムシ（七人）、クワガタムシ（五人）の一二人のライダーが登場し、バッタ（四人）のライダーは減少した。ライダーのモチーフ昆虫は、昭和のバッタから平成のカブト・クワガタムシに移行していった（表2）。

　では、なぜカブト・クワガタムシが選ばれたのか。『仮面ライダー』シリーズは、重ねるごとにその物語やアクションなど特撮ヒーローとしての様々な試みを求められたと考えられる。バッタからカブト・クワガタムシへのモチーフの変化が制作者側のどんな意図で行なわれたかは資料がないが、いくつか考えられる点を挙げてみたい。

　まずは昭和ライダーにはバッタをモチーフとしたライダーが八人もいるので、新鮮味がなくなった点はある。バッタ以外の昆虫を考えた場合、正統派ヒーローとして、「力強い、かっこいい」というイメージを持ったカブト・クワガタムシは有力な候補であっただろう。すでに述べたが昭和ライダーでは、カブトムシをモチーフとしたライダーは、「ストロンガー」のみで、新鮮であったと思われる。固い外骨格が甲冑を思わせる甲虫の姿は戦闘向きの昆虫型のヒーローとしては申し分なかった。そこで変化のきっかけとなった大きな出来事として、平成になって、海外産カブト・クワガタムシが輸入解禁（一九九九年）され、そのペットとしての飼育ブームが起こっ

表２　バッタ、カブト・クワガタムシがモチーフのライダーの変遷

和暦	仮面ライダーのモチーフ	
	バッタ	カブト・クワガタムシ
昭和	１号 ２号 スカイ ブラック ブラック RX シン ゼット・オー ジェイ	ストロンガー
平成	アナザーアギド キックホッパー パンチホッパー タトバ コンボ ガタキリバ コンボ＊	クウガ Ｇ３ ブレイド ギャレン カブト ガタック ダークカブト コーカサス ヘラクレス ケタロス ガタキリバ コンボ＊

（昭和）↓ バッタ
（平成）↓ カブトムシ クワガタムシ

＊ガタキリバ コンボは、クワガタ×カマキリ×バッタがモチーフ

たことや、『甲虫王者ムシキング』（二〇〇三年）というゲームが流行したという社会情勢に影響を受けたと著者らは考えている。

海外産カブト・クワガタムシの輸入解禁は、世界の自由貿易を促進する国際機関である世界貿易機関（ＷＴＯ）が一九九五年に設立され、生物の移送も自由化が進んだ結果であり、日本では二〇〇八年までに七〇〇種以上が輸入自由になっていた[14]。この事実に平行する形で、仮面ライダー作品では、クワガタムシがモチーフとなった「クウガ」（二〇〇〇年）、ヘラクレスオオカブトがモチーフとなった「ブレイド」（二〇〇四年）、カブトムシがモチーフとなった「カブト」（二〇〇六年）が次々と制作された。『劇場版 仮面ライダーカブト』（二〇〇六年）では、三種の海外産カブトムシ、コーカサスオオカブト、ヘラクレスオオカブト、ケンタウロスオオカブトがモチーフとなった「コーカサス」「ヘラクレス」「ケンタウロス」の各ライダーが登場した（図2）。海外産のカブトムシがライダーのモチーフとして採用されたことは、これらのカブトムシが子供たちの間にも日本で広く認知されたことを示しているのだろう。

『甲虫王者ムシキング』（二〇〇三年）は、カブト・クワガタムシが甲虫の姿や性質をほぼ保持したまま戦う甲虫格闘ゲームである。プレイヤーがカブトムシやクワガタムシなどの甲虫が描かれたカードを駆使し、相手と対戦するトレーディングカードゲームであった。このゲームにも多くの海外産カブト・クワガタムシが登場しており、子供たちのこれらの甲虫に対する認知度は急激に向上した。

海外産の大型で大きな角や顎を持ったカブト・クワガタムシは、多くの子供たちにとって新しい昆虫ヒーローとなり、以前に比べ身近な存在となった（ペットとして購入し、飼育して自由に触れるのだ）。その「かっこよさ」や「力強さ」は、怪人と戦う特撮ヒーローの仮面ライダーのモチー

（14）五箇 2010

図2『劇場版 仮面ライダーカブト』

フとしてふさわしかったと考えられる。

海外産カブト・クワガタムシの輸入解禁と『甲虫王者ムシキング』は、平成以降の文化昆虫学的事象に、海外産のカブト・クワガタムシの普及という大きな影響を与えたのではないかと思う。

(2)『仮面ライダー』の怪人としてのカブト・クワガタムシ

『仮面ライダー』シリーズの特徴は、昆虫をモチーフとした特撮ヒーローであるが、敵役の怪人の存在も重要である。ここでは、昭和ライダーの昆虫型怪人について見ていく。昭和ライダー六作品（1号、2号、V3、エックス、アマゾン、ストロンガー）に登場した二〇〇体の怪人のモチーフを調べると、コウモリが最も多かった（八体）。昆虫の天敵として捕食者であるコウモリは対戦相手として納得がいく。捕食系の怪人としてクモ、ヘビ、トカゲの怪人の数も多いのである。

一方、昆虫型怪人の頻度をみると、捕食系のカマキリが最も多く（五体）、カブトムシの頻度も四体と意外と多く、クワガタムシの二体と合わせると、目立つ存在である。樹液を食するカブトムシは、捕食系の怪人のモチーフとはならないが、カブトムシの「力の強さ」、パワーを持った昆虫である点が怪人として評価されていると思われる。カブトムシはパワーの象徴なのだ。四体の内訳は、カブトロング、イノカブトン、プロペラカブトン、カブト虫ルパンであり、その攻撃方法は組み合わされた別の生物の特徴を用いたものが多かった。

クワガタムシ型怪人の二体は、ワナゲクワガタ、クワガタ奇械人であった。とくにクワガタ奇械人は、頭部に大顎、腕も左右で大顎のように挟めるようになった形で、クワガタムシの顎を強調したデザインの怪人であった。昭和ライダーでは、バッタ型ヒーローVSカブトムシ型怪人の戦いが代表的な構図のひとつであった。

ライダーのモチーフは昭和のバッタから平成のカブト・クワガタムシに移行していったことはすでに紹介した。これに伴い、平成のカブト・クワガタムシ型怪人の頻度は変化したのだろうか？平成ライダー一二作品（クウガ、アギド、龍騎、ファイズ、ブレイド、ヒビキ、カブト、電王、キバ、ディケイド、ダブル、オーズ）の五三三体の怪人について、昆虫がモチーフとなったものを調べた。これら平成ライダーの中で、クウガ、ブレイド、カブトの三作品がカブト・クワガタムシ型のライダーである。

平成ライダーになっても捕食系カマキリが最も頻度が高いこと（九体）に変わりはなかったが、バッタ（六体）の頻度が急上昇したのである。昭和ライダー六作品ではバッタの怪人はゼロであり、バッタはヒーローから怪人へと見事に移行したことになる。このことは、バッタ・コオロギの章（第Ⅱ部第2章）ですでに説明した。カブト・クワガタムシについては、カブトムシ五体、クワガタムシ三体で、昭和ライダーの時と大きな変化はなかった。これは、パワーのカブトムシ型ヒーローVSカブトムシ型怪人の戦いになったということだ。特に、『仮面ライダーブレイド』では、ライダーと怪人のモチーフの両方が、海外産カブト・クワガタムシ同士という対決まで実現した。昆虫対決という意味では、平成ライダーは真にカブト・クワガタムシの時代であったといえよう。

(3) カプセルフィギュアとしてのカブト・クワガタムシ

カプセルトイ（通称・ガチャガチャ）は、一九六五年にアメリカから輸入され、その歴史は五五年以上だが、現在第三次ブームが起きているという。[15] 販売機に硬貨を入れてつまみを回せばカプセルが落ちてくる。カプセルの中には様々なものが入っているが、主流はフィギュアである。何が出るかは運次第で、欲しいものが出なくとも安価で楽しめるのが魅力だろう。日本のガチャガ

(15) 石田 2021

チャ協会の調べでは、その市場規模は二〇一九年が三八〇億～四〇〇億円、毎月約三〇〇シリーズが登場する。現在、映画館、ショッピングモール、ガチャガチャ専門店等の様々な場所に販売機が並んでいる。アニメ『妖怪ウォッチ』（二〇一四年）では、主人公の少年ケイタがガチャガチャのカプセルに封印された妖怪ウィスパーを引き当てて、ケイタの妖怪執事となったエピソードがあり、妖怪とガチャガチャは面白い組み合わせであった。

カプセルの中身は、バッチやシールの場合もあるが、大部分は小型のフィギュアである。昔は質が良くないものもあったが、近年は彩色されその造形の質も高くなっており、女性の購入者も増えている。そのフィギュアにはいくつかのタイプがある。①実際の物品を精密に小型化したミニチュア（家具、キャンプ用具、台所用具、ロッカー、仏像等）、②人気のキャラクター関連グッズ（ディズニー、ウルトラマン、すみっこぐらし、プリキュア等）、③かわいいポーズの動物グッズ（合掌ポーズ、キャンプ、サバンナ、丸い寝姿等）、④サプライズ・面白グッズ（天ぷら、野菜の妖精等）がある。では、このカプセルトイの中からカブト・クワガタムシが関連したフィギュアを探してみよう。

(A) クワガタムシの大型アクションフィギュア

カブト・クワガタムシの場合は、昆虫の中でも大型の種類が含まれ、カプセルに入るサイズにすればミニチュアになる可能性もある。しかし、『いきもの大図鑑』（バンダイ）のクワガタムシフィギュアは、組み立て式の複数のパーツがカプセルに入っており、完成すると全長一五cm、開張一六cmくらいの実際の虫より大型のフィギュアである。飛翔するクワガタムシの姿で、組み立てて飾れるようにカプセルがその台となる。形態は頭部や大顎が実物よりその比率が大きくデフォルメされ、腹部の体節は可動式になっている。図３はノコギリクワガタ（赤茶色）であるが、

図３　飛翔するノコギリクワガタのカプセルフィギュア

他にノコギリクワガタ（黒色）、ギラファノコギリクワガタ、ゼブラノコギリクワガタの計四種が発売されている（二〇二一年）。このフィギュアは平均三〇〇円のカプセルトイの中で、高価な五〇〇円であった。精巧な大型でかっこいいクワガタフィギュアの購入者としては、大人も想定されていたと思われる。

近年のカプセルフィギュアの特徴は精密な実物の再現にあり、前述したタイプ①に当たるが、本フィギュアはいずれもミニチュアではなく拡大し、デフォルメしたものである。他の昆虫としてスズメバチ、カマキリのシリーズがあり、同様に飛翔シーンの大型フィギュアである。

(B) カブト・クワガタムシの天ぷらフィギュア

カブト・クワガタムシの天ぷらフィギュアが「カブトム天」（シャイング）である[16]。黄色い衣からコクワガタの大顎が突出したのがコクワガ天（全長六cm）、カブトムシの角が突出しているのがカブトム天（全長八cm）である（図4）。なぜ天ぷら？　と思わせる意外性が魅力だ。これはサプライズ・面白グッズであろう。このシリーズは、カブトムシ、ヘラクレスオオカブト、ピサロタテヅノカブトムシ、ケンタウルスオオカブト、ギラファノコギリクワガタ、コクワガタ、オオクワガタ、ニジイロクワガタの全八種であった（二〇一六年）。クワガタムシの大顎やカブトムシの角の形から、衣に隠された甲虫の種類を推測することは意外と楽しい。その見た目からカニの爪天ぷらを連想したが、「カブトムシの天ぷらを食べるのは遠慮したい」という苦笑い的な感覚になった。

カプセルに入っていた説明書によると、「カブトム天」の正体は妖精である。見た目はカブトムシ、クワガタムシの天ぷらのようだが、関連性は不明。飲食店のような騒がしい場所は好まず、

（16）宮ノ下 2016b

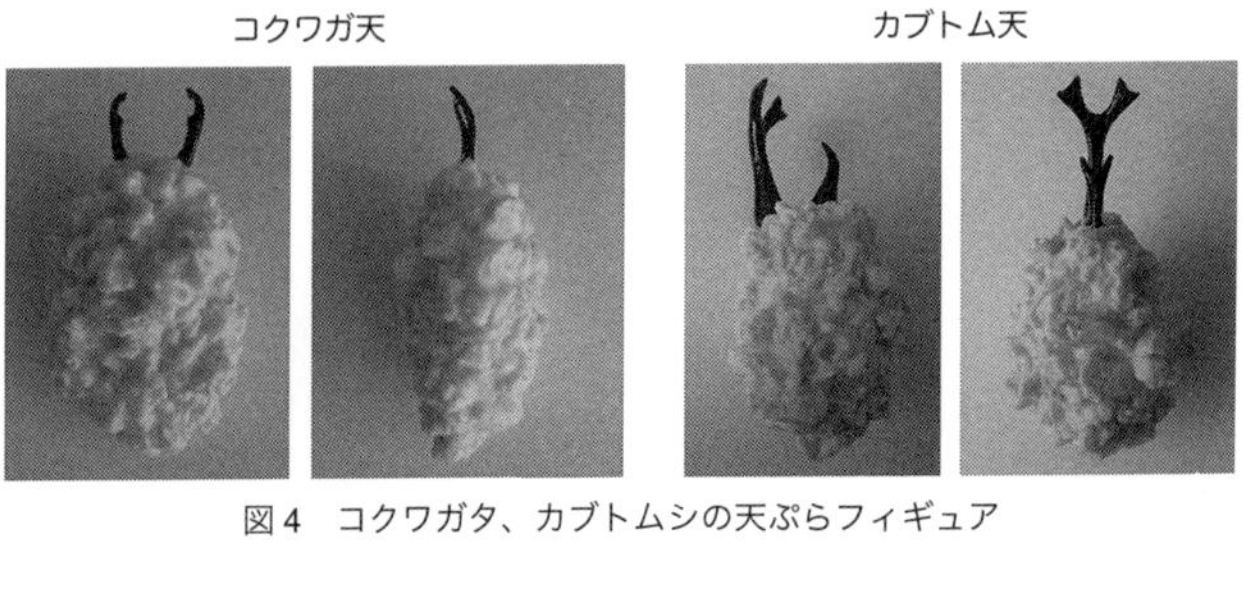

図4　コクワガタ、カブトムシの天ぷらフィギュア

主に人家の食卓でよく目撃されるという。キャッチコピーは「甲虫？ 天ぷら？ いえ、カブトム天です」であった。

検索エンジンを用いたカブトムシの用語検索数の分析によれば、日本人は外国人に比べカブトムシに極端に高い関心を持っており、[17] 海外産カブトムシの中ではヘラクレスオオカブトに強く惹かれることが示唆されている。[18] 日本人がカブトムシ好きであることは間違いない。天ぷら（和食）とカブトムシ、クワガタムシの組み合わせが生まれた理由は明らかではないが、天ぷらは江戸時代にはすでに庶民に人気の食べ物であったし、関心の高いカブトムシと結びつけた発想であろう。

（17）Takada 2012a
（18）Takada 2012b

（4）食品のモチーフとしてのカブト・クワガタムシ

お菓子類にカブト・クワガタムシが用いられた事例がある。男女を問わず虫嫌いの消費者がいる中で、わざわざイメージの悪い昆虫を食品に使うことには理由が必要である。その理由として考えられる点として次の三点を挙げたい。①カブト・クワガタムシは子供（特に男子）には人気が高いので、子供たちをターゲットとした商品に適している、②夏をイメージした商品や販売時期が夏限定の場合は季節感をカブト・クワガタムシで演出できる、③昆虫のキモカワ感を刺激したサプライズ・面白グッズとして提供できる。これらの具体的な事例として、菓子パン、グミ、チョコレートに用いられたカブト・クワガタムシを見てみよう。

まずは菓子パンの事例。大阪市のベーカリーで販売されたクワガタムシ型のチョコレートクリームパン（図5）である（二〇一四年八月購入）、体色は光沢のある黒色で、大顎を含めた全長は約二〇cm、頭部横幅は一〇cmと大型であった。大顎と頭部が強調されたがっちりとした体型で、その力強さがうまく表現されている。菓子パンとしては大きく、その迫力も魅力であった。販売

図5 クワガタムシ型の菓子パン（全長20cm）

は八月であり、夏休み限定の季節感を演出し、クワガタムシ好きの子供たちをターゲットとしたパンと思われる。

　グミにもカブトムシとクワガタムシがモチーフとなっている。グミとは果汁などをゼラチンで固めたドイツが発祥のお菓子である。ドイツと北米では熊をかたどったグミベアが有名らしいが、日本にはカブトムシ、クワガタムシをかたどった甲虫グミがあった。『わくわくずかんグミ　カブトムシ編』（カバヤ食品株式会社、二〇一四年購入）は、カブトムシ型をしたグミである。大きさは二・五cm前後のカブトムシの幼虫、さなぎ、成虫のグミであり、稀にクワガタムシ成虫のグミが含まれている（図6）。白色の幼虫と蛹はオレンジ味、黒色の成虫はコーラ味である。形態的にはラフなデザインで、幼虫と蛹は一見すると同じに見え、よく見ると区別できる程度であるが、このラフ感が商品のゆるさとかわいらしさになっている。しかし、幼虫は、グミが二重構造で、内部にはオレンジ味のグミが入っており、細かい工夫もなされていた。また、カブトムシの成虫には角が長い個体と短い個体の両方が混在し、それを探す楽しみも魅力であった。

　商品のパッケージには、一四cmの物差しが描かれており、「カブトムシグミの大きさをくらべよう！」と表記されていた（図7）。この商品の企画意図は、子供たちにカブトムシの各発育ステージ（幼虫、さなぎ、成虫）を区別し、長さを測って比べながら学べるお菓子だったのだろう。角の長さが異なるカブトムシは、その大きさは明らかに異なることを子供たちは実感したに違いない。カブト・クワガタムシのもつリアルな「かっこよさ」ではなく、「かわいさ」表現したものだっ

図7　カブトムシ型グミの商品包装

カブトムシ幼虫　さなぎ　成虫　クワガタムシ成虫　アクタエオンゾウカブトムシ成虫

図6　カブト・クワガタムシ型のグミ

たと思われる。遊び心に富んだお菓子であった。

カブトムシ型のグミには、海外産カブトムシ（アクタエオンゾウカブトムシ）をモチーフにしたものがある。それは、国立科学博物館で開催された特別展『昆虫』で限定販売された『アクタエオンゾウカブトムシ グミ』である（図7）（二〇一八年七月、科博にて購入）。アクタエオンゾウカブトムシは、南米にしか生息しない世界で最も重いとされる重量感のあるカブトムシで、体の大きさはヘラクレスオオカブトムシにも負けない。昆虫展を象徴する昆虫として迫力がある海外産カブトムシを採用したと考えられる。グミはコーラ味で、黒色の五本の角をもった全長約四cmの成虫のカブトムシであった（図6）。基本的には、前述した『ワクワクずかんカブトムシ編』のカブトムシ成虫を大型にした印象であった。

『内臓くん』という商品名のカブトムシ幼虫をリアルに再現した大型グミもある[19]（図8）。カルピス味の白いグミで、茶色い頭部や幼虫の斑紋はチョコレートで色づけされている。大きな特徴は幼虫の腹部の末端部分の内部にブルーベリージャムが入っており、その部分が透けて見た目に薄黒く見えることだ。実際のカブトムシ幼虫でも、消化管内部に幼虫の食べた腐植土等が薄く黒く透けて見えるので、そのリアル感の到達度は高い。『内臓くん』のネーミングもおそらくこの見た目からきているのだろう。「気持ち悪いけれど、すごく気になる」と話題になった、カブトムシ幼虫の体の質感をグミで再現したサプライズグッズであった。

特異な事例は、カブトムシ幼虫型のチョコレートである。秋田県の和洋創作菓子店が「幼虫チョコ」として販売したカブトムシの幼虫をモチーフにしたチョコレートである（図9）（二〇〇八年二月、東京都池袋にて購入）。大きさは実際のカブトムシの終齢幼虫より二まわりほど小さい感じである（体長約五cm）。その色彩や形状は実際の幼虫の雰囲気がよく出ており、リアルさが話題と

（19）Takada 2016

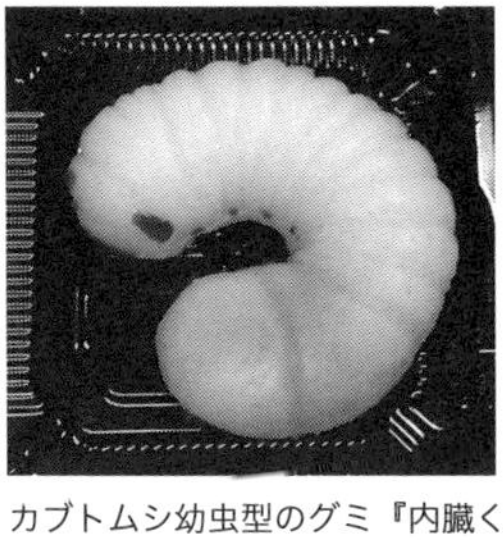

図8 カブトムシ幼虫型のグミ『内臓くん』

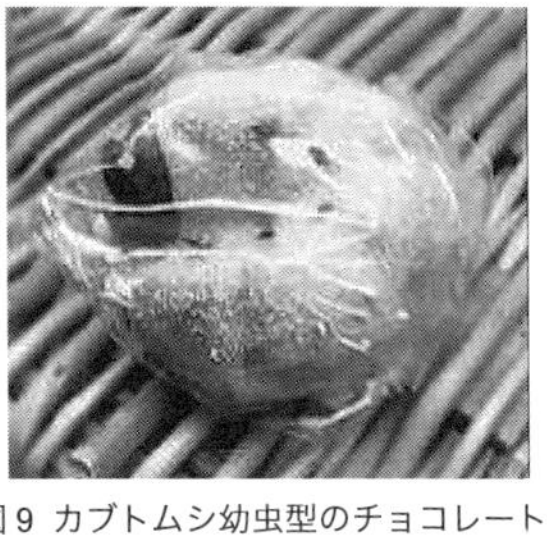

図9 カブトムシ幼虫型のチョコレート

なった。幼虫はフレーク入りのミルクチョコレートで、サクサクとした食感がある。表面はホワイトチョコレートでコーティングされ、脚は「さきいか」、頭部にはオレンジピールで口を付けていた。

二〇〇五年頃から、「キモカワイイ」（気持ち悪いが、かわいい）といった一見矛盾する言葉をつなげる表現が増えてきており、物の多様化に伴う表現の拡大といわれている。この若者言葉「キモカワイイ」が昆虫に対して使われることが目立つようになった。「幼虫チョコ」に対しても、実物の幼虫によく似ているので気持ち悪いが、チョコレートなので大丈夫という曖昧で複雑な反応として「キモカワイイ」と表現されていたと思われる。

この商品は子供を対象としたり、季節感を付加したりという理由で、カブトムシを用いたものではないようだ。主に若者を対象として、幼虫をリアルに表現したサプライズ・面白グッズとして注目されたと考えられる。「成虫チョコ」も販売していたが、あまり話題にならなかったのは、幼虫のリアル感のインパクトがより強かったのだろう。

(5) 絵本に登場するカブトムシ・クワガタムシ

アニメやゲームでは、夏の虫捕りの場面にカブトムシが登場するが[20]、映画では稀なことである。カブトムシ・クワガタムシが主役級として活躍する映画は見当たらない（仮面ライダーシリーズの映画版を除く）。

一方、子供用の学習本には、図鑑、生態紹介を兼ねた昆虫本があり、カブトムシ・クワガタムシを取り上げたものも多い。ここではカブトムシ・クワガタムシが独自のキャラクターとして登場する創作絵本を紹介する。絵本に登場するカブトムシは、脇役であった映画とは異なり、堂々とした主

（20）保科 2019i

図10『ぱくぱく』

役級の作品もみられ、子供、特に男子との相性がいい。カブトムシは対等な友人であり、遊び相手なのだ。クワガタムシの頻度はカブトムシに比べると低いように思われる。

『ぱくぱく』（モモ作、岩崎書店、二〇〇三年）（図10）は、カブトムシの幼虫の一齢、二齢、三齢が、食べて、うんちして、眠って、を繰り返して蛹になり、成虫になるまでが描かれている。キャラクターはシンプルであるがとてもかわいい。最初、幼虫は何の昆虫かわからないが、蛹になると角が現れカブトムシの雄であることがわかる。カブトムシの幼虫が主役という絵本は、ありそうに感じるが、実際には少ない。

『むしプロ』（山本孝作、教育画劇、二〇〇六年）（図11）は、タイトルは「昆虫プロレス」を意味しており、樹液をかけたカブトムシとクワガタムシの戦いを描いている。具体的には、コーカサスオオカブトVSミヤマクワガタ、ネプチューンオオカブトVSニジイロクワガタ、ノコギリタテヅノカブトVSヒラタクワガタ、ヘラクレスオオカブトVSチビクワガタ、カブトムシVSノコギリクワガタの五番勝負である。各種類の特徴を絡めた戦い方や意外な勝敗など楽しめる内容である。対決の組み合わせは、最後の対決以外は、海外産VS国産の戦いであり、海外産カブト・クワガタの輸入解禁とゲーム『甲虫王者ムシキング』の影響を少なからず受けていると思われる。独特なタッチで描かれた甲虫たちは魅力的である。

『カブトくん』（タダサトシ作、こぐま社、一九九九年）（図12）は、昆虫が大好きなこんちゃんと大きなカブトムシの交流が描かれている。カブトムシは「カブトくん」と呼ばれ、小学生ほどの身長である。こんちゃんとカブトくんは一緒にスイカを食べたり、遊んだり、お風呂に入ったりして楽しく過ごすのだ。そんなある日、カブトくんは、森に帰りたいと言う。こんちゃんは、一緒にいて欲しかったが、本来の生活の場である森に戻るのが一番と決心をする。読者である子供

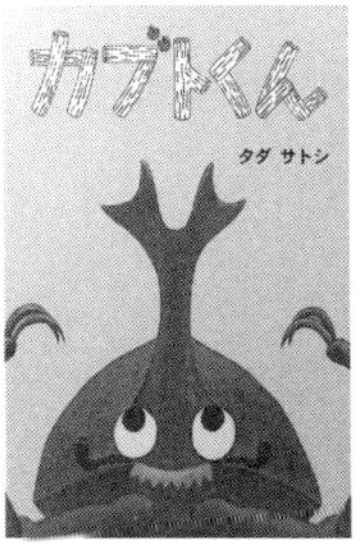

図12『カブトくん』

図11『むしプロ』

たちは、擬人化されたカブトくんに親しみと寂しさを感じると共に、生きる世界の違う他者の存在を学ぶことができる。

『かぶとむしランドセル』（ふくべあきひろ作、おおのこうへい絵、ＰＨＰ研究所、二〇一三年）（図13）は、新一年生のみっちゃんとランドセルの形をしたカブトムシとの交流を描いたものだ。ランドセルの形と輝きに、カブトムシの角と脚を付ける発想はなかなか説得力がある。小学校でのかぶとむしランドセルは、算数の時間にうんこしたり、給食のゼリーを勝手に食べたり、木登りして降りてこなかったりと困った事件を起こす。みっちゃんは我慢できず、学校の裏山にかぶとむしランドセルを捨ててしまう。しかし、その帰り道で、みっちゃんは大きな犬に追いかけられてしまう。かぶとむしランドセルが飛んできて、背中からつかんで空中に舞い上がり、かまれる寸前で助けてくれた。かぶとむしランドセルを背負うと、空を飛べることはクラスの注目の的である。次の日から、みっちゃんとかぶとむしランドセルは、みんなの人気者になった。

『セミくんいよいよこんやです』（工藤ノリコ作、教育画劇、二〇〇四年）は、長い地中生活を終えて地上を目指すミンミンゼミ幼虫の羽化と、地上デビューをお祝いする昆虫たちのパーティーが描かれている。土中で眠っているセミの幼虫に電話をかけるのがカブトムシのおじさんである。「ええそうです、いよいよ今夜です」と言うセミ幼虫に、「ホウそうかい、今夜かい！」と答えたカブトムシは、ダンベルで筋力トレーニングを始める。その理由は、夕方に開催されるセミを迎えるパーティー会場に、スズムシの音楽団を載せた舞台を引っ張って運ぶ役目を果たすためであった。カブトムシは力持ちというイメージが表われている典型的な場面である。

＊＊＊

図13『かぶとむしランドセル』

現代日本人は、カブトムシ、クワガタムシが好きである。著者のひとり宮ノ下の娘が通った保育園の子供たちは、二ℓのペットボトルを改造した容器で、ひとり一匹ずつカブトムシ幼虫を飼育し、成虫を羽化させていた（もちろん、すべてが羽化するわけではない）。雑木林に行かなくともみんなカブトムシを知っている。本屋にはとても質の高い図鑑が多数並んでいるし、ペットショップでは大型の角や顎を持つ立派な海外産のカブト・クワガタムシが手に入るのだ。テレビでは特撮ヒーローとして活躍し、絵本でも主役である。菓子パン、グミ、チョコレートといった食品のモチーフであり、ガチャガチャでは精巧なフィギュアとして子供から大人まで楽しませてくれる。日用品に溢れるテントウムシほどではないが、カブト・クワガタムシもまた身近な昆虫として私たちの現代の文化に深く入り込んでいる昆虫といえる。

❹まとめ——日本文化史の新顔のカブトムシとクワガタムシ

二〇〇六年の韓国の全ペット昆虫の市場規模は四〇〇〇万アメリカドルであるという。[21] 一方、二〇〇〇年代初めの日本では、クワガタムシだけで一億ドル以上に達し、隣国を大きく圧倒している。[22] 個体数換算なら、二〇〇五年に海外から輸入されたカブトムシとクワガタムシは約二〇〇万頭との推計もある。[23] 現代日本が世界有数のカブトムシ・クワガタムシのペット大国であることは間違いない。

本書では、海外産の昆虫の飼育がブームになることの善悪については言及しない。それは保全生態学の問題であって、文化昆虫学とは無関係である。ここで強調したいのは、カブトムシとクワガタムシが日本文化史において、戦後に突如脚光を浴び始めた新顔の昆虫である、ということ

（21）Kim et. al. 2008a
（22）Goka et. al. 2004
（23）荒谷 2012

だ。では、なぜカブトムシとクワガタムシは急に身近な存在となり、人気を得るようになったのか？　考えられる一つの理由は、日本の里山環境の変化である。我々は、何となく「原始時代は自然が豊かであったが、文明が進むにつれて生き物は減っていった」と、生き物の数は、有史以来右肩下がりであると思い込んでいる。これは一概に間違いとは言い切れないものの、例外は少なからず存在する。たとえば、都市環境に適応できるカラスやドブネズミは、樹木が切られ、森が町に変わったことで、逆に勢力を増した生き物である。実は、カブトムシも同様で、かつての原始の森林では珍しい種であった。しかし、人間が農業を始め、堆肥と燃料を得るために、クヌギやコナラなどの雑木林を裏山に作り始めた結果、カブトムシは身近な昆虫になった、との説がある。[24] しかも、戦後のエネルギー革命により、農村の人々は薪を採るために、裏山のクヌギやコナラを切る必要がなくなった。となると、必然的にクヌギやコナラは巨木に成長し、ますますカブトムシにとっては好都合な生存環境となった。雑木林が最終処分場になったり、遷移で他の森林に置き換わったりしないかぎりは、カブトムシは山奥ではなく、むしろ人里近くの方がより安泰に暮らしていけるのである。

また、戦後の日本人が昆虫に求めるものは、スズムシやマツムシがもたらす情緒ではなく、カブトムシとクワガタムシのような外見の良さが全てである（第Ⅲ部第3章）。今や日本の昆虫文化の頂点に位置するカブトムシとクワガタムシ。特撮やペット業界で活躍を続ける彼らの天下は当分揺らぎそうにない。

（宮ノ下明大・保科英人・高田兼太）

（24）小西 1993

第5章 ホタル

近代日本人の大罪

スウェーデンの植物学者で、江戸時代後期に来日したカール・ペーテル・ツンベルグは日本滞在記を残した。彼は日本にいる間に多くの昆虫を観察したが、滞在記にはその学名や形態的特徴を機械的に記すにとどめた。しかし、ホタルに対しては異なる反応を見せた。「夏の夕日本蛍が呈する眺は誠に麗はしく且つ魔術めいたものである。この蠅の一種は尾に二つ瘤があつてこゝから欧州の放光虫と同じやうな青色の燐光を出す。然し欧州の放光虫は羽根がなく杜松の茂みに静かについてゐる。然るにこれと違つて蛍は或は高く或は低く飛び交ひ流星に蔽れた空のやうな眺を呈する」と長々と感傷的な叙述をしている（『ツンベルグ日本紀行』）。セミに対しては「猶蠅の一種で黒いもので日本人が蟬と呼ぶもの」とそっけない特徴しか記していないところをみると、ホタルだけはツンベルグの心の琴線に触れる代物だったらしい。

日本人自身も古来ホタルを愛し、古典の世界でホタルは繰り返し登場している[1]。その伝統は現代詩歌にも受け継がれた。また、ホタルはその人気ゆえ、生物学的な観点だけでなく、和歌や文

（1）遊磨・後藤 1999

学の中のホタルもさかんに研究されてきた。筆者が目を通していない研究成果もゴマンとあるにちがいない。本章は、前半部分では古典を中心としたホタル文化の既存研究の紹介、後半では従来見落とされがちだった、近現代日本人とホタルとの関係について主に概説する。

❶民話と神話におけるホタル

『日本書紀』の「神代」に「蛍火のように輝く神や、蠅のように騒がしい良くない神がいる」との箇所がある。実は、これこそが日本文学史上、記念すべき最初のホタルの記述である。ただし、このホタルはあくまで喩えとして書かれているだけであるし、日本神話のその他の箇所には一切登場しない。しかし、東南アジアにはホタルにまつわる面白い伝説がある。(2)

『ポロパダン』

ポロパダンという男が、天から降りてきたデアタナという美しい女に会い恋をした。デアタナは「汚い言葉を使わないこと」を条件にポロパダンと結婚した。しかし、ポロパダンは約束を破り、デアタナは息子とともに天に帰ってしまった。ポロパダンは妻と子に会いたくなり、天に上った。デアタナの家の召使は、デアタナに会わせる条件として、ポロパダンに次から次へと難題をふっかけた。最後に、デアタナの家に村中の男女が集められた。そして、灯りを消した暗い家の中、一発でデアタナを探りあてろ、との難題であった。ポロパダンは自信がなく、家の前で泣いていた。すると、ネコとホタルがやってきて、ポロパダンを助けると約束した。ネコはデアタナを知っていたので、ニャオと鳴いて、彼女の前にちょこんと

（2）小澤 1979

座った。そして、次はホタルが飛んできて、デアタナの髪にとまった。こうして、ポロパダンはデアタナを一発で当てることができた。デアタナと子供は地上に戻り、三人で仲良く暮らした。

『天国の王女と結婚したみなし子』

みなしごの若者はある日、天から下りてきた七人の天人を目撃した。そのうちの一人の天の衣を隠した。そして、若者は天に戻れない天人を家に連れて帰り結婚した。若者は彼女にトピトゥとの名前を与えた。しかし、ある日二人はケンカして、妻は「私の衣を返せ」と要求した。若者が返したところ、妻は天に帰ってしまった。若者は後悔し、妻に再会しようと天に上り、彼女の家にたどり着いた。トピトゥは「お前が本当に夫なら、この家に上って来られるはず」と言い放つ。若者は階段を登ろうとしたが、つるつる滑って上がれない。すると、ネコがやってきて、階段をひっかいて、ザラザラにしてくれた。若者は階段を登ることができた。すると、トピトゥは「お前が夫なら、暗闇の中でも自分を見つけることができるはず」と言い、家中のランプをすべて消した。若者は悲しんだ。すると、ホタルが飛んできて「なぜ、悲しそうな顔をしているのですか？」と尋ねた。若者がすべてを話したところ、「では、私に任せなさい」とトピトゥのもとに連れて行ってくれた。こうして、若者は妻に再会できた。

日本神話では、昆虫と人、ないしは神サマとは強い絆を結ばない（第Ⅲ部第1章参照）。永田[3]や稲田・稲田[4]収録の諸民話を見ても、日本人は虫が人を助けるとの発想が乏しいように思える。一方、ここで挙げた、似たような結末の二編は、ホタルが始祖的な人間を助けてくれたとの東南ア

（３）永田 1972
（４）稲田・稲田 2003

ジアの伝承である。同地域には「その姿を見ると魂を亡くす」と、ホタルを悪霊とみなす迷信もあるのはたしかだ。(5) ただ、一口で東南アジアといっても、島も民族もたくさんあり、部族ごとに異なる伝承が存在する。この二編においては、ホタルは信頼すべきパートナーとして描かれているのである。東南アジアのホタルには、樹木に集まった大群が発光を同調させ、見事なイルミネーションを作り上げるものがある。(6) その幻想性はいうまでもない。東南アジアの部族がホタルを好意的に描く余地は十二分にあるはずである。

❷ホタルを「思ひ」の「ひ」にかける

『万葉集』にはコオロギやヒグラシを詠んだ歌が多く収録されているが、意外にもホタルは一首しかない。挽歌二四首の中の長歌の「蛍なす　ほのかに聞きて　大地を　炎と踏みて」との一節が該当する。ただし、この「蛍なす」は「ほのか」の枕詞であり、実際に存在する昆虫としてのホタルは詠まれていない。(7)

しかし、平安時代に入り、『古今和歌集』が編纂される時期には、ホタルは恋の和歌にさかんに詠みこまれるようになる。『万葉集』の時代はほぼ無視されていたホタルが、題材として取り入れられるようになった理由は漢詩の影響があるという。(8) そして、日本と中国の間では、ホタルの発生時期の感覚にズレがある。(9) 和歌の中では、ホタルを夏の虫ではなく、しばしば秋のものとする見方も、漢詩文からの影響であるとの指摘がある。(10) ここで、平安期から近代までの和歌と俳句をいくつか列記してみた。

(5) 梶田・青山 2010

(6) Preston-Mafham 2004

(7) 小島ら 1995b

(8) 丹羽 1992

(9) 渡瀬 1904

(10) 久保田・平田 1994

水の上に燃ゆる蛍に言とはむ深き心のうちはもえずや　藤原公任
夏草のしげみが下の埋れ水ありとしらせて行く蛍かな　後村上院
草の上にけさぞ消ゆく白玉が露かとまがふ夜半の蛍は　後水尾院
ともし火は残らぬ風の窓になほ光をそへてとぶほたるかな　後西天皇
おひしけるみくさかくれのさはみつのひかりも見えてゆく蛍かな　岩倉具視
草むらのほたるは飛はすなりにけり夜深き露にはねしめるらむ　高崎正風
くるゝ夜の蛍やしるべ思ひ川　細川幽斎
雪隠へ行くかと見れば蛍かな　野口在色
縁家あれど宿とりし蛍夕べかな　中塚一碧楼
蛍火や闇啼き破る沼の禽　野田大塊

いにしえの歌人たちがホタルを歌にしたのは、もちろん幻想的な光が彼らの心をとらえたからに相違ない。ただ、ホタルが愛されたのは、純粋な生物学的な理由だけではない。『新続古今和歌集』収録の以下の和歌を例にとる。

池水のいひ出でがたき思ひとや身をのみこがす蛍なるらん　藤原雅親

ホタルの発光を「火」になぞらえ、「思ひ」の「ひ」にかける。さらに、「火」から「恋に身を焦がす」を連想する。(11) ホタルを「思ひ」にかける技法は、当時の和歌の基本の一つである。例をあげれば、「音もせで思ひにもゆる蛍こそ鳴く虫よりもあはれなりけれ」(『後拾遺和歌集』)、「行く蛍神だに消たぬ思ひとやみたらし川の波にもゆらん」(『為相百首』)などなど、枚挙に暇がない。

(11) 村尾 2001

悪くいってしまえば、浮世離れした貴族たちの好いた惚れたの言語遊戯である。ただ、恋歌で頻繁に用いられる「思ひ」の縁語であるがゆえに、ホタルが和歌にさかんに取り入れられたとの事実がある。そして、宮廷関係者だけではなく、江戸期の学者歌人たちも、「消ちはてぬ思ひの草や朽ちてしも蛍と成て身をこがすらん」（小沢盧庵）、「飛ぶ蛍はかなき露と見えながら何ゆゑ消ぬ思ひなるなん」（村田春海）などと詠み、ホタルの「火」を「思ひ」にかけた。

令和元年七月二十六日付朝日新聞（岡山版）の岡山俳壇に「思ひ出の彼方にありし蛍狩」との俳句が掲載されている。「思ひ」に「火」をかけているのかどうかは作者のみぞ知るところである。ただし、かつての技法を取り入れた掛詞で現代短歌や俳句を作ったとしても、令和時代の大半の読者はその背景に気付くことはできないはずである。

❸後世に引用され続けた最古の蛍和歌

日本三大随筆の一つの鴨長明『方丈記』にはこうある。「くさむらの蛍は、遠く槙のかがり火にまがひ、暁の雨はおのづから木の葉吹く嵐に似たり」この「槙」とは宇治にある槙の島を指す[12]。長明は、ホタルの光はかがり火に見まがうこともある、と述べた。平安末期成立の『詞花《しか》和歌集』と鎌倉時代中頃成立の『万代和歌集』にはまったく同じ発想の和歌がある。

五月やみ鵜川にともすかゞり火のかずますものはほたるなりけり　読人不知
いさり火の浮かべる影と見えつるは波のよるしる蛍なりけり　按察使行成

（12）神田ら 1995

鵜飼いをしている川で燃やすかがり火、ないしは漁火の影のように一瞬思えたが、よくよく見るとホタルでした、との二歌である。後者の『万代和歌集』の歌の「よる（寄る）」は、「夜」にかけている[13]。次に、平安時代成立の『栄花物語』にはこんな和歌がある。

沢水に空なる星のうつるかと見ゆるは夜半の蛍なりけり　　右馬頭良経朝臣

『後拾遺和歌集』にも収録されたこの和歌は、沢の流れに空の星が映っているかのように見えたが、実はホタルだったのか、との意である。ホタルの光を夜空の星と見間違うなどとあまりに仰々しいではないか、というなかれ。ずっと後年にあたる明治十年代の半ば、京都の桂川は「川が埋まるほど」のホタルが群れ飛んでいた（明治十六年六月三十日付読売新聞）。また、戦前の福岡県船小屋温泉を流れる川のホタルの大群は「銀河地上に移るの奇観」と称されたほどである[14]。今でこそホタルはすっかり数を減らしてしまい、その乱舞を見難くなったが、かつては腐るほどホタルが川にいた。ならば、ホタルをまるで星空のよう、と比喩しても全然おかしくないのである。

古典では逆の喩えをすることも多い。つまり、一瞬ホタルのように見えたが、実はかがり火でした、というやつだ。『伊勢物語』八七段にこんな話がある。宮廷勤めをしていた男が、摂津の国の芦屋の里の所領で暮らしていた。ある時、何人かと連れだって布引の滝を見に行った。ついつい帰って来るのが遅くなり、日が暮れてしまった。そこで、

晴るる夜の星か河べの蛍かもわがすむかたのあまのたく火か

と詠んだ。「あの光は星かホタルか、それとも海人の漁火だろうか？」との意である。無論、詠み手は本気で「あの光の正体は一体何だろうか？」と悩んでいるのではない。すべて承知のうえ

（13）安田 1998

（14）近藤 1913

で、「あの火の大群はホタルなのかもしれんな」ととぼけているのである。

『伊勢物語』収録のこの和歌は、『万葉集』の枕詞的な用法のホタルを除くと、現存最古の蛍和歌であるという。[15] ただ、日本文学史上最初のホタルが『日本書紀』の喩えとしての「蛍火」だったのと同様、『伊勢物語』のホタルもまた喩えであって、実際の生物のホタルが詠まれていない点は注意が必要か。以下の『新古今和歌集』収録の和歌は、「晴るる夜の―」を踏まえて詠まれたものである。

いさり火の昔の光ほの見えて蘆屋の里に飛ぶ蛍かな　　摂政太政大臣

漁り火の昔と同じ光がほのかに見えて、蘆屋の里に、漁り火と見まごうような蛍が飛んでいる、との意だ。今でこそ兵庫県芦屋市といえば、大金持ちが住む町との嫌味ったらしいイメージを持たれているが、古典の世界では『伊勢物語』の影響で、ホタルに絡む雅な話題によく出てくる地名なのである。

軍記物語『源平盛衰記』にも『伊勢物語』の「晴るる夜の―」の和歌を踏まえて、芦屋の名があがる箇所がある。富士川の合戦に敗れ、平氏が源氏に押され気味になっていた頃。平清盛は公卿たちを集め、都を京都に戻すか、福原に留まるべきかを問うた。もちろん清盛の本心は福原にある。清盛の意を察し、おべんちゃらを言いたい公卿たちは次のように申し上げた。

月の名を得たる須磨・明石・淡路島山、面白や。蛍火みづから燃ゆるなる、芦屋の里の夏の暮、何れもとりどりに、心澄みたる所なり

(15) 丹羽 1992

清盛は期待していた回答が得られてニンマリした、との場面。「蛍火みづから燃ゆるなる、芦屋の里」うんぬんが前述の『伊勢物語』の歌を踏まえた箇所なのである。[16] つまり、お公家さんたちは「この福原には、『伊勢物語』にもある、ホタルが我が身を焦がす芦屋の里という風光明媚な場所があるではありませんか。だから、このまま福原におわすべきでしょう」と、清盛にゴマをすったのである。

歌心のカケラも持ち合わせていない筆者は、「晴るる夜の星か河べの蛍かもわがすむかたのあまのたく火か」の歌のどこが良いのかさっぱりわからない。しかし、後世の歌人や文人たちはこれを会心の作と認めたらしい。『伊勢物語』収録の最古の蛍和歌はさかんに引用され、ないしはそれを踏まえた作文がなされているのである。

(16) 水原 1989

❹霊とホタル

『伊勢物語』三九段に次のような話がある。ある男に愛を訴えたいと思っていた娘が、悲しくも病に倒れて死んだ。その男はあわててやって来たけれども、時すでに遅し。男は喪に服した。六月の終わりになり、夜が更けて涼しい風が吹き、ホタルが高く飛び上がった。その男は「ゆくほたる雲の上までいぬべくは秋風吹くと雁につげこせ」との歌を詠んだ。額面通りに解釈するなら、この歌は夏の終わりにホタルを見て、地上に秋が訪れ、早く雁が来て涼しい季節になってくれ、との意にすぎない。しかし、ここでは、ホタルを亡き人の魂に見立て、霊魂がいる天上からの訪れを雁に託してくれ、との意に用いているらしい。[17]『続拾遺和歌集』にも以下のような和歌がある。

(17) 片桐ら 1994

飛ぶ蛍それかあらぬか玉の緒を絶えぬばかりに物思ふ頃　源家長朝臣

玉の緒とは命の意味である[18]。よって、あれは飛ぶホタルなのか、それとも私の魂なのか、今にも死んでしまいそうだ、との意になる。次は鎌倉時代前期成立の説話集の『宇治拾遺物語』からの引用。東国の人がホタルを見て、

あなてりや虫のしや尻に火のつきて小人玉とも見えわたるかな

と詠んだ。ここではホタルを小さな人魂に喩えている。当時、死体から抜け出した魂は、雨の夜などに青白く光って宙を飛ぶと信じられていた。この和歌は訛ったり俗語を使ったりした歌なので、粗野な東国の人に仮託して作ったことにされているが、実際の詠み手は平安前期の著名歌人の紀貫之であるという[19]。

古来、日本人はホタルを初夏の風物詩、ないしは恋に身を焦がす虫とみなす一方で、魂の化身とする見方も存在したことがわかる[20]。そして、その象徴とも呼ぶべき名歌がある。

物思へば沢の蛍も我が身よりあぐれ出づる魂かとぞ思ふ　『後拾遺和歌集』

思い悩んでいると、沢辺を飛ぶ蛍の火も、私の身体から抜け出た魂ではないかと思えてくる、との歌だ。詠み手はかの和泉式部である。紫式部に言わせれば「恥づかしげの歌詠みやとはおぼえはべらず」（『紫式部日記』）、つまり「彼女は全然たいしたことない歌人よね」と酷評されている和泉式部殿。ただ、『伊勢物語』の前出の「晴るる夜の―」と同様、和泉式部の「物思へば―」の和歌も、後の文人たちにたびたび引用されている名歌なのだ（筆者にはその価値がさっぱりわか

（18）小林 2002

（19）小林・増子 1996

（20）碓井 1982

らないが)。たとえば元禄時代の井原西鶴『好色一代男』や江戸後期の国学者の伴信友《ばんのぶとも》『比古婆衣《ひこばえ》』は、その事例である。そして、和泉式部のこの和歌は、現代の文学者からも秀歌として高く評価されている(21)。

ホタルを魂と見る俗信があるとすれば、近松門左衛門が得意の心中物で利用しないはずがなかろう。『生玉心中《いくたましんじゅう》』に次の一節がある。

結び止めても止らぬはわしが人魂、生玉坂の草にやつるゝ白露を、あこがれ出づる魂かとて拾へば、消ゆる初蛍。夜は思ひに燃ゆれども

止めたくても止まらないのは、自分の人魂である。生玉坂の草に消えゆく白露を、離れ出る魂かと手に取れば、実は光消えゆく初蛍だった。蛍も夜は思いに火を燃やしたことであろう。ここの「思ひ」もホタルの「火」にかかっている(22)(本章②参照)。

このホタルを霊魂とみなす発想は、近代科学が導入された明治維新以降も消滅しなかった。たとえば、昭和九年大阪毎日新聞は「交流する光の交響樂」とのホタル関連記事の中で、「青白い幽魂の戦ひであらうか」との比喩を載せている(六月四日付)。そして、令和二年の朝日新聞天声人語でも「人の魂すら思わせる蛍火」との表現が使われている(六月二十四日付)。この天声人語では、江戸期の横井也有の俳文が引用されているので、朝日記者はホタルのかつての俗信を知ったうえで書いたとも推察される。いずれにせよ、現代においても、ホタルを霊性生物とする見方が、根強く残っている点は特筆に値する。

(21) 大井田 2012

(22) 鳥越ら 1998

❺戦場とホタル

井原西鶴『武道伝来記』は、滝之助と新平が斬り結ぶさまを「しのぎより出づる火は、蛍のごとく飛びみだれ」と形容した。近松門左衛門『国姓爺《こくせんや》合戦《かっせん》』は、「剣は夏野の薄を乱し、火縄は沢の蛍火と」と合戦を叙述した。刀と火縄銃の違いはあれど、元禄時代を代表する二大作家は期せずして、武器からほとばしる火花をともにホタルに喩えて描いたわけである。

大半の現代人は「蛍合戦」との文言自体は承知していても、ホタルを戦争に絡めた見方はしないはずだ。しかし、軍記物語では軍勢が焚くかがり火をホタルになぞらえることがある。たとえば、『源平盛衰記』は富士川に集結した源氏方のかがり火を「宿々浦々に充ち満ちて、沢辺の螢の飛び集まりたるに似たり」と記す。その余りのかがり火の多さに平家方は怖気づき、水鳥の羽音を源氏方の奇襲と勘違いし、這う這うの体で都に逃げ帰ったのは周知のとおり。次に『平家物語』では、一の谷の合戦を間近に控えた源氏と平氏の両軍が焚く遠火を「あけゆくままに見わたせば、はれたる空の星のごとし。これやむかし沢辺の蛍と詠じ給ひけんも」とホタルの大群に喩えて描写した。実はこれも本章③で述べた、『伊勢物語』の和歌を踏まえた表現に他ならない[23]。ホタルの大群を見るのが難しい現代では、なかなか実感がわかない比喩記述である。

前述の比喩とはまったく異なり、戦争と直接的に関係したホタルについて紹介しよう。日露戦争の英雄の東郷平八郎海軍元帥は、何かとホタルと縁があった軍人である。明治三十八年五月、東郷率いる日本の連合艦隊はロシア・バルチック艦隊を日本海海戦で徹底的に破った。世界海戦史上稀に見る完全勝利であった。その大勝を祝し、中野町桃園学校高等科生徒一五〇名は六月七日、自分たちで集めたホタルを掲げて行進を開始、陸海軍両省の前を通り、帝国万歳の声の下、

(23) 市古 1994

大勢の群集が見守る中、皇居・二重橋から数千頭のホタルを放虫した（六月七日付東京朝日新聞）。このホタル放虫パフォーマンスは観客に大いにうけた。そのせいであろうか、翌年以降も中野町の生徒による日本海海戦記念のホタル放虫が繰り返し行われることとなる。

大正十三年、滋賀県息長村《おきながむら》の小学校の新築落成の際、同校の児童の熱望により、東郷元帥は「醇厚中正」との自筆の書を寄贈した。それが縁となって、同校生徒は毎年六月、息長村を流れる天の川産ホタル数千頭を東郷元帥に送るようになった。東郷元帥は非常に喜び、孫や近所の子供たちと眺めて楽しんだ。昭和九年五月三十日、東郷は死去した。その知らせを受けて、同校生徒は「敬弔の蛍」と称した三〇〇〇頭のホタルを集め、校長と村長がホタル籠を抱えて上京、元帥邸に備えたという（昭和九年六月四日付大阪毎日新聞）。東郷は桜の花を愛し、また鳴く虫を好んだとの記録がある。[24]ならば、初夏の風物詩のホタルを愛でたとしても不思議な話ではなさそうだ。

戦争とホタルとの関係を論じるうえで、支那事変及び大東亜戦争中のホタルの逸話を逃すわけにはいかない。昭和十四年二月、日本軍は南支作戦の一環として海南島に上陸した。残敵掃討作戦の露営中、鼻の先を飛ぶホタルについつい跳ね起き、ホタル狩りをする無邪気な兵士がいた（昭和十五年三月十四日付読売新聞）。

昭和十五年五月、中国大陸における日本軍は宜昌作戦を発動。六月上旬、兵士たちはホタルが飛ぶ闇夜に漢水を渡った（六月七日付東京朝日新聞）。

そして、昭和十六年の軍歌『仏印だより』（小島政二郎作詞）の四番は次のごとくである。

ああもう書けん　交代の　歩哨の時が　来たのです　命があれば　また書こう　いざいざ螢
飛びかわす　真冬の草原に　立ちましょう

（24）小笠原 1930、保科 2017b

インドシナで警戒に当たる兵士たちの目の前を通り過ぎるホタルたち。彼らはどのような思いでホタルを見つめていたのか。

昭和十七年一月。マレー戦線でゴム林にホタルの群れが流れ出し、進軍する兵士たちの肩に止まった。頭にかぶったヤシの葉にもホタルは止まった。兵士たちが見る夢は七夕の思い出であろうか、と読売記者は記す（一月二十二日付読売新聞）。

昭和十七年三月。ジャワ作戦終了直後、ある日本軍兵士は昼間のアカトンボ、夜のホタル、そしてカエルの鳴き声を見聞きして「敵地に来たような気がしない」との感想を漏らした（三月十九日付朝日新聞）。彼は故郷に帰れる日を、一日千秋の思いで待っていたのだろう。

昭和十九年一月。ソロモン諸島にて。既に制海権・制空権共に敵軍の手に落ち、島々の日本軍は孤立していた。物資不足が深刻な最前線の兵士たちは、手製の行燈に空瓶で作ったランプを灯し、またある時はジャングルで集めてきたホタルを行燈に入れて夜のひと時を慰めた（一月六日付読売新聞）。

重い銃を担いで渡河する兵士たちの目に乱れ飛ぶホタルはどのように映ったのだろう。過酷なソロモンの戦場で異国のホタル行燈を囲む大勢の兵士たちの胸中を過るものは何であったか。遠い故郷の小川を飛び交うゲンジボタルではなかったか。戦場でホタルをそっと手に取った兵士たちのどれだけが故国の地を踏めたのか。百万言を費やしても彼らの想いを言い尽くせるはずもないが、我々は戦場でホタルに瞳を凝らした兵士たちの存在を決して忘れてはならない。

❻お雇い外国人グリフィスが描いたホタルのお伽話

明治初期に来日したグリフィス(W. E. Griffs, 1843-1928)という化学教師がいる(図1)。グリフィスはアメリカ人で、いわゆるお雇い外国人の一人である。明治四年福井藩に雇用され、藩校・明新館で藩士たちに化学、物理、各種外国語を教え、日本最初の米国式理科実験室を設立した。廃藩置県のあと、明治五年大学南校（現在の東京大学理学部や法学部の前身）に移った。グリフィスは教育者として多くの人材を育てたほか、帰国後に日本文化に関する本を多く著した。アメリカ社会に日本を紹介したその業績は特筆される。昭和元年に再来日したグリフィスは、その多大な功績に対し、日本政府から勲三等旭日章を授けられた。

彼の著作で最も有名なのは『The Mikado's Empire（皇国）』だ。当時のアメリカ人が日本の政治や社会の制度をどのように見ていたかを知るうえで、重要史料とされている。その一方で、グリフィスが滞日中に見聞きした民話を、帰国後にアレンジしたお伽話集を刊行したことはあまり知られていない。

グリフィスが執筆したお伽話の一つが『The fire-fly's lovers』である。[(25)] 山下[(26)]が与えた『蛍の求婚者』という訳語を、本書でも借用させていただこう。以下、『蛍の求婚者』のあらすじである。[(27)]

越前福井城の濠に咲く蓮の花に、ホタルの王である火王が君臨していた。火王には一人娘である蛍姫がいた。蛍姫は成長し眩い光を放つようになった。火王は娘が結婚してもよいと考えた。蛍姫が持つ魅力は、すべての虫を熱中させた。しかし、肝心の蛍姫の心は動かない。蛍姫は母親である女王に「私は多くの求婚者と会ったが、彼らを夫にしようという気が起きない。これから求婚者たちに私との結婚の条件として無理難題を押し付けるつもりだ。もし、彼らが私を愛するより自分らの命を大事にするのなら、私は彼らとの結婚を望まない」と宣言した。そして、蛍姫

図1 グリフィス

（25）Griffs 1880, 1923
（26）山下 2006
（27）保科 2014a

はコガネムシ、アカトンボ、甲虫、その他多くの求婚者たちに、「私と結婚したければ火を持ってくるように」と要求する。

しかし、誰も帰ってこなかった。求婚者たちは火を取ろうとしてランプに飛び込んだり、ろうそくの炎に焼かれたりして、みな死んでしまった。求婚者の一人であるシデムシは海原へ泳ぎいって、光を放つ魚の鱗を見つけた。また、クワガタムシは山に登り、切り株の中に火のように輝く木片を発見した。しかし、山も海も蛍姫の住む濠からは遠すぎ、彼らが取った火は濠に到達する頃には消えてしまった。

結局、同じ福井城の北の濠に住む蛍の王子の火麻呂が蛍姫に求婚する。父親の火王も異存なく、二人の蛍はめでたく結婚する。日本の少女がホタルを捕まえてかごに入れて観賞するのは、虫同士の恋の争奪戦を眺めて、火や洪水などの危険を顧みず自分を愛してくれる恋人の存在を夢見るからである（図2）。

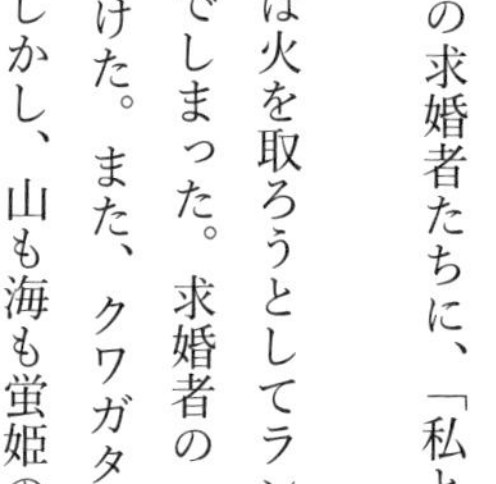

図2　ホタルを飼う日本の少女（『Japanese Fairy Tales』〔Grifiss 1923〕の挿入画）

『蛍の求婚者』のあらすじを見れば、誰しもが『竹取物語』の登場人物を、すべて虫にしてアレンジした物語だ、と理解できるはずである。この『蛍の求婚者』は、近年、牧野[28]が文学者の観点から考察を加えている。ただし、平成二十七年に福井市に開館したグリフィス記念館で、有志による紙芝居が上演されたことがあるらしいが、実は『蛍の求婚者』の完訳本は未だ出版されていない。絵本にすれば面白い素材だとは思うので、是非とも訳本の刊行が望まれる。

それはともかく、文化昆虫学的な論点でいえば、グリフィスの「日本の少女は、ホタルの雄同士の恋の争奪戦を眺めて、危険を顧みず自分を愛してくれる恋人の存在を夢見る」との結論には違和感を覚える。明治時代の日本の少女たちは、そのような視点でホタルを見物していたであろ

（28）牧野 2016

うか？　日米のホタル観の大きな差を感じるところである。

❼近代東京におけるホタルの使い捨て

江戸期の日本には、ホタルをペット昆虫として売りさばく風習があった。(29)また、国家元首官邸ともいうべき江戸城には、ホタルが献納されていた。(30)そして、蛍狩りの童歌は江戸前期には既に歌われていたこともわかっている(31)（図3）。近代日本でさかんに行われたホタルの売買、天皇家への献上、蛍狩りは、江戸期には既に出揃っていたことになる。ただし、維新後の鉄道インフラの整備によって、人とホタルの大量輸送が可能になると、ホタルの献納や蛍狩りが大規模化し、その結果、捕獲されるホタルが桁違いに増えてしまったのである。

現在も存在する蛍狩りなる催し。しかし、近代の蛍狩りと蛍見物は、現在のそれと似て非なるものであった。武州大宮を例にとって説明しよう。大宮駅に下車した明治の歌人の佐佐木信綱が「夜の道蛍籠もたる女らがすれちがひざまの蛍のにほひ」と詠んだように、武州大宮は東京近郊のホタルの最大の名所として知られていた。文豪田山花袋の紀行文を読むと、当時東京から大勢の人が大宮にホタル見物に訪れていたことがわかる。(32)ホタル出盛りの土日には上野と大宮の両駅は子供連れの客で大混雑したという（大正九年六月十五日付東京朝日新聞）。また、明治二十三年五月二十七日に大宮公園の萬松楼《ばんしょうろう》に宿泊した有栖川宮熾仁親王《ありすがわのみやたるひとしんのう》も「三沼川凡七町余蛍狩行向、両岸ニ群集ニテ壮観ナリ」と、ホタルよりも見物客の多さに感嘆している（『熾仁親王日記』）。

現在のホタル観賞会でゴザを敷いて酒盛りを始めようものなら、管理人につまみ出され

(29) 加納 2011
(30) 田中 1996
(31) 後藤 2016
(32) 田山 1923a, 1923b

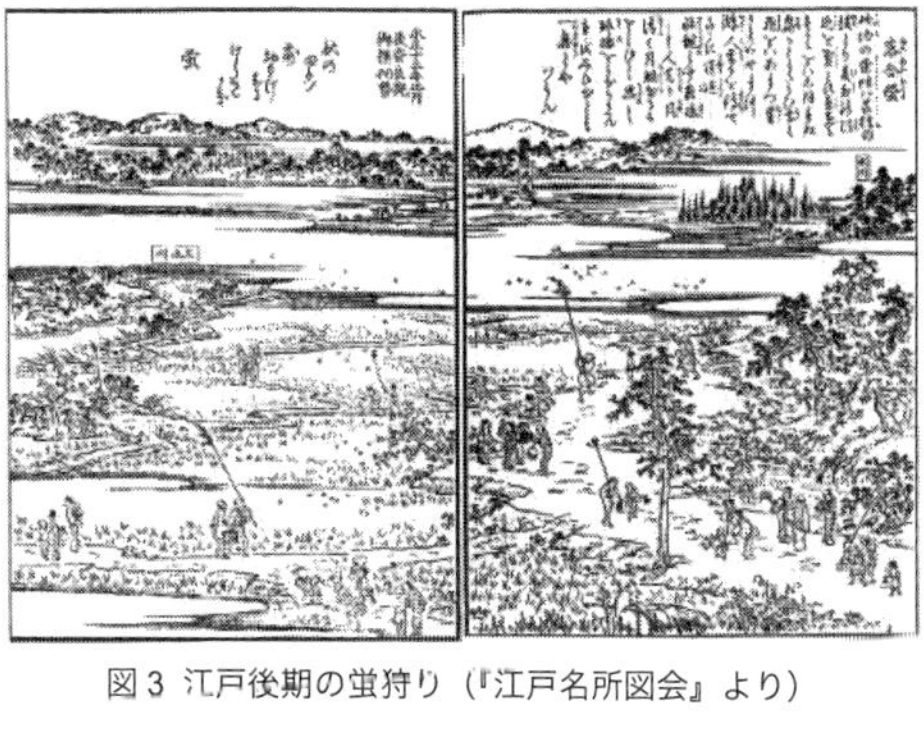

図3　江戸後期の蛍狩り（『江戸名所図会』より）

るのがオチだ。しかし、近代はそうではなかった。明治三十四年発刊『東京風俗志』は東京から大宮へ足を運ぶ客を「大宮公園は蛍の名所など称へらるれば、汽車の便を藉《か》りてこゝに遊ぶ人も多けれど、蛍の有無を外にして、一夜の清遊を試むるに過ぎず」と形容する。(33) 清遊などと優雅な熟語が使われているが、何のことはない。ようするに男どもはホタルをダシにして酒を飲みたいだけなのである。夕方汽車で東京を発ち、大宮の旅館でホタルを見ながら酒を飲み、翌朝帰って来るというのが近代東京人の楽しみであった。

特定の名所への客の集中、酒を片手に飲めや歌えや。近代の蛍見物は、静寂な雰囲気の下、幻想的な光に目を細める現代のホタル観賞とは異なり、むしろ我々が毎年四月に開くお花見に近い遊興であることがわかる。

ここで、蛍狩りを中心とした、近代東京におけるホタルの大量消費の実態をまとめておこう。(34) 現代のホタル観賞会とは異なり、近代期の蛍狩りは原則ホタルの持ち帰りは自由である。よって、蛍狩りのたびに、そこにいたホタルは観客によって、根こそぎ捕られてしまった。

明治十年代から二十年代くらいまでは、東京でも野生のホタル観賞は十分可能であった。しかし、同三十年代になると、よそから購入した十万単位のホタルを客寄せに放す料亭旅館も珍しくなくなった。このようなホタルの大量放虫は、東京府下のホタルの減少と無関係ではないだろう。東京人が身近でホタルの乱舞を見難くなったからこその大量放虫とも思えるからだ。

明治四十年代には玉川鉄道が玉川に万単位のホタルを放ち、人々がホタル狩りを楽しめる環境を人工的に作るようになった。大正時代に入ると、観光業に本腰を入れ始めた他の在京鉄道会社も競うようにホタルを積極的に放し始めた。無論、減ってしまったホタルを増やそうと、鉄道会社が善意で放虫したのではない。彼らは蛍狩りを主催し、客を集めて、運賃収入増加に努めただ

(33) 平出 1968

(34) 保科 2017c, 2018a

けである。また、明治時代末以降、大型小売店がホタルを景品として客に配るサービスも行われた。昭和に入っても、ホタルの大量消費は収まらない。ホタルの名所の武州大宮のホタルが、昭和十年代には乱獲により激減してしまったのはその影響である。[35] 結局、帝都におけるホタルの大量消費は、昭和二十年の大日本帝国の敗戦の日まで続いた。

以上が近代東京におけるホタルのむごい〝使い捨て〟の歴史の概要であるが、本章では近代地方都市における蛍狩りの様子を見てみよう。次の⑧と⑨で取り上げるのは福岡の船小屋温泉と福博電車の事例である。[36]

（35）神田　1981

（36）保科　2020d

❽九州各地から客を集めた船小屋温泉

明治四十五年、福岡の船小屋温泉（現・筑後市）は福岡日日新聞と九州日報の二紙に「船小屋の蛍　今が盛り」との簡素な広告を載せた（五月二十五日付福岡日日新聞、六月一日付九州日報）。船小屋温泉は、明治四十三年に船小屋鉱泉組合が設立され、観光業の発展が図られるようになった。[37] 船小屋温泉が明治末になってホタルを売りにした新聞広告を出すようになったのは、営業攻勢をかける体勢が同温泉に整ったことも関係しているだろう。

船小屋のホタルは「船小屋八景」の一つに数えられるほどの著名な存在であった。[38] そして、近藤[39]によれば、大正時代初期、同温泉を流れる矢部川のホタルは川面一帯を埋め尽くすほど生息していた。同地のホタルの出盛りの時期には福岡、熊本、佐賀から見物客が押し寄せるほどの名声があった。

見物客がホタルを目の前にして宴会を開いていた武州大宮同様、船小屋の客も大人しくホタル

（37）筑後市史編さん委員会　1995

（38）江崎　1984b

（39）近藤　1913

を眺めていたのではない。川に面した旅館の部屋はホタル見物客にすっかり占領され、一つの部屋がドンチャン騒ぎを始めると、隣の旅館の客も負けずにはやし立てる。そして、下流の柳川方面から繰り出してきた蛍見の遊覧船は三味線太鼓を派手に鳴らしていたそうだから、もうむちゃくちゃである。ホタルの季節は、船小屋は多くの客でごった返したらしく、近藤[40]はその時期の船小屋を「急に景気付いて町全体の空気が上ッ調子の人をそそる様になる」と形容した。なお、同じ矢部川水系の花宗川沿いの八女郡福島でも、蛍見の多くの男女が集まると、三味線太鼓の囃子で賑わったそうだ(明治四十三年六月三日付福岡日日新聞)。ホタルを目の前にして大騒ぎするのは、当時の筑後地方では普通に見られた光景に違いない。

船小屋温泉は、観光客を舟に乗せてホタルを見せるとの商売法を採用した。大正初め頃は一円程度で舟を一艘借りられたという[41]。なお、この時代の一円は大工の日当にほぼ相当する[42]。よって、舟のレンタル料は現在のディズニーランドのごとく決して安くはないのだが、一年に一回程度なら庶民でも十分味わえる楽しみであったわけである。

(40) 近藤 1913
(41) 近藤 1913
(42) 森永 2008

⑨なぜ全国で鉄道会社による蛍狩りが流行したか——福博電車を例にして

明治四十五年、福博電車主催の「大ほたる狩り」が同年六月五日から七日まで、福岡市の西公園で催された。新聞広告によると、矢部川から取り寄せた数十万頭のホタルが西公園に放されたとのことである(明治四十五年六月四日付九州日報)(図4)。問題は福博電車がその数十万頭のホタルをどうやって調達したかである。東京では主催者が近隣の取り扱い業者に発注すれば、簡単に数を揃えられた。やや後の時代になるが、大正後半の小田原にあっ

図4　ホタル狩りの新聞広告

た蛍卸売り業者は年間一〇〇〇万頭ものホタル取り引きを行い、東京の百貨店に出荷していた（大正十一年五月八日付東京朝日新聞）。

しかし、明治末の福岡市に現在の九州随一の大都市の片鱗は見えない。明治四十四年時点で同市の人口は八万七〇〇〇人足らずである。(43) 当時の福岡の都市の規模ではホタルの大口の注文に応えられるだけの業者がなかったようだ。そこで、福博電車はやむなく一般市民から五〇万頭のホタルを買い上げることにしたのである（明治四十五年六月六日付福岡日日新聞）。そうなると、その後の市民の行動は簡単に予想がつく。人々は有名産地の船小屋に押し寄せ、ホタルを捕りまくったのである。

明治四十五年六月の西公園での蛍狩りの一日目、福博電車の社員は日暮れからホタルの放虫を始めたが、殺到した人々によってすぐに捕りつくされてしまった。すると、後から来た客から「ホタルなんておらんたい。福博電車は騙しやがったな！」との怒号が飛び交い、公園の空気はすこぶる険悪になってしまった。狼狽した電車社員はやむなく数百頭のホタルを抱えて電柱に登り、そこから放し始めた。しかし、またもや数百人の客が駆け寄って来て、押し合いへし合いの大混乱に陥ってしまった。六月七日付九州日報はその様子を「惨憺たる西公園の修羅劇」と報じている。

福岡県人の名誉のために申し上げておくが、ホタルを前にして振る舞いが粗暴になるのは、何も当時の博多っ子だけではない。大正七年東京毎日新聞主催で、日比谷公園で行われた蛍狩りでは、人々はやはりホタルが入った虫籠に殺到し、哀れホタルは放される前に虫籠ごと踏みつぶされてしまった（八月五日付東京毎日新聞）。どうやら明治末の福岡の惨劇の様子は東京に伝わっていなかったらしく、東京毎日新聞側は群衆対策を何もしていなかったのだ。ホタルに目の色を変えるのは、当時の日本人全体に見られる性癖だったわけである。

（43）福岡市役所 1939

福博電車は大正二年にも西公園で同様の蛍狩りを開催した。新聞広告によると「六七八　三日間　毎夜正八時　西公園ほたる狩　ほたる籠進呈」とある（六月六日付福岡日日）。福博電車はホタル籠を配布する新サービスを導入したことがわかる。筆者は現時点で近代期に福岡県内で発刊された全年代の新聞に目を通せているわけではない。よって、上記以外にも福博電車主催の蛍狩りはあったはずである。近代期を通して福博電車がかき集めたホタルの数は一〇〇〇万頭を超えたに違いない。同電車によって、福岡県内のホタルは乱獲されたのである（図5）。

かつて原宿の流行が地方に波及するまで〇年との数字があったが、福博電車主催の蛍狩りについて見ると、ある興味深い事実が浮かび上がってくる。東京の玉川電鉄が開業したのは明治四十年である[44]。そして、明治四十三年に同電鉄がホタル三万頭を玉川二子付近で放すとの新聞広告が載った（六月十七日付読売新聞）。一方の福博電車は明治四十三年開業で[45]、その二年後の明治四十五年には博多の西公園で蛍狩りを催したことは前述のとおりだ。つまり、両鉄道会社は大体同じ時期に開業し、かつ数年後にはともに蛍狩りを開催したことになる。福博電車は玉川電鉄の成功を真似したのか、それとも単なる偶然の一致かは判断し難いが、結果的に鉄道会社主催のホタル大量放虫はあっという間に東京から九州に普及したわけである。

東京ではその後も王子電車、京浜電車、京王電車、東横電車などが同様の蛍狩りを催している[46]。自社の沿線上でホタルをばら撒き、当日大勢の客を運ぶ商売は、鉄道会社にとって手堅いビジネスだったことがうかがえる。では、鉄道会社にとって、蛍狩りはなぜお手軽な商売だったのか。それは、当時のホタルが絶対的に安価だったからだ。ペット昆虫のホタルの市場価格は明治末から大正初期、一頭三厘～五厘（〇・三～〇・五銭）である[47]。東京朝日新聞が一部二銭という時代であるから、一頭のホタルの価格は現在の貨幣価値で数十円程度にすぎない。しかも、この三

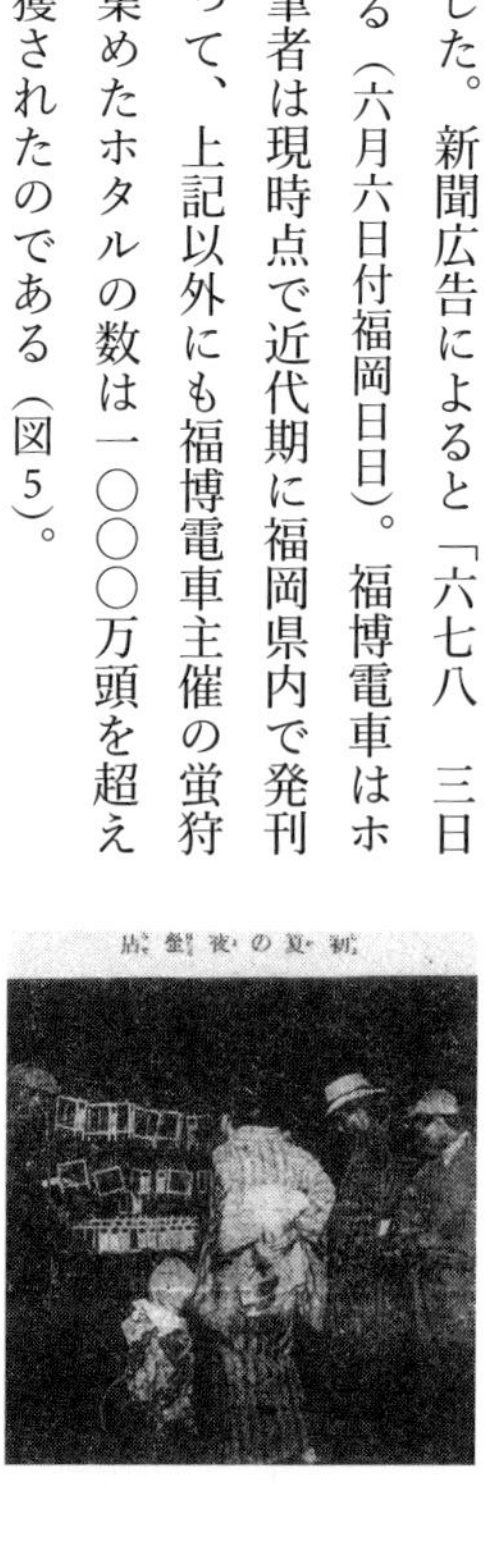

図5　大正初期の福岡県内の蛍売り
（大正2年6月9日付福岡日日新聞）

（44）三科　2015
（45）入江　1995
（46）保科　2018a
（47）保科　2018a

厘～五厘はあくまで町中の小売価格であって、卸値ではない。

　ここで、明治四十五年の一頭のホタルの小売価格を、現在の三〇円と仮定して、福博電車がホタル購入にいくら支出したかを令和の貨幣価値で大雑把に概算してみよう。明治三十三年六月十一日付萬朝報《よろずちょうほう》（東京の日刊紙）によれば、ホタルの小売価格は卸値の五倍とのことなので、ホタルの卸売価格はたった六円である。しかも一〇万単位の個体を取り引きすれば当然単価は下がったはずだから、福博電車は一頭四円で買い上げたとする。そして、明治四十五年に同電車が集めたホタルは五〇万頭なので、必要経費は二〇〇万円となり、たかが知れている。他にも必要経費はかかったにせよ、この程度のコストなら、当日の電車運賃収入や出店などなど、その他で簡単に回収できそうだ。

　このように、鉄道会社からすれば、自社主催の蛍狩りはリスクが少なく、美味しい商売だったことが推察される。低リスク、低コストのビジネスモデルが背景にあったが故に、全国の鉄道会社が競うように蛍狩りを催していたともいえる。もちろん、鉄道会社が先を争ってホタルをかき集めた結果、各地で乱獲が進んだことは説明するまでもない。

⑩値札を付けられなくなった現代のホタル

　戦後日本の縁日の屋台からは、多種多様な鳴く虫はすっかりと消えうせた（第Ⅱ部第１章）。ホタルもまたペット昆虫ではなくなった。玄人向けの専門店を除くと、ホタルをカネで買う習慣は、我が国からほぼなくなったのである。高度経済成長期以後の環境保全活動の波にうまく乗ったホタルは、戦前の乱獲はどこへやら、今や人間サマに後生大事に守られる虫になった。

ホタルのこの扱われ方は、現代アニメやゲームでも再現されている。クワガタムシは、現実社会はいうに及ばず、二次元世界でも〝売ればカネになる虫〟とされ、作品中で捕獲される運命にある。(48) ホタルの場合、TVアニメ『痛いのは嫌なので防御力に極振りしたいと思います。』(二〇二〇年)(図6)第六話で、売れば儲かるとの設定の光る虫型モンスターが出てきた。絵柄を見るにホタルをモチーフにしているようだが、「換金できるホタル」との設定は、アニメ界では例外的といってよい。フィクションであっても、ホタルは売り買いされなくなったのだ。

二次元世界のホタルの王道的使用法は、情愛に絡めた描写である。二〇一四年発売のPS Vita用ゲームソフト『LOVELY QUEST』では、主人公の桜庭善一と周囲の少女たちとの間のラブコメディが展開する(図7)。物語中のホタル祭りで、善一は幼なじみの瑚乃瀬羽美と二人きりでホタルを見つめ、そこから二人の仲が深まっていく。臭い恋愛モノといってしまえばそれまでだが、この手のゲームではホタルを利用した、お約束の展開なのである。二〇一五年発売のPS4用ゲームソフト『戦国無双4-Ⅱ』でも、三枚目の雑賀孫市と魔性の女の小少将とのロマンスシーンで、背後でホタルが飛ぶ描写がある。二〇一八年放送のTVアニメ『俺が好きなのは妹だけど妹じゃない』第五話では、氷室舞が家の軒先で、飛ぶホタルをぼんやりと見つめていた。そこに、主人公の永見祐がやって来て、語りかける場面がある。二人は恋仲ではないが、かといってただの友達でもない。何かしらの情愛を感じさせる演出だ。なお、この家は森の中にあるので、飛んでいるホタルは、二次元世界では珍しいヒメボタルではないか、と勘繰りたくなる。(49)

この他、単に夏の夜の静寂な雰囲気を醸し出す虫として、ホタルが使われる場合もある。

(48) 保科 2019h

図6『痛いのは嫌なので防御力に極振りしたいと思います。』夕蜜柑：著、狐印：イラスト／KADOKAWA

図7『LOVELY QUEST』© 2012、2013 HOOKSOFT／PIACCI

(49) 幼虫期を水中ですごすゲンジボタルとヘイケボタルは水辺を飛ぶが、日本産ホタルの大半は幼虫も成虫も陸生である。ヒメボタルはその一つで、自然界ではそんなに珍しい昆虫ではない。

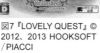

二〇〇二年のドリームキャスト用ソフトのビジュアルノベルの『水夏』（図8）中で、水田の上を飛ぶホタルはその一例。シナリオにはまったく絡まないので、背景の一部にすぎないホタルである。

現代サブカルチャーは、『古今和歌集』以来の夏の風物詩としてのホタル観を今に受け継いだ。その反面、キャラクターたちは、平安貴族たちが「恋に身を焦がす」己を重ねたような、激しい情熱をホタルに投影していないように思える。アニメやゲームでは、古のホタル観はデフォルメされ、ただただ情愛の場面の一背景になったともいえそうだ。

図8　『水夏』© 2001 circus／© PrincessSoft 2002

⓫近代日本人の大罪

平安や鎌倉時代の貴族たちは、恋に身を焦がす己をホタルに託して歌にした。当のホタルからすれば、しょうもない言語遊戯のネタにされて迷惑視していたかもしれないが、ホタルに実害が生じたわけではなかった。江戸期になると、ペット昆虫として囚われの身となるホタルもあらわれた。しかし、今となっては統計上の数値を出せるはずもないが、江戸町民の慰み者になったホタルの数なんぞ、たかがしれていただろう。

明治維新後は状況が一転した。鉄道インフラの整備により、ホタルの迅速かつ大量の輸送が可能になった。昭和初期になると、飛行機までがホタルを運び始めた(50)。天皇家に献上され、勤王精神の犠牲になるホタルもおびただしい数に上った(51)。日本各地、とくに大都市に近い産地のホタルは乱獲しつくされた。たとえば、早くも大正初めには、山梨県で乱獲の影響と考えられるホタルの激減が見られる（大正三年六月十日付読売新聞）。

大正時代半ばには滋賀の守山でホタルの人工養殖の研究が始まった。この事業は成功したが、

(50) 保科 2018a, 2020d
(51) 保科 2020c

かといって、全国各地の乱獲が和らぐことはなかった。日本人は世界で一番ホタル好きの民族である…かどうかは知らないが、世界でホタルを最も大量に使い捨てにした民族であることはたしかだろう（正確なデータはないけれど）。隋の二代皇帝の煬帝は、何万頭ものホタルを捕えさせて蛍狩りを楽しんだそうだが、[52]アジアに君臨する中華王朝の皇帝が集めたわりには少なく思えてしまう数字である。

ホタルは環境変化に弱い生き物と思われがちだ。しかし、絶滅したカワウソやトキを尻目に、ホタルは捕って捕って捕られまくったにもかかわらず、現代に命を繋いだ。筆者はむしろホタルのしぶとさに感心する。もちろん、ホタルが絶滅しなかったからといって、近代日本人の乱獲の大罪が許さるわけではない。

保坂ら[53]は「海外のホタルツーリズムの多くは、観光や保全を目的に近年始まったものであり、歴史の長さや人々の生活との関係性の深さにおいて、日本のホタル文化は世界に類を見ない」と指摘する。現代の道徳基準で、過去の行為の善悪を論じるのは無意味だ。しかし、近代日本人のホタル大量虐殺は、「日本のホタル文化は世界に類を見ない」との美談で語られるものではないことは、はっきりといっておく。

戦前期にホタルが天皇家に献上されていたとの事実は、よく知られている。[54]ただ、現在の東京都内のホタル個体群の由来を考察する際、近代期における東京への地方産ホタルの大量輸送について、従来まったく言及されてこなかった点は気になる。[55]まさか意図的に臭い物に蓋をしているのではあるまいが、近代期の先人たちが甚大な数のホタルを遠方から東京に持ち込み、そして大量虐殺した負の歴史があることは、絶対に忘却してはならない。

（保科英人）

（52）瀬川 2016

（53）保坂ら 2017

（54）たとえば、田中 1949

（55）たとえば、矢野 2018、矢島 2019

第６章

テントウムシ　日用品グッズ最強のモチーフ

テントウムシは、世界で約六〇〇〇種が知られ、日本では約一八〇種が確認されている。しかし、私たちの生活の中で実際に見覚えのあるテントウムシは、花壇の花や路上の雑草にいるナナホシテントウやナミテントウといった体長五㎜以上の大型の種類だろう。体長約一㎜しかない黒くて地味な種類や、斑紋のない種類もあり、一般にはテントウムシの大部分の種をよく知らないのが現実と思われる。これら二種類以外には、農業害虫としてジャガイモやナスの葉をかじるニジュウヤホシテントウや、アブラムシやカイガラムシを捕食する天敵としてのテントウムシを知っている人がいるかもしれない。

人間と昆虫との関わりを考える文化昆虫学において、テントウムシの大きな特徴は、日用品としてテントウムシがデザインされた商品が私たちの周りに溢れていることである。チョウやミツバチも日用品のモチーフとなるが、その頻度はテントウムシに及ばない。それはなぜなのだろうか？　まずは、日用品に描かれたテントウムシのデザインを詳しく調べ、人間がどのようにテントウムシの外見を捉えているかを明らかにすることから始める。

❶日用品のなかのテントウムシ

テントウムシがデザインされた様々な日用品を記録した調査によると、文房具四二品、衣類二〇品、台所用品・食器二二品、リビング用品一四品、バス・トイレ用品一四品、アクセサリー六品、生活用品二七品、おもちゃ六品、お菓子二品等、合計一五〇品を超える日用品が確認されている。(1) また、珍しい例として、鎌倉の長谷寺には、交通安全（転倒《てんとう》防止）と学業成就のお守りとして、テントウムシの形をしたお守りが販売されている(2)（図1）。私たちの周囲にはテントウムシをデザインした多種多様な商品が存在することがわかる。この調査では、日用品にデザインされたテントウムシは、ナナホシテントウやフタモンテントウのように、オレンジ色に黒い点があるものが多いと報告している。

具体的な日用品について、以下一四個の事例を示した。①ヘルメット、②椅子、③ティッシュ入れ、④照明機器、⑤財布、⑥ワッペン、⑦皿、⑧フォーク、⑨チョコレート、⑩メロンパン、⑪手ぬぐい、⑫お守り、⑬マグカップの蓋、⑭毛玉とり、である（図1）。

(1) 日用品のテントウムシデザインの特徴

市販されているテントウムシがデザインされた四二の日用品を分析して、そのデザインの共通部分を調べ、テントウムシデザインの基本形を抽出した研究がある。(3) その結果、頭部、触角、会合線、斑紋を持ち、体型は円形のデザインであった（図2）。これは人間がテントウムシだと認

（1）桜谷 2009
（2）宮ノ下 2015b
（3）宮ノ下 2015a

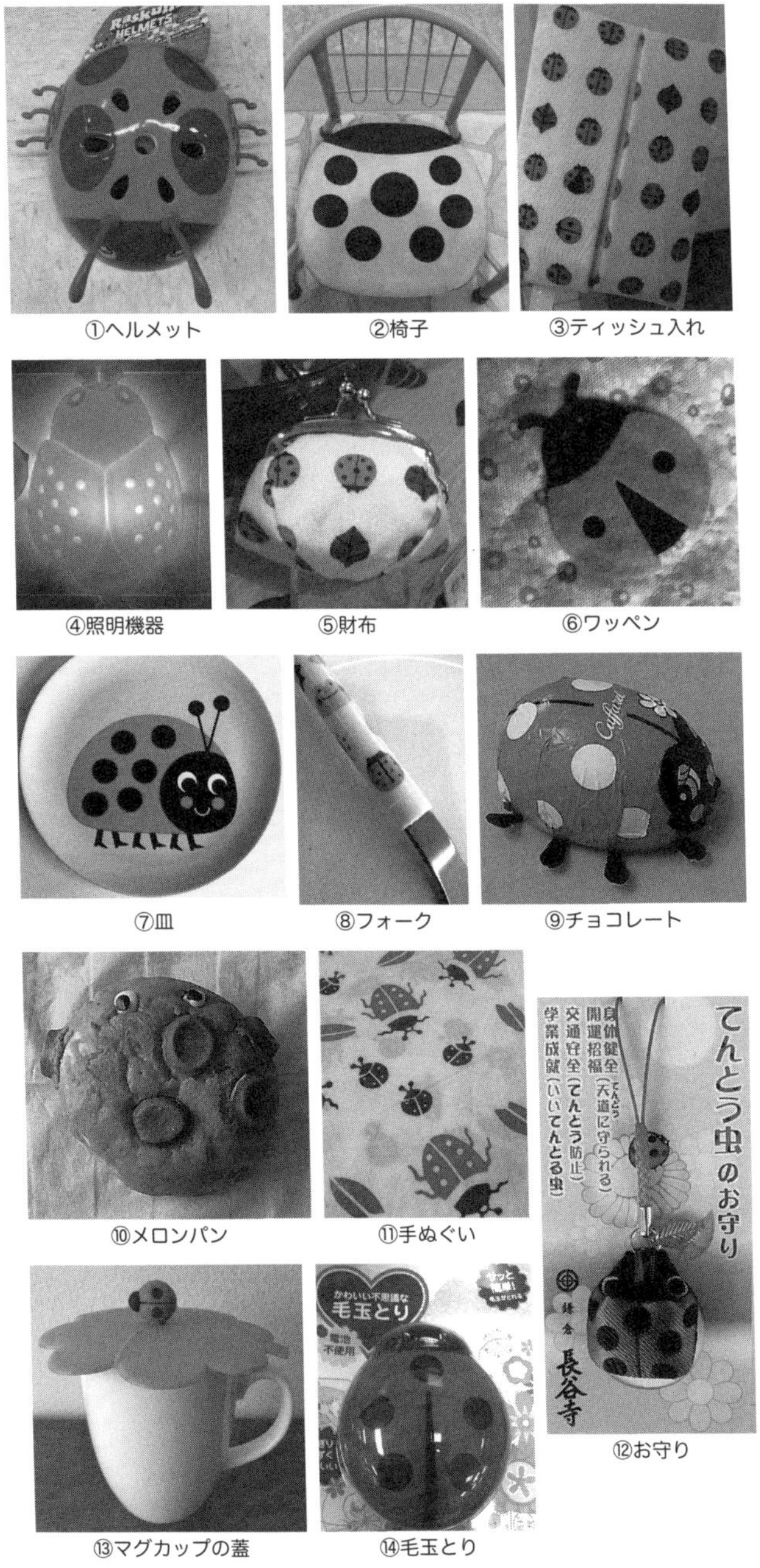

①ヘルメット　②椅子　③ティッシュ入れ
④照明機器　⑤財布　⑥ワッペン
⑦皿　⑧フォーク　⑨チョコレート
⑩メロンパン　⑪手ぬぐい　⑫お守り
⑬マグカップの蓋　⑭毛玉とり

図1　テントウムシがデザインされた日用品

識するシンプルなデザインと考えられた。具体的には、目や脚は省略可能で、頭部と前胸背板の区別はなかった。また、色彩については、頭部は黒色、体は赤色、斑紋は黒色であった。斑紋の数は七個、その配置は左右対称のものが多かった。

日用品に描かれたテントウムの高頻度なデザイン四種類を示した（図3）。斑紋数二～七個で左右対称のシンプルなデザインであった。この中で七個の斑紋をもつデザインは、ナナホシテントウと同じ配置であった。斑紋の数だけをみると、左右非対称な配置をもつ七個のデザインも多数存在しており、デザイナーにはテントウムシの斑紋は七個という共通のイメージが存在するように思われる。その理由として、ナナホシテントウは子供向けの学習本や図鑑にテントウムシの代表として掲載される機会が多く、斑紋数七個はテントウムシの模様として最も印象が強いからと推測される。

（2）若者が描くテントウムシ

デザイナーによって日用品に描かれたテントウムシの特徴を述べてきたが、一般の人がテントウムシを描いても、同じような斑紋の数や配置になるだろうか？　大学生および専門学校生の八二名に対して、テントウムシデザインの基本形と考えられた斑紋のない図を配り、斑紋を自由に描いてもらった[4]。その結果、斑紋数は七個が最も多く、高頻度となったデザインも日用品の場合とほぼ共通していた。しかし、最も頻度の高いデザインは、縦の会合線上の中央に一斑紋、この斑紋を囲む形で片翅に三斑紋を縦に並べたものだった（図4B）。多くの人はナナホシテントウのイメージが強く、七つ星のテントウムシを描いたと考えられたが、その星（斑紋）の配置は実際のナナホシテントウとは異なった配置であった。

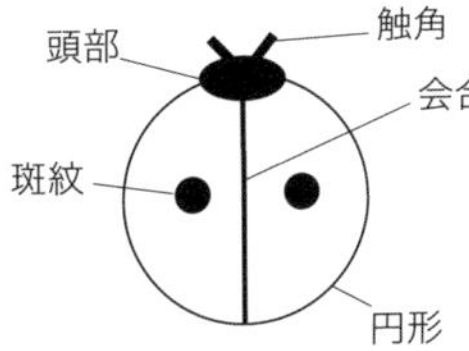

図２　テントウムシデザインの基本形

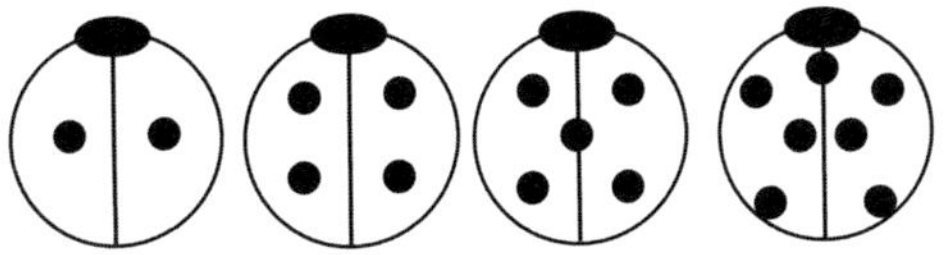
図３　商品に高頻度なテントウムシデザイン

（4）宮ノ下 2015a

(3) 特定の七つ星の配置はなぜ描かれたか？

テントウムシを描くと七つ星のテントウムシになる頻度が高い。それはナナホシテントウのイメージが強いからだ。しかし、星（斑紋）の配置までナナホシテントウにはならない。その理由は、星の数までは印象に残っても、配置は曖昧にしか認識していないからだ。曖昧な斑紋を描く場合、人間はバランスの整った左右対称な配置を描きやすい。それは、対称に点を打つことで描きやすくなること、バランスの整った配置はデザインとして落ち着きがあり、心地よいことが考えられる。七つ星をバランスよく配置するデザインが高頻度な理由は、人間のテントウムシに対するイメージおよび描きやすさが影響を与えている。

再度、学生二七人に対して、七つ星のテントウムシを描く調査を行なったところ、約半分の一三人が図4Bの配置を描くという結果が出ており、この配置の描きやすさを示した結果になった[5]。具体的な事例として、バスの車体に描かれた七つ星をバランス良く配置したデザインを示した（図5）。

(4) 世界で共通するテントウムシデザイン

ここまでは、日本の日用品のテントウムシデザインについて述べてきた。そこでわかったことは、丸くて赤く、黒い丸い点を持ったテントウムシの姿であった。これらの特徴は、日本以外の韓国、中国、欧米諸国の日用品と比べてもあまり変わらないようだ[6]。テントウムシの仲間は本来多様な色彩を有するが、日用品に見られるデザインは圧倒的にナナホシテントウのような色彩なのである。世界のどこへ行ってもテントウムシの外見のイメージは共通している。本章でこれから紹介する映画、絵本、アニメ、ゲームといった大衆文化の中に現れるテントウムシの姿も圧倒

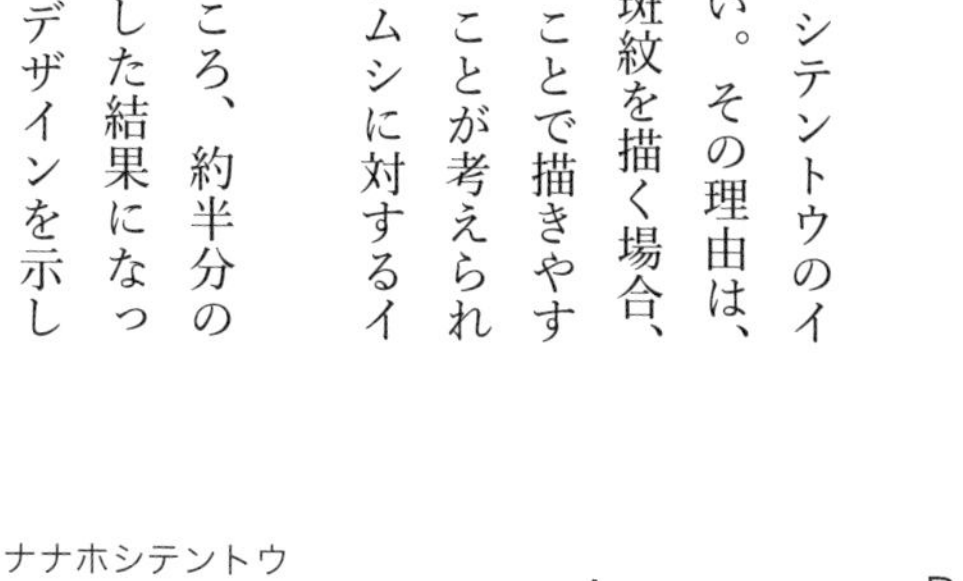

図4　ナナホシテントウの実際の斑紋パターンはAだが、描かれるパターンはBのデザインの頻度が高い

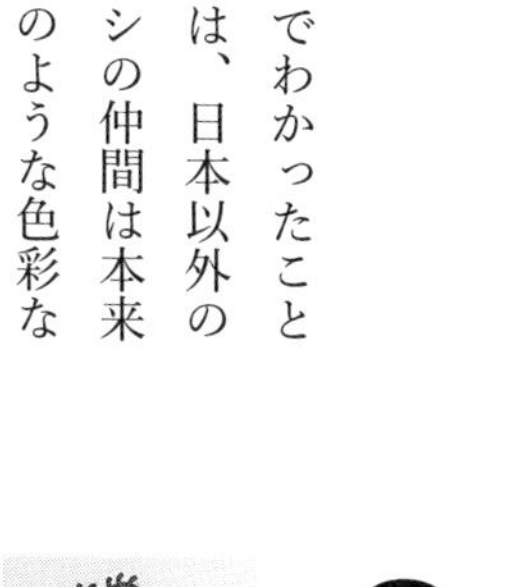
図5　バスの車体に描かれたテントウムシと「七つ星をバランス良く描いたデザイン」

(5) 宮ノ下 2016a
(6) 保科 2020a

的にナナホシテントウに似た色彩である。

❷テントウムシはなぜかわいいのか

日用品に溢れるテントウムシデザインを考えると、私たちは、生物としてのテントウムシよりも、デザインされたテントウムシを見る頻度の方が高いのではないかと思えるほどである。昆虫嫌いでもテントウムシは好きという人もいるだろう。テントウムシはなぜ好まれるのか。まず、私たちに非常に身近な昆虫であることは、好かれるためには重要なことである。正体不明なものや馴染みのないものには好感は抱かないものだ。実際にナナホシテントウの成虫は、七、八月を除いたすべての時期で見ることができる身近な昆虫である。

(1) 丸く、小さく、赤くて、かわいい

テントウムシのイメージを問われると「かわいい」と答える人は多い。ここでいう「かわいい」には、形、大きさ、色彩の要素が混じったものと考えられる。形は丸く、大きさは小さく、色は赤色の特徴はテントウムシのかわいさの要素であり、ナナホシテントウの姿によく当てはまる。また、ハチやアリのように人間を刺したりすることがなく、安全性が高いことも好かれる理由のひとつであろう。実際には、ナナホシテントウを手で握ると黄色い汁を出し、独特の匂いがするので不快に思う人も多いだろう。この液体の成分はアルカロイドで苦く、テントウムシの外敵に対する防御物質であり、赤色に黒い斑紋といった目立った色彩は、外敵には警戒色の役割をもつと考えられている。(7)

(7) 安富 1997

(2) テントウムシがもつ幼形刺激

テントウムシのかわいい印象には、幼形刺激が関係していると思われる。幼形刺激とはかわいいといった感情反応を誘う刺激で、短い手足、大きな頭、丸っこい輪郭、大きな眼などの形態的特徴が挙げられる。動物の子供が親に守ってもらうために、かわいいという感情を誘う特徴、すなわち子供らしさの外見的特徴である。テントウムシを真上から見ると、丸っこい輪郭で、脚は短く隠れていて見えない。テントウムシはそもそも人間がかわいいと思う形態的特徴を最初から備えていた。日用品にデザインされたテントウムシの形をみると、幼形刺激を与える特徴がデフォルメによって強調されている点が、そのかわいさを感じさせるデザインになっている。

❸テントウムシのイメージ

日用品にデザインされたテントウムシや、人間の描くテントウムシからテントウムシの特徴を考えてきたが、ここでは欧米と日本におけるテントウムシに対するイメージを説明する。同じテントウムシでもその扱いは歴史的に異なるが、現代日本のテントウムシイメージは欧米でのイメージから大きな影響を受けていると考えられる。

(1) 欧米におけるテントウムシ

まずは欧米におけるテントウムシのイメージを見ていく。テントウムシは英語でレディバード（レディバグ、レディカウとも呼ぶ）といい、このレディは聖母マリアを表し、「聖母マリアの鳥」を意味する。ドイツ語、フランス語、スペイン語、ロシア語、スウェーデン語でも「マリアの～」、

「神様の～」という表現を用いている。このように、欧米でテントウムシが神聖視される理由は、レディバードの語源が「害虫を食べて聖母マリアに仕える」の意とされるように、テントウムシが農業害虫のアブラムシを捕食し、人間にとって役立つ益虫と認識されているからであろう。また、西洋の宗教絵画では、聖母マリアは青いマントと赤い着物で描かれており、テントウムシの赤い体色（鞘翅）は聖母マリアを連想させると考えられる。こういった宗教的背景もあって、欧米ではテントウムシは幸運に先立って現れる、手や衣服にとまることは良いことで、幸運に恵まれると考えられている。そのため、ラッキーアイテムとして広く定着しており、様々な日用品にテントウムシがデザインされる理由となっている。

（2）日本におけるテントウムシ

日本語のテントウムシという名は、小野蘭山《おのらんざん》の『本草綱目啓蒙《ほんぞうこうもくけいもう》』(8)に江戸ことばと但し書き付きで初めて登場する。それまでは、漢語由来の瓢虫（ヒョウチュウ、瓢はヒョウタンの実のこと）と訓読みにして、ひさご虫とか呼ばれていたようである。テントウムシは漢字で天道虫と書く。これは、テントウムシを手にとまらせると、指の先まではい上がり、太陽の方に向かって飛び立つ。お天道様の方へ飛んでいくので、天道虫の名がついたという(9)。太陽に向かって飛ぶのは正の走光性があるからだろう。

テントウムシの方言には、あねこむし（青森県）、よめこむし（秋田県）、おかたむし（長野県）、ひめ（山口県）があり(10)、美しい、かわいらしい女性を連想する呼び名から、テントウムシには好ましいイメージが昔からあったと思われる。しかし、欧米のような強力な宗教的背景は日本のテントウムシにはなく、その存在感は薄い。

（8）享和三（一八〇三）年刊。中国・明の李時珍が編纂した『本草綱目』をもとに、江戸後期の本草家小野蘭山が講義した内容をまとめた四八巻の大著。動物・植物・鉱物について和漢名、日本各地の方言、産地、形状などが詳述される。

（9）安富 1997

（10）阿部 2013

日本の伝統的な絵画等にテントウムシの図像はあまり描かれておらず、カブトムシ、鳴く虫、ホタル、チョウに比べると目立たない存在だったと考えられる。テントウムシは小型であり、鳴く、光るといった特徴がなかったからである。

また、昆虫を題材とした俳句約一万一〇〇〇句について、江戸時代以前、明治・大正時代、昭和時代に区分して、テントウムシの出現頻度を比較すると、江戸時代以前にはまったく見られず、明治・大正時代から出現し、昭和時代になり増加していたという。[11] 元々、季節性に乏しいテントウムシを題材にした俳句は詠みにくい事情もあるだろう。テントウムシの頻度が増え、人気が出てきたのは、昭和時代、特に一九五〇年代以降の日本の欧米化に関係があるのかもしれない。[12] 現代日本で日用品に溢れているテントウムシは、日本の伝統文化の流れの延長にあるのではなく、欧米由来のラッキーアイテムとしてのテントウムシが拡散した結果ではないか。

（11）遊磨 2004
（12）高田 2020b

（3）実際とイメージの大きなずれ

私たちのテントウムシのイメージは、ナナホシテントウの成虫のような、丸く、小さく、赤くて、かわいい姿なので、その生態は草食性で大人しいと思いがちである。実際には幼虫、成虫共に肉食性で、凶暴で共食いもすることや、幼虫は細長く、脚も長く、成虫からは想像できない、かわいいとは言えない姿である。これを知らない人にとって、幼虫はテントウムシとは認識されないだろう。したがって、幼虫の姿は日用品に描かれることはない。文化のなかの昆虫は、人間のイメージが作り出した産物であり、実際の生物としての形態的特徴や行動、習性などは反映されない部分も多い。しかし、テントウムシほど人々のイメージと実際の生態に大きな隔たりが生じている昆虫は他に例がない。後述するが、フランスのCGアニメーション映画『ミニスキュル～森の小さな仲間たち～』では、テントウムシの生態は実際とは大きく異なり、これは日本に限ったことではないと思われる。

❹大衆文化のなかのテントウムシ

「かわいさ」や「好感度」の点では、他の昆虫に比べて優れたイメージを持ち、日用品の中に溢れているテントウムシであるが、映画、絵本、アニメ、ゲーム、特撮等の大衆文化のなかでのテントウムシはどのように描かれているのかを紹介したい。これらの作品に登場するテントウムシの頻度は低く、その存在感は薄い。

その理由としては、①テントウムシは季節性に乏しく、春のチョウ、初夏のホタル、真夏のセミ、秋のトンボといった季節の象徴としてのイメージを持ち合わせていないこと、②アニメやゲームでの昆虫の登場場面は子供時代の虫捕りの回想だが、テントウムシは体が小さくその対象にはならないこと、③人間の感情の起伏に絡むような顕著な個性（たとえば、恋愛とホタル、勝利とトンボ、薄命とセミ、戦闘とカブトムシなど）が見当たらず、大衆文化の各作品の物語に絡むことが少ないことが挙げられるだろう。

（1）映画に登場するテントウムシ

映画にテントウムシが登場することは稀であり、ほとんどが脇役で目立たないが、主役級の扱いで登場した作品として『ミニスキュル～森の小さな仲間たち～』（二〇一三年、仏）がある（図6）。フランスのテレビシリーズ『ミニスキュル～小さなムシの物語～』の劇場版である。風景は実写

図6『ミニスキュル～小さなムシの物語～』

で撮影、昆虫はアニメーション、煙、水、ほこりはＣＧで作成されている。登場するテントウムシはナナホシテントウがモデルであり、その「かわいさ」が評価されたものだろう。映画パンフレットの中で、監督・脚本・企画のエレーヌ・ジローは、テントウムシを主役にした理由について、「テントウムシは見ていてかわいいし、誰からも好かれているでしょ」とインタビューに答えている。このコメントはヨーロッパでのテントウムシのイメージを代表していると思われ、日本でのそれと大きな違いはない。この映画のテントウムシ成虫の飛翔シーンは、浮遊感があって楽しめた。テントウムシの成虫は木の実を吸汁する姿があり、子供は植物に付いているこぶのようなものから成虫のミニチュアとして生まれ、幼虫は描かれていない。このような点は、実際の生態とは大きなずれが見られた。

『バグズ・ライフ』（一九九八年、米）はディズニーとピクサーがアリを主役に作ったＣＧアニメーション映画である（図７）。男性のナナホシテントウが昆虫のサーカス団の一員として登場する。テントウムシは女性であることが多いが、ここでは口の悪い男性にすることで、意外性のあるキャラクターとして印象に残った。アニメ映画の『バッタ君町に行く』（一九四一年、米）では、おばさまのテントウムシ、『昆虫物語　みつばちハッチ〜勇気のメロディ〜』（二〇一〇年）にはあねご肌のおねえさんのテントウムシが登場した。

アニメ映画には、背景にテントウムシが登場することがあり、その事例としてジブリ映画の『借り暮らしのアリエッティ』（二〇一〇年）、『かぐや姫の物語』（二〇一三年）、ディズニー映画の『ティンカー・ベルと月の石』（二〇〇九年）がある。このような登場のしかたは、後述するアニメのテントウムシが物語の中で生じる「間」に描かれる事例と同様で、大きな意味はない。

『美女と野獣』（二〇一四年、仏独）では、冒頭にナナホシテントウを手の指に上らせるシーン

図７『バグズ・ライフ』

がある。欧米ではテントウムシを手の甲や指にとまらせて飛び立つ様子をながめるのが伝統的な子供の遊びとしてあった。この映画の中では、母親が息子と娘に『美女と野獣』のおはなしを語って聞かせるという構成になっているので、この遊びのシーンを挿入したと考えられる。

『アデライン、一〇〇年目の恋』（二〇一五年、米）では、ある事故が原因で歳をとらなくなった主人公の女性アデラインの物語である。彼女の髪の毛にナナホシテントウがくっつき、昔の彼がそれを取ってあげるシーンがある。その際に、彼女の手に見覚えのある傷跡を発見した彼は、昔付き合っていたアデラインがまったく歳をとっていないことに気がつく重要なシーンとなった。アデラインはテントウムシを「幸運の印」と言っている。

アニメやゲームにも、登場人物にテントウムシが付いていた場面が描かれることがあるが、極端に嫌がられてはいないようだ（むしろ、何かのきっかけとして描かれる）。テントウムシ以外の昆虫であれば、一騒ぎになるだろうが、これも高い好感度を誇るテントウムシならではであろう。

(2) 絵本に登場するテントウムシ

『ごきげんななめのてんとうむし』（エリック・カール作、もりひさし訳、偕成社、一九八〇年）に登場するテントウムシは、ナナホシテントウをモデルにしたものと考えられる（図8）。この絵本は機嫌の悪いテントウムシが、強い相手を求めて、カマキリ、ヘビ、ゴリラ、クジラまで次々とけんかを仕掛けていく。しかし、すべて強がりで、実際にけんかをするわけではない。最後は、クジラの尾びれにはじかれ、飛ばされたテントウムシは、本来の捕食相手であるアブラムシを食べたという話である。かわいいテントウムシではなく、肉食性の捕食者として本来の姿が描かれた珍しい絵本である。

図8『ごきげんななめのてんとうむし』

『おちばいちば』（西原みのり作、ブロンズ新社、二〇一〇年）は、幼稚園児の女の子が虫サイズに小さくなって、落ち葉で作った様々な商品が売られている「落ち葉市場」で買物をする話である（図9）。ここで案内役として登場するのが擬人化されたテントウムシである（ここでもナナホシテントウ）。テントウムシは強い主張をすることはないが、主役の女の子に寄り添う役であった。

『ちいさなふたりのいえさがし』（たかお ゆうこ作、月刊予約絵本「こどものとも」通巻七六八号、福音館書店、二〇二〇年）は、クルミの家に住む小さなおじいさんとおばあさんが、新しい家を探しに旅をする様子を描いている。二人と共に旅をするのがテントウムシであった。擬人化されていなかったが、人間に寄り添うテントウムシが描かれていた。

『なずこのっぺ？』（カーソン・エリス作、アーサー・ピナード訳、フレーベル館、二〇一七年）は、正体不明な植物に興味を持った甲虫三匹とその植物を巡る物語だが、三匹の内一匹がテントウムシである。その姿は、大きな丸い体で描かれ、台詞が与えられ目立った役であった。

『ミスターワッフル！』（デイヴィット・ウィーズナー作、BL出版、二〇一四年）は、地球を訪れた小さな宇宙人たちが、地球でアリとテントウムシに出会い、共に黒猫のワッフルから追いかけ回される話である。そのドタバタの様子が台詞なしで描かれている。地球上で出会う昆虫の代表にアリとテントウムシという設定は、両者が地上の日常的な昆虫であることを示している。

図9『おちばいちば』

（3）ゲームやアニメに登場するテントウムシ

保科[13]は、ゲームやアニメに登場するテントウムシの事例を以下のように挙げている。ゲームでは、『ラムネ』（二〇一四年）、『私が好きなら「好き」って言って！』（二〇一五年）では、ミニスコップ片手に花や野菜をお世話する少女たちの元にテントウムシが飛んでいく。『スイートハニー

（13）保科 2020a

カミング』（二〇〇九年）では、博愛主義者でガーデニング好きの少女クレアがテントウムシをまじまじとながめる場面がある。テントウムシと少女が結びつけられやすいのは、愛らしいイメージが強く影響しているのだろう。アニメでは、『ハナヤマタ』（二〇〇四年）七話で、雨の中、アジサイから飛び立つテントウムシ、『ハクメイとミチコ』（二〇一八年）第一話冒頭の葉にとまったテントウムシ、『恋する小惑星』（二〇二〇年）のオープニングで望遠鏡から飛び立つテントウムシが描かれている。これらはすべて、ナナホシテントウである。アニメでは物語の進行が一時的にとまる「間」が生じ、この際にその背景に何気なく描かれたものだ。

さらに、アニメのプリキュアシリーズ『ハピネスチャージプリキュア！』（二〇一四年）四五話では、男子が女子にテントウムシのブローチをプレゼントする場面がある。男子は「テントウムシは幸せを運ぶ虫なんだ」と説明し、女子は「かわいい！　似合う？」と返している。ここでは西洋由来のラッキーアイテムとしてのテントウムシが登場したが、斑紋を見るとナナホシテントウではなかった。アニメ『てんとう虫の歌』（一九七四年）は、両親を亡くした七人きょうだい（男五・女二人）が力を合わせて生きていく様を描いた物語で、ナナホシテントウの斑紋数七個に因んだタイトルだった。テントウムシといえば斑紋七個というイメージが当時から強かったと思われる。

(4) 特撮のヒロインとなるテントウムシ

日本のテレビ特撮の中で、「仮面ライダー」や「戦闘ヒーロー」シリーズには、バッタ、カブトムシ等の昆虫をモチーフとしたヒーローや怪人が登場する作品がある。これらの作品の中にテントウムシをモチーフとしたヒロインが知られている。

『仮面ライダーストロンガー』（一九七五年）には、女性の改造人間として、ナナホシテントウをモチーフにした「電波人間タックル」が登場した（図10）。戦闘力は高くないものの、電波エネルギーによる電波投げを多用し、ストロンガーを助け、存在感を示した。赤と黒の色彩と、仮面の斑紋のデザインは一目でテントウムシとわかる。

『重甲ビーファイター』（一九九五年）には、甲虫の強さを投影した、カブトムシ、クワガタムシ、テントウムシをモチーフにしたヒーロー、ヒロインのファイターが登場する（図11）。女性の動物学者が甲冑を重甲した「レッドル」がテントウムシ型のヒロインである。『ビーファイターカブト』（一九九六年）は、『重甲ビーファイター』の続編として作られた。女性のプログラマーが重甲するのがビーファイター「テントウ」である。

特撮の戦闘ものに登場する昆虫の存在感は、カブトムシ、クワガタムシ、最後にテントウムシの順であり、カブトムシやクワガタムシは強さのイメージを反映させたものと考えられる。テントウムシは小型であり、強さとは無縁に思えるが、ナナホシテントウのように幼虫も成虫も肉食性である点では戦闘向きとも考えられる。テントウムシの女性的なイメージは、ヒロインとの親和性が高く、それ以外の昆虫は当てはめにくいのかもしれない。

日本における戦闘ヒーロー作品には、『仮面ライダー』シリーズの影響を著者は感じるが、電波人間タックルがテントウムシであったことは、その後の戦闘ヒロインとそのモチーフとなる昆虫の対応設定に影響した可能性がある。タックルのモチーフをテントウムシに決めた原作者の意図を知る必要があるが、著者は残念ながらその資料を探し出せていない。映画『アントマン＆ワスプ』（二〇一八年、米）に登場するワスプ（スズメバチ）は、ヒロインとしてハチが採用されたものであり、アメリカではテントウムシと戦闘ヒロインの結びつきは薄いのかもしれない。

図10『仮面ライダーストロンガー』

図11『重甲ビーファイター』

テントウムシは、小さくて、赤くて、かわいく、刺すこともなく、安全性が高いことが好まれる理由になっている。西洋の宗教的背景をもったラッキーアイテム的な扱いも加わり、テントウムシは日用品に広くデザインされる稀な昆虫となった。ナナホシテントウ型のデザイン（赤色に黒色の斑紋を持つ）は世界各地で共通して見られる。一方、季節性がないテントウムシは、情緒を重んじる日本人にとっては、物語性の乏しい昆虫となってしまった。映画、絵本、アニメ、ゲームの物語の中では、人間の感情に絡む顕著な個性がないテントウムシは大きな役割は滅多に与えられない。しかし、絵本のテントウムシは、その嫌みのない存在として人間に優しく寄り添う場面が複数の作品で見られた。かわいらしさや安全性の高さを背景にした「いやし効果」をもつテントウムシの登場が絵本の世界では増えていくのかもしれない。

（宮ノ下明大）

第７章　蝶と蛾　霊性と火取り虫

古来よりテントウムシは憎き害虫のアブラムシを捕食してくれる益虫だった。古代人は籠を片手に必死にテントウムシを集めていたはずである。しかし、それはあくまで害虫駆除との実利目的での採集だった。人類が純粋に美しいとの非実用的な理由で、せっせと蒐集した最初の虫は蝶であるという(1)。

その蝶と並び称される蛾。蛾の愛好家もまた少なくないが、一般人は群れをなして夜の街灯に集まる蛾を気味悪く思う。蛾の怪獣モスラはあまりに有名であるが、文化作品中で、蛾の登場頻度は蝶と比べるとはるかに劣る。以下、本章では日本文化史を中心として、蝶と蛾に対する人々の意識を考察する。

（1）Preston-Mafham 2004

❶蝶に強い関心を持たなかった古代日本人

古代日本人は蝶にあまり関心を持たなかったと思われるフシがある。たとえば、『日本書紀』に収録された皇極天皇の御代の蝶の話。東国の富士川のほとりの住人の大生部多《おおふべのおお》が〝常世の虫〟を祭るよう、人々を惑わした結果、葛野の秦造《はたのみやつこ》河勝《かわかつ》に討たれた、との逸話がある。[2] この〝常世の虫〟とは従来ナミアゲハやクロアゲハの幼虫であると指摘されてきた。[3] 一方、この〝常世の虫〟とは蝶ではなく蛾のシンジュサンだ、との反論がある。[4] いずれにせよ、〝常世の虫〟が従来の見解の通りに蝶であったとしても、虫を使った怪しげな宗教を吹聴した大生部多が討伐されたわけだから、この逸話から古代日本人の蝶に対する親近感は読み取れない。

国文学者の高橋文二によると、八世紀に成立した日本最古の歌集の『万葉集』では蝶は詠まれていないとし、[5] 昆虫学者もその見解を踏襲することが多い。[6] しかし、『万葉集』に「蝶」との単語がまったく出てこないといえばウソになる。実は「梅花の歌三十二首」の序に以下の一文がある。

庭に新蝶舞ひ、空には故雁帰る

この一文は「天平二年正月十三日に、帥老の宅に萃まりて、宴会を申べたり」から始まる序である。帥老とは大宰府帥の大伴旅人《おおとものたびと》のこと。序の作者は、表向きは旅人であるが、実作者は山上憶良《やまのうえのおくら》と考えられている。また、この序は漢詩の構成や語句に学んで作られたと見られる点が多い。[7] つまり、旅人ないしは憶良が実際の生き物としての蝶に思いを寄せた一文とは言い難く、この蝶はどこか観念的である。

次に『古今和歌集』収録の以下の蝶の和歌二つをあげてみよう。

(2) 保科 2017a
(3) 金子ら 1992、笠井 1997
(4) 小西 1991
(5) 高橋 1988
(6) たとえば、今井 1978
(7) 小島ら 1995a

散りぬればのちはあくたになる花を思ひ知らずも迷う蝶かな
をる花をむなしくなさむ名を惜しな蝶にもなして強ひやとめまし

前者は美しいものは一時的にすぎないとの仏教思想を詠んだもので、いわば蝶は喩えである。後者も「この花を蝶に変えて、無理にでも枯れるのを引き止めたい」と詠んでいるわけだから、生き物の蝶が登場しているわけではない。[8] つまり、両者とも詠まれているのは抽象的な蝶である。この二つの和歌に限らず、『古今和歌集』には生物としての蝶を題材としたと断定できる和歌はないらしい。[9] 平安期成立の『後撰和歌集』収録の壬生忠岑《みぶのただみね》「思う蝶事をぞねたく古しける君にのみこそ言ふべかりけれ」の蝶も、明らかに観念的な存在である。

『万葉集』や『古今和歌集』で、数多くの歌に詠み込まれた鳴く虫やホタルと比較すると、古代日本人は蝶に対し概して冷淡だった、とまとめることができよう。

❷観念的な蝶から生物としての蝶へ

『古今和歌集』では抽象的存在としての蝶が時折姿を見せた。しかし、平安期や鎌倉期の歌人たちが己の目で蝶を見て詠んだ、とまでは断定できないけれども、実際の生き物らしき蝶を作品に詠み込んだ例はある。たとえば、三筆の一人として名高い文人天皇の嵯峨天皇（七八六〜八四二）の漢詩に以下のような一節がある。

（8）小沢・松田 1994
（9）大川 2010

紅栄落処鶯乱鳴　紫萼散時蝶群驚

紫の花びらが散ると、蝶の群れが驚いて一斉に舞い散った、との詩である。はたして、野外の蝶は花が散ると驚くものなのか、との疑問が残るが、近松門左衛門『国姓爺合戦《こくせんやかっせん》』も「花飛び蝶駭《おどろ》けども」との文言から始まる。超一流の文人の脳には浮かびやすいフレーズに違いない。嵯峨天皇が実際に舞い飛ぶ蝶を見て、その姿に感銘を受けたかどうかはともかく、それなりに現実味がある描写となっている。

平安・鎌倉期の『蜻蛉日記』や『古今著聞集』には「胡蝶楽」との舞が記されている箇所がある。また、『源氏物語』の「胡蝶」では、紫の上が中宮への便りの中で「花ぞののこてふをさへや下草に秋まつむしはうとく見るらむ」との和歌を詠んでいる。そして、清少納言も『枕草子』で「蝶はいとあはれなり」と述べているところを見ると、平安・鎌倉期の宮廷人も多少ではあるが蝶に関心があったらしい。村山[10]によれば、平安期の山城国の平野部には柑橘類が多く植えられていたと推察されている。となると、柑橘類を食草とするアゲハ類が貴族たちの視界に頻繁に入っていたとしても、何の不思議もないのである。

時代が室町から江戸の近世に入ると、外を自由に出歩く民間の有識者が文学の担い手の一端を担うようになった。そのためか、野山や人家に住む、リアルな生き物としての蝶が詠まれたと思しき俳句や和歌が一気に増えてくる。

はるの野のうかれ心ははてもなしとまれといひし蝶はとまりぬ　香川景樹

てふよてふ花といふはなのさくかぎり汝がいたらざる所なきかな　香川景樹

(10) 村山 1984

秋風にはぎの上葉のかへれるを蝶のゐるかと思ひけるかな　　木下幸文
曙やまだ飛出さぬ草の蝶　　半田常牧
我影に追ひ付きかぬる小蝶かな　　立羽不角
日の影や眠れる蝶に透通り　　高桑闌更

蝶が詠まれた俳句や和歌を挙げだすときりがないので、これぐらいにしておく。日本人は和歌よりも、むしろ中国古典詩歌の影響を強く受ける漢詩の世界で、蝶を題材にしてきたとの指摘がある。とくに江戸期は、漢詩文がもっとも隆盛を極めた時期であり、多様な蝶が詩に使われた時代である。たとえば、江戸後期の管茶山《かんさざん》（一七八四〜一八二七）の「蝶七首」では、早春に飛ぶ蝶が詠まれている。(11)

では、なぜ近世以降、観念的な蝶ではなく、季節の風物詩としての蝶が歌に詠まれやすくなったのか。古来、蝶は幼虫、蛹、成虫の順の外見変化があまりに劇的すぎるため、神秘そして不気味な存在として捉えられる傾向があった。しかし、江戸期の文化の成長にともない、蝶は神秘性や呪術性を徐々に失い、化政期には風流韻事の対象として親しまれるようになったとの説がある。(12)

明治時代以降も蝶は短歌や俳句の題材となった。以下、六作品だけ例として挙げておく。

くれなゐを二つ重ねて舞扇はさめる襟につと蝶をやる　　与謝野寛
楽堂の物のね絶えて人ちりて広き芝生に蝶一つ飛ぶ　　佐佐木信綱
庭にそゝく水やふれけむなてしこの花にやとりし蝶のたつみゆ　　山県有朋

（11）小財　2012
（12）吉田　1984

朝風にてふてふ渡る青田かな　村上鬼城
蝶ひらひら仁王の面の夕日かな　高浜虚子
陣営を進めし跡に蝶々かな　河東碧梧桐

遊磨[13]は生年が判明している俳人から俳句一万一三二九句を収集した。その中から昆虫が詠まれている俳句を選抜したところ、江戸時代生まれの俳人の作品のうち、蝶が登場する俳句は一一・九％であった。一方、明治生まれの俳人は一三・四％で、やや増加傾向はあるものの、両者に大差はない。

なにはともあれ、現代日本人の「春に蝶がヒラヒラ飛ぶ」との蝶観は、おおよそ江戸時代には庶民レベルで固まっていたといえるだろう。

❸日本における霊の蝶

江戸の後半には、蝶は季節の風物詩として捉えられるようになった、と前述した。かといって、蝶に対して怖れに近い感情を抱くことが、完全に消失したわけではない。海外の神話や伝承と同じく、江戸期以降の日本にも蝶を霊や魂とみなす発想はあった。『播州皿屋敷』のお菊虫（＝ジャコウアゲハの蛹）の怪談は有名だ。この他にも、江戸後期の文政元年人形浄瑠璃『傾城《けいせい》倭《やまと》荘子《そうじ》』の道行『二世の縁花の台』を初演とする、歌舞伎舞踊『蝶の道行』との演目がある。作品中では恋仲の男女が死後に蝶となって花々を飛び交う様子が演じられる[14]。

戦後の日本はこの手の迷信からは縁遠い社会となってしまった。しかし、今井[15]は、蝶が人を食

（13）遊磨 2004
（14）河竹 1972
（15）今井 1978

うといった類いの俗信が地方に残っていることを紹介している。では、日本人はなぜ蝶と霊魂を結び付けたのか。今井は「古代風葬された死体を遠くから見つめた場合、乱舞する蝶の群れが見えれば、死者の霊が蝶に化身したように思えたのではないか。もしくは、土葬した後に墓の周辺の花に飛来する蝶を見て、死者の霊を感じたのではないか」と考察した。しかし、筆者はもっと単純に推察した。蝶の中には人を含む動物の死体から吸汁するものがあるから、単に人間の遺体に群がる蝶を間近で見て、人々は蝶を霊魂とみなしたのではなかろうか。

さすがに平成令和の現代は、人々の意識から蝶を霊魂に見立てる思考は消えうせたかと思いきや、実はそうではなかった。令和二年八月二十七日付朝日新聞に、七十四歳の主婦の方の投書が掲載された。この方は十五年前に夫を亡くし、十年前に庭に夏ミカンを植えられた。すると今年、黒アゲハが庭にやって来た。投書者の姉は「黒アゲハは死者からの使いといわれている」と教えてくれた。そこで、投書者は「夫への感謝への気持ちを蝶に託したい」と祈るような思いで蝶を見つめていたら、蝶は夏ミカンの木の葉かげに隠れ、飛び去ったとのお話。

この主婦の方は、黒アゲハが彼女の思いをくんでくれ、夫の元に告げに行ってくれたと信じている、と筆者は投書の行間を読んだ。筆者のこの解釈が合っているかどうかはさておき、蝶に霊性を見出す発想が、今なお日本人の間にしぶとく残っているのには、いささか驚いた。

❹夢の世界の蝶

中国の神話より。唐の中宗の時代、陰隠客という男がいた。彼は二年かけて井戸を掘り続けた。すると、地中から犬や鳥の声が聞こえてきた。不思議に思った彼が潜ってみると、やがて別世界に着いた。そこには五色の鳥や、扇のような大きな蝶がいる。陰隠客はやがて二人の門衛に会った。門衛はこの世界を案内してくれた。彼が元の世界に戻ってくると、故郷の人々は「陰隠客？たしか、三代前か四代前に、そんな人がいたような……」と不思議がったとのことである[16]。

別世界に行っている間に、超自然的に時が過ぎ去っていた、とのよく聞くお伽話である。浦島太郎の中国民話版といったところか。さて、この民話に出て来る扇のサイズの蝶はいささか体が大きすぎるような気もするが、古代中国の筆記小説や地方誌には巨大蝶にまつわる記述は多いという[17]。

中国において、異世界に飛ぶ蝶との発想は他にもあるようだが、最も有名なのが荘子『胡蝶の夢』である。

周の夢に胡蝶と為れるか、胡蝶の夢に周と為れるか

荘周は夢の中で胡蝶となった。楽しくてヒラヒラと飛んでいた。自分が荘周であることは念頭になかった。はっと目が覚めた。荘周である私が夢の中で胡蝶となったのか、実は自分は胡蝶であって、その胡蝶が夢を見て荘周となっているのか、いずれが本当かわからなくなった。ようするに、物の変化とは表面に現れた現象面での変化に過ぎない。万物は絶えざる変化を遂げるが、その実、本質においては何らの変わりがない、と荘周はいいたいのである[18]。

『胡蝶の夢』で示される世界観はやたらと哲学的であり、筆者個人としては関心をそそられる類いのものではない。ただ、『胡蝶の夢』が日本の詩歌に与えた影響は大きく、それを踏まえた作品が多々存在する。たとえば、平安末期成立の『詞花《しか》和歌集』収録の「百年は花にやどりてすぐしてきこの世は蝶の夢にざりける」（大蔵卿匡房）や室町前期の臨済宗の僧の義堂周信《ぎどうしゅうしん》の「人

(16) 松村・中村 1979
(17) 瀬川 2016
(18) 野村 1988

生蝶夢一場中」（『遺悶《こころやり》』二首）、室町時代後期の連歌集『竹林抄』収録の「小蝶飛野辺の藤浪菫草花あい似たる夢の一時」などは、『胡蝶の夢』に拠った作品である。この他、『胡蝶の夢』を踏まえた江戸期の二つの和歌を挙げておく。

見し春もまがきの蝶の夢にしていつしか菊にうつる花かな　後水尾院
ゑひふしてわれともしらぬ手枕に夢のこてふとちる桜かな　香川景樹

北米インディアンのブラックフット族には、夢にまつわる蝶の伝承がある。[19] そして、日本の中世の説話集『発心集《ほっしんしゅう》』収録の「佐国、華を愛し、蝶となる事」には亡父が蝶になって人の夢に現れるとの話がある。[20] 現代日本でも、二〇〇四年発売のPS2用ゲーム『アカイイト』では、ユメイとの名を持つ少女が、無数の青白い蝶とともにヒロインの羽藤桂の夢の中に登場する場面がある（図1）。夢と蝶は古今東西、結び付けられやすい組み合わせであることがわかる。人類皆兄弟とはまさにこのこと。肌の色や話す言語は違えど、人が考えることはそう大きくは変わらないのである。

❺軍記物語に出てくる蝶

現代日本の子供は、蝶よりもカブトムシが好きなはずである。その理由は多々あるだろうが、その一つは「蝶は弱く、カブトムシは強いから」である。少しばかりの虫の知識がある子供なら、蝶はカマキリに捕らえられ、クモの巣に引っかかる、などなど食われてばかりの虫であることを

（19）Cherry 2005, Prischmann et al. 2009

（20）佐藤 2009

図1『アカイイト』
© 2004 SUCCESS

知っている。

このように蝶は弱弱しい生き物の代名詞であるが、意外にも日本の伝統的武具のモチーフとして取り入れられている。たとえば、国立歴史民俗博物館所蔵の「鉄六枚張桃形前付臥蝶兜《てつろくまいばりももなりまえつきふせちょうかぶと》」は、兜の額部分に見事な蝶の金具を備えている[21]（図２）。

日本の軍記物語にもしばしば蝶型の金具を持つ武具が登場する。たとえば、『曽我物語』の主人公で、工藤裕経を敵と狙う曽我十郎の直垂《ひたたれ》（当時の武士の平常服）は、秋の野に丸い蝶の模様を持つと描かれている。次は『源平盛衰記』より。赤地錦の直垂、すそに銀の蝶を打った赤縅の鎧に身を包んだ源頼朝は石橋山の合戦に挑むも、平家方の大庭景親の大軍に敗れた。平家方に追われる頼朝は大木の倒木の洞に隠れるが、この蝶が暗闇の中でも輝いていた、との記述がある。

同じく『源平盛衰記』には、平維盛所蔵の唐皮の鎧の由来が記されている。桓武天皇の祖父の慶円と称する、真言宗の奥義を極めた高徳の上人がいた。天皇の命で、不動明王に加持祈禱を終えたら、七日目の未の刻に、にわかに紫雲が沸き起こり、護摩壇に鎧が落ちてきた。この鎧には金と銀の二つの蝶の金具が打たれていたという。

『曽我物語』の金具の蝶は単なるモチーフにすぎないが、『源平盛衰記』の二つの蝶の金具はどこか神秘的な物語を伴っている。石橋山の敗戦で絶体絶命だったはずの源頼朝は、運よくこの窮地を脱し、後に鎌倉幕府を開いたことは誰でも知っている。また、唐皮の鎧が天から降って来たとの由来は摩訶不思議である。では、荒々しい武とは真逆としか思えぬ蝶が、なぜ文様として武具にしつらえられたのであろうか。吉田[22]は完全変態する蝶が、人々の意識に呪性を感じさせたからであると説く。それ故に、生死の境に生きねばならぬ武人たちは、呪術的な雰囲気の中で生きようとしたので、蝶の文様が鎧兜に描かれた、と説明している。

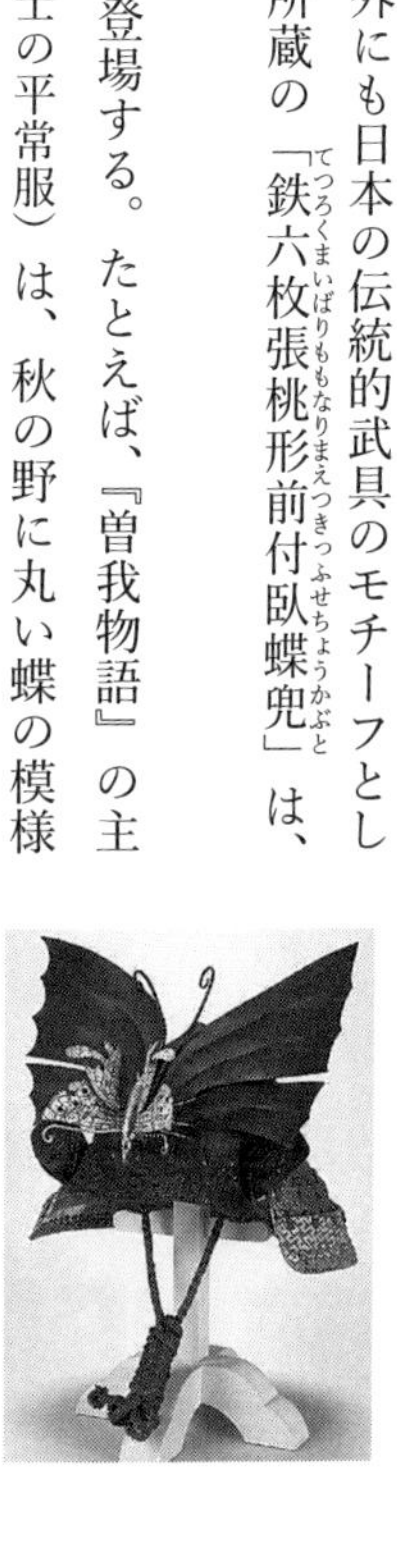

図２　鉄六枚張桃形前付臥蝶兜（国立歴史民俗博物館蔵）

（21）橋本　2013

（22）吉田　1984

❻美の図柄としての蝶の興隆

藤原北家の栄華を綴った歴史物語『栄花物語』には、花に止まった蝶が描かれ、その下に歌が添えられているとの場面がある。次に、鎌倉時代の女流歌人の弁内侍《べんのないし》著『弁内侍日記』には、「広御所には蝶を蒔絵にし、螺鈿で飾った御厨子が据えられている」との箇所がある。そして、平安時代中期成立の『宇津保《うつほ》物語』。仁寿殿女御は権勢家の左大将殿の娘なので、豪華な贈り物ができた。彼女が用意した透箱《すいばこ》は、銀製の針金で編み上げられたものである。その編み目が実に風情があって、一具には秋の山の景色を編んで、野には草や花、蝶。山には木の葉が色づき、鳥たちを止まらせるなどなど、趣向を凝らしたものであった云々。

このように平安貴族は蝶を装飾的な図のモチーフに活用していた。時代は一気に下って江戸時代。図のモチーフとしての蝶は、著名文学作品の中で、着物の図柄としてしばしば出て来る。たとえば井原西鶴『好色五人女』では、ある娘の容姿を褒める際に、「島原の遊女で、揚羽の蝶を紋所に付けた太夫がいたが、それにも勝る美人だ」との説明がなされる。近松門左衛門『曽根崎心中』では、心中物のストーリーを反映するかのような蝶の描写がある。

遅れ咲きなる菜種や芥子の露にやつるる夏の虫己が妻恋ひやさしや、すしやあちへ飛びつれこちへ飛びつれあちやこちや風ひたひたひた羽と羽をあはせの袖の染めた模様を花かとて、肩に止まれば、おのづから紋に揚羽のてう泉寺

やつれた蝶が、自分の妻を恋う姿はやさしくもあり、小生意気でもある。あっちへ一緒に飛び、

こっちへ一緒に飛び、あちこちして、東風にひたひたと羽と羽を合わせて、袷の袖の染め模様の花を本当の花かと思って肩に止まると、そのままアゲハの文様になってしまった、とのくだりだ。アゲハ文様の着物は、別に近松門左衛門の空想の産物ではない。江戸期の服飾には実際に多様な蝶文様が施されていた事例がいくつもある(23)。

イモムシから成虫までの変化が劇的すぎて、やれ気味が悪いだの、やれ呪性だのといっても、結局のところ蝶は美しさとの点では昆虫界でピカイチの存在だ。古来、日本人は、蝶を美の象徴とみなして来たのである。滝沢馬琴『椿説弓張月《ちんせつゆみはりづき》』に次のような場面がある。源為朝が新妻の白縫姫の寝所に入ろうとすると、紅白の衣を身にまとった女子十人余りが、「三国一の婿君、お祝い申す」と桜の枝を振りかざし、為朝めがけて打ってきた。為朝は柳に風と受け流し、花びらははらはらと散乱し、胡蝶に似た簪《かんざし》が閃いて空を飛んだ云々。原文には「蝴蝶に似たる釵児の、閃くも又風情あり」とある箇所だ。馬琴は簪を胡蝶になぞらえて描いたわけである。

明治維新後も蝶を装飾品の図柄に使う文化は継続した。明治後半に日本に来日したオーストリアの美術研究家のアドルフ・フィッシャーは、京都島原の女児が身に着けていた金ピカの蝶の髪飾りに感銘を受け、その旨を日記に記している(24)。また、江戸期に作られていた蝶型の玩具は、明治以降も生産は続いたらしい(25)。

さらに、近代日本に新たに登場した新聞という媒体によって、図柄としての蝶は一気にその需要を拡大させた。明治以降、大衆向けの化粧品が大量に流通すると、蝶がさかんに商品の新聞広告に活用され始めたのである。化粧品や石鹸、香水はさもありなんといったところだが、シャツの広告にも蝶が描かれているのだから驚きだ（図3〜6）。蝶が近代期の新聞記事自体に取り上げられることはあまりないのだが、紙面の商品広告欄に限れば、近代日本人が愛した鳴く虫やホ

（23）清水・廣瀬 2012
（24）フィッシャー 1994
（25）今井 1978
（26）保科 2019c
（27）Kim et al. 2008a, Kim et al. 2008b

タルを圧倒的に凌駕する。近代日本人は図柄としての蝶文化を江戸期から確実に受け継ぎ、そして拡大させたのだ。

現代日本でも化粧品や宝飾品の新聞広告で蝶が描かれていることはしばしばある。ただ、筆者は蝶の文化への浸透の度合いでいえば、日本よりもお隣の韓国の方が強いと述べたことがある。(26) たとえば、韓国のハンピョンでは一九九九年以降、毎年蝶祭りが開催されている。(27) また、ソウル明洞《ミョンドン》では、有名なコスメショップが店の正面に蝶を大きく掲げるなど（図７）、韓国は知られざる蝶文化大国なのである。

❼女性と結びつく蝶

以下、江戸前期の戸田茂睡《とだもすい》の随想『紫の一本《ひともと》』よりの引用である。鷹匠の同心の町に奥平隼人という名の浪人がいた。その隼人に対して、奥平源八が主従五〇人ほどで斬り込んだ。源八は年一六歳、容貌が特に優れていた。茂睡は源八の戦いぶ

図３　明治43年５月19日付福岡日日新聞

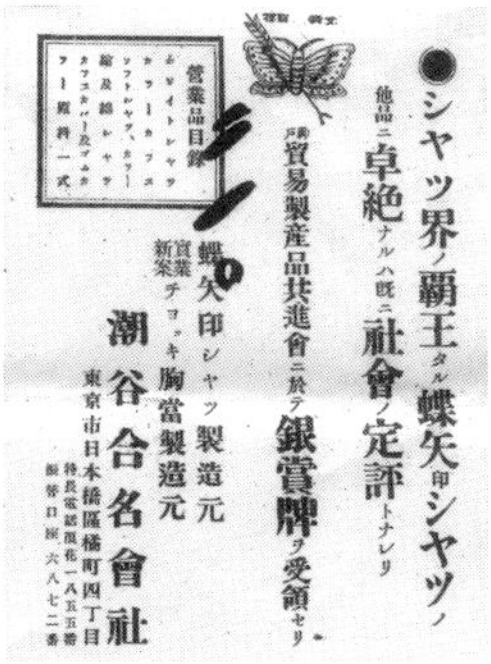

図４　明治44年６月18日付九州日報

図５　大正６年６月15日付神戸又新日報

図７ ソウル明洞のコスメショップ

図６　昭和４年８月19日付神戸又新日報

りを「籬の花に戯るる小蝶のごとくなり」と綴っている。

次は軍記物語『源平盛衰記』より。田舎武者の源義仲は、院の御所へ慣れない牛車で向かった。牛は飛ぶように走った。義仲は牛車のなかで転んでしまった。義仲は蝶が羽を広げたように、みっともなく左右の袖や足を上に上げてしまった云々。

美少年の奥平源八はともかく、義仲のような田舎の大の男に「蝶のよう」と形容するのは珍しい気がする。なぜなら、蝶はたいてい女性と結び付けられて扱われるからだ。筆者の世代だと、一九八六年に放送されたTVドラマ『ハングマンV』で、山本陽子演じる英蝶子（パピヨン）が最初に頭に浮かぶ女性の蝶である。『ハングマンV』はお色気シーン満載の現代版仕事人のようなドラマだ。パピヨン率いるハングマンが、非合法の手段で捕らえた悪人を、蝶が描かれた段ボールに詰め込み、警察に送り付ける、との一話完結型のドラマだった。

現代文化においては、蝶が女性、とくに性的な意味で重ね合わされる事例が非常に多い。それらの事例については、保科[28]を参照していただくとして、本章では近代日本における事例をいくつか挙げておきたい。

大正七年六月、港に停泊中の津島丸乗組員の田中某は、登桜娼妓「金蝶」の女郎の態度が気に食わぬと、蹴って肋骨を負傷せしめた。店主は大いに怒り、田中某を神戸湊川署の巡査に引き渡したとのこと（同年六月六日付神戸又新日報）。現代日本では、バタフライとかパピヨンとかの名前を持つ水商売系の店を見かけることは珍しくない。蝶をその手の店の名前に持ってくる発想は、戦前の日本に既にあったのである。

明治三十一年、三重県桑名で痴話騒動が起こった。ある遊び女が子宮病に罹って入院した。しかし、この女は行状よろしからず。入院中の男に色目を使っていることが院長にバレて、院内は

（28）保科 2018b

紛糾している云々。この遊び女の名は喜蝶という（六月一日付新愛知）。

明治終わり頃、京の祇園に川勝歌蝶という美しい芸子がいた。歌蝶は但馬生野の浅田大盡に落籍されて、豪邸を与えられたが、平穏な生活に飽き足らず、祇園に舞い戻った。歌蝶はその美貌でお偉方の間で再び大人気となった。その挙句、韓国統監府から彼女を小間使いとして手元に置きたいから、渡韓せよとの手紙が届いたとか届かなかったとか（明治四十年四月二十三日付都新聞）。令和の現在、キャバ嬢の隠語として夜蝶なる単語が使われることがあるが、近代の芸子も名前に蝶を用いていたことがわかる。

❽美の象徴としての蛾

長崎バイオパークの伊藤雅男氏は「熱帯館にクロコノマチョウを放したが、蛾と間違われて、来客に嫌がられた」と回想した[29]。昆虫の分類に多少なりとも知識があれば、この来客の反応はおかしいことがわかる。世間では「蝶と蛾」などと両者を並列させて扱うが、分類学的には蝶は蛾の一部にすぎない。蝶と蛾の関係は、神戸市と横浜市の並列関係に準ずるものではない。いうなれば、神戸市と兵庫県のような間柄である。だから、神戸市のどこにいようとも、そこは兵庫県内であるのと同様、蝶と呼ばれる生き物は本来すべて蛾なのである。

文学史の観点からは、かつての平安貴族は蝶と蛾を明確に区別していなかったらしい、との指摘がある[30]。しかし、現代日本においては、日本人は蝶と蛾を厳格に完全別物として分けてしまう。そして蝶を綺麗な虫、蛾を汚く気持ち悪い虫、と勝手に思い込んでいる。ヤママユガ科やスズメガ科の仲間には相当派手な種もいるが、日本人は〝綺麗な蛾〟の存在をなかなか受け入れようと

（29）伊藤 1995

（30）坪井 2012

しない。しかし、そのような日本人を尻目に、ハンガリーには次のような民話がある。

トルダ市に古城がある。昔、城には勇敢な王がいた。王の娘の姫はたいそう美しかった。その姫に、山羊頭の妖精が恋をした。その妖精の母親は、「あなたには、妖精の国で最も美しい蛾の羽でつむぎ、トンボの羽で織った、美しい絹製の着物を差し上げます。だから、姫さまは息子の嫁に来てください」と説得した。(31)

蛾の羽で作った大変美しい着物を差し上げます、だから息子の嫁に来て、とは日本の民話では、あまりお目にかからない発想である。欧米人は、蝶と蛾を日本人ほどは厳密に分けないと聞いたことがある。私事ではあるが、筆者自身たしかにそのような経験がある。SNSのFacebookに欧米人中心の「Cultural Entomology」(文化昆虫学)とのマニアックな非公開グループがある。メンバーの一員である筆者はかつて「日本人では蝶に対しこれこれの印象を持っているが、蛾についてはそれぞれと捉えている。お前らの国ではどうだ?」と質問をしたことがあるが、頓珍漢な回答しか得られなかったことがある。どうやら、彼らは蝶と蛾を厳密に区別していないらしいと、筆者は改めて気づかされたわけだ。

しかし、蝶と蛾の間の分断化はともかくとして、日本でも蛾を美の象徴として捉えた文学作品は皆無ではない。たとえば、鎌倉時代の紀行文『海道記』は、『竹取物語』のかぐや姫の容姿を「嬋娟たる両鬢は秋の蟬の翼、宛転たつ双蛾は遠山の色」と形容した。『海道記』の作者は、蛾の触角のように美しく曲がった姫の一対の眉は、遠山の翠色と間違えるほどだ、と褒めているのである。

(31) 山崎 1980b

この「宛転たつ双蛾は遠山の色」との文言は、第II部第3章で既に紹介した。『海道記』作者オリジナルではなく、平安時代成立『和漢朗詠集』の漢詩「妓女」からの引用である。ただ、江戸慶長期の刊行の『竹取物語』を例にとると、かぐや姫の容姿を「この児のかたちの顕証なること世になく、屋の内は暗き所なく光満ちたり」としか述べていない。よって、蛾の触角云々は、『海道記』作者自身が思いついた引用である。

それにしても、現代日本で女性に対して、「あなたの眉は蛾のようですね！」などと言おうものなら、間違いなく地雷を踏む。日本では、蛾を美の象徴とする発想が極めて乏しいことはたしかだろう。

❾光に集まる蛾——火取り虫と夏虫

『延喜式』神名帳の越前国敦賀郡の条には「加比留神社」との神社が掲載されている。この「加比留」とは、「カ・ヒル」と読み、「ヒル」は蛾、「カ」は、霊力の意に由来する美称の接頭語であるという(32)。また、『和名抄』では蛾の訓は「ヒヒル」となっており、「ヒ」が霊力を意味する(33)。蛾が呪物崇拝の対象となっていたことがうかがえる。

『万葉集』にも霊性を感じさせる蛾がある。挽歌二四首に「鳥が音の　かしまの海に　高山を隔てになして　沖つ藻を　枕になし　蛾羽の　衣だに着ずに　いさなとり」との節がある。「高山を　隔てになして」とは、水死者を取り巻く地形を説明しており、死者自らその床を用意したように表現しているとのこと。そして、この歌から蛾は霊界から飛んでくる虫と考えられていたとも解釈できるという(34)。

(32) 土橋　1990
(33) 碓井　1982
(34) 小島ら　1995b

ただ、王朝文学時代に登場する多くの蛾は、このような霊性を帯びた蛾ではなく、灯りに誘引される蛾である。現代日本では、街灯に集まる蛾を見て「キモい」と感じる人間が大半であるが、平安貴族たちはそうではなかった。たとえば、日本史上屈指の漢詩の詠み手の菅原道真には以下のような漢詩の一節がある。[35]

応知腐草螢先化　且泣炎洲鼠独生　泉眼石稜誰定主　飛蛾豈断繞灯情

灯をめぐる蛾のような、源相公（嵯峨天皇の皇子）への私の思いを断つことはできやしない、との決意の詩である。ここでは道真が灯に集まる蛾を肯定的に見ていることは明らかである。

火に集まる（＝火を取る）習性から「火取り虫」と呼ばれ、現在の分類体系でヒトリガ科（燈取蛾科）と命名された蛾の一グループがある。大発生することで有名な害虫アメリカシロヒトリは、このヒトリガ科に含まれる蛾である。もちろん、平安貴族が火取り虫と呼んだ蛾のすべてが、現在のヒトリガ科の蛾であるとは断定できない。さらに、和歌の中では、火に誘引される蛾をあいまいに「夏虫」と称している場合がある。ここで、『古今和歌集』『源順集《みなもとのしたごうしゅう》』『新勅撰和歌集』『孝《こう》明天皇御製集《めいてんのうぎょせいしゅう》』から夏虫が詠まれた和歌を順番に挙げてみた。

夏虫を何かいひけむ心から我もおもひにもえぬべらなり　凡河内躬恒
かたこひに身をやきつゝも夏虫のあはれわひしき物を思ふか　源順
夏虫も明くるたのみもあるものを消つ方もなきわが思ひかな　按察使兼宗
夏虫は何を思ひてさのみやはわか身をこかすともしひの本　孝明天皇

（35）菅野・徳田 2002

夏虫とは文字通り夏の虫であるが、夏の夜に火の周囲を飛んで、ついには火に入って死ぬ虫のことを指すことが多い。よって、夏虫はたいていは蛾、つまりヒトリガが該当するのだが、ホタルやセミを夏虫と詠む例もある。(36)

火に身を焼く夏虫から、「恋に身を焦がす」を連想させるので、貴族たちの恋の歌に夏虫はしばしば登場する。ただ、ホタルも、その火から「身を焦がす」に繋がるので、和歌中の夏虫をすべて蛾と断定してはならない。前述の四和歌で言うと、按察使兼宗の歌の夏虫は、蛾ではなくホタルであろうとの解釈がある。(37) そもそも、貴族や皇族たちは実際の虫を念頭に置かず、深く考えずに夏虫との語を使っていた可能性もあるだろう。

次に、『宇津保物語』の例を挙げる。三の皇子は中の御殿で琴を弾き、物語などをなさっている間に、御前にある灯籠に夏虫が入ったのをごらんになって、

ひとり寝る身も夏虫を見ざりせばかくしもこひに燃えずぞあらまし

と詠んだ云々。「独り寝の身もこのように夏虫の身を焦がすのを見なかったら、これほどにも恋の炎に燃えることはなかったでしょうに」よくもまあ恥ずかしげもなく、こんな歌を詠めるものだと感心するが、ここの夏虫は蛾とほぼ断定できる。なぜなら、「ひとり寝る」を「火取り」にかけているからである。(38) 三の皇子の和歌は、夏虫＝蛾と想定できる事例である。

「火取虫」を直接作品中に詠み込んだ句もある。新撰組副長の土方歳三は次の発句を詠んだ。

願ふことあるかもしれず火取虫　　『豊玉発句集』

文学者の菅宗次(39) によると、これは土方が夏の短夜の蛾を儚いものと捉えた発句であるという。

(36) 順集輪読会 2003

(37) 中川 2005

(38) 中野 1999

(39) 菅 2004

さらに、彼の故郷の武州日野の田園風景の一コマであると解釈できるそうだ。

　このような火に飛び込む蛾を、恋や儚さの和歌や発句ではなく、暗殺術に活用しようと考える物騒な輩が現れた。軍記物語『太平記』に以下のような話がある。後醍醐天皇の腹心の日野《ひの》資朝《すけとも》は鎌倉幕府によって佐渡に流された。幕府は流罪では飽き足らず、佐渡守護の本間入道に命じて、資朝を殺させた。資朝の子息の熊新は嘆き悲しみ、仇を討つべく、本間の寝所に忍びこもうとした。しかし、本間が目を覚ますのではないかと思案していると、いい作戦が浮かんだ。

　夏の宵なれば、蛾といふ虫のあまた明障子に取り付きたりけるを、究竟の事かなと思ひ給ひて、障子を少し引き開けて、この虫をあまた飛び入らせて、灯をばやがて打ち滅しにけり

ようするに大量の蛾を室内に送って、火を消させれば暗闇となり、こっそり敵を殺れるではないか、との着想である。熊新の策略は図に当たり、見事資朝の仇を討つことができた。実現可能かどうかはともかく、蛾の利用法としては面白い。

　夜に部屋の窓を開けたら、蛾が大量に入って来て困ったとの経験がある人は多いだろう。そして、その状況を逆手にとって、推理を展開させる場合がある。令和二年のTVアニメ『無能なナナ』の第十一話では、主人公の柊ナナと小野寺キョウヤの同級生である石井リュウジが殺害された。二人はその殺害時間の推理をする際、リュウジの部屋のベッドの下にいた数頭の蛾の存在に着目した。蛾が部屋に侵入した時点では、リュウジの部屋は電気がついていて、かつ窓が開いていただろう、ならば殺害時刻はいつか、との推理展開である（図8）。筆者は推理小説にはまったく不案内だが、この手の論法で、被害者の殺害時間を予測する手法は、他にもあるような気が

図8　『無能なナナ』るーすぼーい：原作、古屋庵：作画／スクウェア・エニックス刊／2017年

する。

❿文化蓑虫学

蚕を詠んだ和歌は少なからずある。たとえば、南北朝時代の文武両道の武将の今川了俊には「花薄真赭の糸を乱すかな賤が飼ふ蚕の桑の山風」との和歌がある。そして、蚕は蛾の仲間である。今さらである。しかし、本章で蚕が登場する和歌や歴史物語を取り上げて、考察を加える気にはなれない。蚕は有史以来、益虫として群を抜く扱いである。分類学的には蚕は蛾の仲間であったとしても、文化的にはまったくの別物と筆者は考えているからだ。そのような意味では、ミノムシ（蓑虫）も文化蛾類学の範疇に入れてよいのか、文化蓑虫学を別に提唱すべきではないかとの疑問は残る。なぜなら、昆虫学の知識がない人は、ミノムシを蛾の一種とみなしていないからである。このような不安を抱えつつも、以下、簡単に文学作品における蓑虫を紹介しておこう。

　ミノガ科の幼虫は小枝や葉で巣を造り、枝にぶら下がる。その特異な巣の形状から俗に蓑虫と呼ばれる。蓑虫との名前は、わらで作った雨具の蓑を着ているように見えることに由来する。[40] しかし、『枕草子』では逆の発想が見られる。「雨のいたう降る日、藤三位の局に、蓑虫のやうなる童」「白衣着たる法師、蓑虫などのやうなる者どもあつまりて」清少納言は蓑をまとっている人を、逆に蓑虫みたい、と形容したのだ。

　蓑虫は蛾の幼虫であっても、その姿形がそれなりにユーモラスな雰囲気を醸し出すせいか、好意的に詠んだ和歌は多い。

（40）森上 2013

みの虫になるを見る見る青柳のいとにのみよる我が心かな　　和泉式部
雨ふらば梅の花笠あるものを柳につける蓑虫のなぞ　　和泉式部
雨のあしは村雨なるを蓑虫となにむつましくかけていふらむ　　『宇津保物語』
五月雨をしらすかほにも葉かくれの小枝もとめてすかる蓑むし　　有栖川宮熾仁親王

次の二歌はやや趣が異なるものである。

朝夕日照りてかがやく大殿に鳴くべきものかげにや蓑虫　　『宇津保物語』
蓑虫のつける柞の片枝に猶父の無き子とやなくらん　　下河辺長流

蓑虫には父を慕って鳴くとの迷信がある。この二歌はその俗信をふまえて詠まれたものだが、『晩華和歌集』収録の下河辺長流《しもこうべちょうりゅう》の歌は、さらに裏がある。柞《ははそ》はクヌギやコナラなどのブナ科落葉樹の総称である。この歌では、柞から母を連想させる。(41) ようするに、この歌の意は「この蓑虫は母親にぶら下がっていながら、父ちゃんがいないと泣いている」となる。

『宇津保物語』では、恋の駆け引きで蓑虫が使われる場面がある。兵部卿《ひょうぶきょう》の宮が、ヒロインの貴宮《あてみや》に「あなたのことを思って流す涙で、こんなに濡れてしまった」と歌を寄こした。すると、貴宮は以下のようにやり返した。

隠れたる三笠の山の蓑虫は花の降るをや濡るといふらむ

蓑の中に隠れている蓑虫は、外のことがわからないので、花が散っているのを間違えて、露に

(41) 大山ら 2019

濡れると申すらしい、との意味だ。ようするに、貴宮は「涙に濡れたというのは、あなたの勘違いでしょ」と肘鉄を食らわせているのだ。蓑虫を使ったキツい一発である。

蓑虫愛を熱く語った文章としては、江戸前期の俳人・山口素堂の『蓑虫ノ説』を落とすわけにはいかない。「みのむしみのむし、声のおぼつかなきをあはれぶ」から始まる『蓑虫ノ説』は俳人らしい感性をたぎらせて蓑虫への同情を綴る。素堂は「みのむしみのむし、声おぼつかなくてかつ無能なるをあはれぶ」と説く。マツムシはなまじ良い声で鳴くから虫籠に入れられる。蚕はなまじ糸を吐くから飼い殺される。でも、蓑虫は無能だからそんな目には合わない。「みのむしみのむし、無能にして静かなるをあはれぶ」蝶は花を飛び回るのに忙しく、蜂は蜜を作るのにせわしない。でも、蓑虫は無能だからじっとしていられる。無能万々歳ではないか、と素堂は感嘆しているのである。

一方、蓑虫を汚らしいものの喩えとして持ち出すこともある。安元三（一一七七）年、平家打倒の陰謀が発覚し、藤原成経《ふじわらのなりつね》、平康頼《たいらのやすより》、俊寛《しゅんかん》の三人は鬼界ヶ島に流された。帰京を望む成経と康頼は、島の中で熊野三所権現に似た場所を探し出し、毎日詣でた。しかし、不信心の俊寛は何もしなかった。やがて、都から迎えの船が来た。この時、寝そべっていた俊寛は喜んで飛び起きた。しかし、流罪生活が長引く中、俊寛にまともな服なんぞあるはずもない。『源平盛衰記』は、俊寛の様相を以下のように記す。

草木の葉を結び集めて着たりければ、棘を戴ける蓑虫に似たり

結局、詣でを欠かさなかった藤原成経と平康頼は放免となり都に帰れたが、不信心な俊寛は島に残され、そのまま死去する、とのオチだ。蓑虫を見すぼらしい衣類の喩えとした『源平盛衰記』

の描写は、現代人の感覚に近い。

現代文化でいうと、一九九〇年発売のＲＰＧ（ロールプレイングゲーム）『ドラゴンクエストⅣ』に「ミノーン」「あくまのす」という名のミノムシ型敵モンスターが登場する[42]（図９）。また、神様のミノムシが主役である絵本『神様がない日』（二〇〇八年）は、ミノムシとネコの交流を描く含蓄ある作品となっている[43]。

蓑虫は身近な虫であるだけに、古代から現代サブカルチャーまで、様々な作品に登場してきた。ここで挙げた蓑虫たちはほんの一例にすぎない。文化蓑虫学で何かしらの総括をするには、さらなる資料収集が必要とされるだろう。

(42) エニックス 2002

(43) 宮ノ下 2019b

図９『ドラゴンクエストⅣ』© アーマープロジェクト／バードスタジオ／ハートビート／アルテピアッツァ／エニックス 2001

⓫毛虫が歴史を動かした？

毛がたくさん生えているイモムシを一般に毛虫と呼んでいる。毛虫は分類学上の用語ではない。マツカレハやモンクロシャチホコなどの蛾の幼虫は典型的な毛虫だが、文化的には毛虫と蛾（成虫）は別物として扱われることも多い。

第Ⅱ部第１章で紹介した御伽草子『こうろき草子』の多数の登場人物の虫たちの中に毛虫がいて、「いかにせん我身の毛虫中々に人の見る目もさぞやはづかし」と詠む[44]。次は江戸期の浮世草子の『浮世親仁形気』。本作中には「誰かおやぢとて蝟虫《けむし》のやうに、はらひのける人はあらじ」「それ、毛虫よ」などなど、毛虫が複数回出てくる。これらの毛虫は気持ち悪い人ではなく、口うるさい煙たい人の喩えとして用いられているという[45]。

毛虫はその見た目から、人を良い気分にさせる虫ではないとの見方は今も昔も変わらなそうだ。

(44) 萩野 1901

(45) 長谷川 2000

本書で本格的に毛虫を取り上げる余裕はないが、日本史に大きく関わったかしれない毛虫の話題を一つ挙げておこう。

嘉永七（一八五四）年、江戸幕府はペリーと日米和親条約を結んだ。続いて、イギリス、ロシアとも和親条約を結んだ後、安政二（一八五五）年九月、幕府は条約締結を朝廷に報告した。この時、我が国は開国か攘夷かで国論は二分されていた。しかし、四年後の日米通商航海条約締結時とは異なり、京都の朝廷は和親条約に強く反対していない。それはなぜか？　実は、嘉永七年四月、女官の召使が梅の木の毛虫を焼いていたところ、その火が建物に燃え移り、内裏や仙洞御所が全焼してしまった。[46]朝廷は内裏再建の費用を幕府に出してもらわねばならないため、幕府との関係悪化を避けた、との説が有力である。[47]

歴史にイフは禁物とはいえ、仮に幕末京都の御所の梅の木に毛虫が発生していなかったら、幕末史はどうなっていたであろう。日米和親条約締結の時点で、京の朝廷が開港反対の態度を明確にしていたら、明治維新は早まっていたのであろうか。毛虫さえいなければ、安政の大獄も禁門の変も起こらず、橋本左内や久坂玄瑞は明治の世で活躍できたのに！　と妄想するのは、げに楽しきことなり。

（46）鈴木 2007

（47）刑部 2018

⓬愛好家と素人の間の関心の差が大きい蝶と蛾

昆虫愛好家の中では、蝶のコレクターが多いことは冒頭で述べた。また、近年、昆虫界で蛾に興味を持つ収集家が増えているらしい。これは蛾の図鑑が相次いで刊行されていることも関係があるだろう。

平安時代成立の『宇津保物語』には「蝶の、御簾のもとに飛びはべりつるを、この幼き人々の、われも取らむ、われも取らむと騒ぎはべりつるを」との場面がある。元禄期の俳人の内藤丈草は『寝ころび草』で、「手に入れたる花の胡蝶も、弟にあなどられぬ」（せっかく手に入れた蝶も弟にあなどられて、取られてしまう）と綴った。そして、令和の日本でも、夏休みには子供たちは網をふるって蝶を捕る。子供が蝶を捕りたがるのは今も昔も変わりがないのである。

本章では、古代から近世までの日本の文学作品中の蝶と蛾を主に検証してきた。蝶は綺麗な虫だ。誰も異存はない。しかし、現代のドラマやアニメなどの大衆文化での蝶の存在感は、カブトムシやホタル、セミに明らかに劣る。要するに、蝶は虫の玄人の間ではアイドルであっても、素人サン受けが悪いのである。多くの一般人が忌み嫌う蛾だとなおさらだ。日本人は蝶を美の象徴と認めつつも、今一つ好きになり切れないのは、蝶は季節感を持たない点が日本人の好みに合わないからだ、と筆者は考える(48)。

春から秋まで断続的に発生する蝶は、季節性とそこから派生する郷愁がどうしても欠落する。郷愁の点で、蝶はカブトムシやセミ、ホタル、鳴く虫、トンボに対して、決定的に劣る。日本人の心の琴線に触れる夏。夏への懐旧。そして過ぎ行く夏への愛惜を表徴するのはカブトムシやセミ、トンボなどの役目であって、そこに蝶が割って入る余地はない。実際にはモンシロチョウやキアゲハの成虫は、盛夏にも発生するわけだが、そんな生物学的事実はこの際関係ない。夏だけに出現する昆虫が人々の夏へのノスタルジーを醸成する、との文化昆虫学の大原則が日本にはあるのだ。

（保科英人）

（48）保科 2018b

第8章　クモ　著しい文化的な断絶

時は二〇一X年、某大学で実施された大学入試センター試験（現在の大学入学共通テスト）でのできごと。試験の最中に、ある受験生が静かに手を挙げた。試験監督がその受験生の元に行くと、「天井からクモが降りて来た。気持ち悪いので取って欲しい」との要望だった。

クモ＝嫌悪との図式は常に成立するわけではない。たとえば、江戸後期の戯作者の柳亭種彦《りゅうていたねひこ》『足薪翁之記《そくしんおうのき》』で紹介された、ハエトリグモを容器に入れてハエを狩らせる様を観察する有名な遊戯がある。井原西鶴『好色一代男』に「今江戸にはやるとて蠅取蜘を仕入れ」とあるように、徳川時代前期に江戸で流行った遊びである。[1] また、クモ同士を戦わせる鹿児島県や高知県のクモ合戦も名高い。[2] 今でこそ、クモ合戦は限られた地域でしか見られない伝統遊戯になってしまったが、戦前は庶民のみならず、上流階級にもクモを戦わせるのが趣味だった人がいた。その一人が陸軍の荒城卓爾《あらきたくじ》大佐で、自宅に数百匹ものクモを飼っていた。荒城は大正十二年に陸軍大学教官から横須賀重砲兵連隊長に栄転したが、家族はもちろん、クモも一緒に連れて横須賀に引越しし

（1）暉峻・東 1996
（2）江崎 1984a、馬場 2019

たという（八月七日付東京朝日新聞）。荒城は最終的には陸軍少将に昇進し、澎湖島要塞司令官にまでなっているから、なかなかのお偉いさんである[3]。

ただ、現代ではクモはやっぱり嫌悪の対象である。前出の荒城大佐にしても、新聞記事では「誰が見ても気味のよくない蜘蛛を愛育して楽んでゐる風変りな人」と評されており、戦前でも万人受けする虫ではなかった。本章は日本文化史におけるクモ観の変遷を追う。有名なクモ合戦については川名・斎藤[4]と斎藤[5]の概説があるので、本章ではこれ以上言及しない。むしろ、クモ文化誌研究の先人たちがまったく扱えなかった現代サブカルチャーにおけるクモを、優先的に紹介したいと思う。

(3) 福川 1999
(4) 川名・斎藤 1985
(5) 斎藤 2002, 2004

❶海外神話のクモ

北アメリカのアリカラ族の神話によれば、人間は元々地下の世界にいた。偉大な空の精霊ネサルの世界に、オオカミ男と幸運男がいた。二人は地下に潜り、雌雄のクモに会い、彼らに受胎の力を与えた。やがて、このクモのペアはあらゆる種族の動物と巨人族を生み出し始めた[6]。同じく北米インディアンのナバホ族には、怪物に追われる二人の若者を助けるクモ女の伝承がある[7]。

太平洋エリアにも興味深いクモの伝承がある。中央ボルネオの神話では、大地を作ったのは一匹のクモである。世界の初め、一匹のクモが天から降りてきて巣を作った。小さい石がその巣にひっかかり、それがだんだん大きくなって、広がる大地となった[8]。ミクロネシアには、クモが天地、月、太陽、海すべてを作ったとの恐るべき神話がある[9]。このクモはまさに獅子奮迅の働きである。このように北米や太平洋の島々の海外神話や伝承には、クモが天地創造を担ったり、始祖

(6) バーランド 1990
(7) ゾルブロッド 1989
(8) 松村 1979a
(9) 松村 1980a

的な人物を手助けしたりする物語が散見される。

世界のクモ神話と伝承の中で、絶対に外せない地域はアフリカである。たとえばナイジェリア地方には、王の側室になったクモの后アディアハの神話がある。王の第一后の策略によって、アディアハが王との間にもうけた子は捨てられてしまったが、その子は成長のちに王位を継いだ(10)。

このほか、西アフリカの神話にはアナンシと呼ばれる知恵物のクモが多く登場する(11)。このアナンシはたしかに賢く、財を築く物語が多いのだが、一方で欲を出し過ぎるため、すべてを失ってしまうとの間抜けな結末もある(12)。

アフリカにおけるクモ伝承のもう一つの特徴は、クモの糸が天と地を繋ぐ架け橋となるとの発想である。たとえば、ナイジェリアのヨルバ族の神話では、地面が固まらず、人間が誕生する前の時代、神々は荒れ地で遊ぼうとクモの巣を伝って降りて来た(13)。アンゴラの説話では、太陽の娘と結婚したかった男は、カエルに天上界への伝言役を頼んだ。そのカエルはクモの糸を伝って、目的を果たした(14)。コンゴのフィオテ族の伝承では、大地の王ンザムビの美しい娘は、天界のムプング王のところにある火を取ってきたものとしか結婚しないと決めていた。そこで、まずクモが天に上がった。そして、降りてくる際に、糸で天と地を結びつけた。次に亀とキツツキとドブネズミとスナノミの四人がその糸を登って天界に行き、協力し合って無事火を手に入れることができた。このような天と地上をはしごできるクモの糸との設定は、アフリカの諸部族の伝承に普遍的に存在するという(15)。

(10) 松村 1979b
(11) パリンダー 1991
(12) 松村 1979b
(13) パリンダー 1991
(14) パリンダー 1991
(15) 小澤・寺岡 1985

❷日本神話と土蜘蛛

常日頃から昆虫大好き民族を自負している日本人。ならば、我が国にはインディアンやアフリカを越える、さぞかしクモ愛に満ち溢れた神話があるにちがいない。『古事記』は、東征中の神武天皇の大和国における戦いを以下のように記す。

忍坂の大室に至りし時に、尾生ひたる土雲の八十建、其の室に在りて、待ちいなる

神武天皇が忍坂《おさか》（現在の桜井市忍阪）に到着すると、尾の生えた土雲という勇猛な者たちが大勢その室にいて、神武を待ち構えてうなり声をあげていた。神武はこの土雲たちにご馳走を送ることにした。しかし、遣わした給仕人に大刀を持たせた。そして、その給仕人に「歌い出すのを聞いたら、一斉に斬りかかれ」と命じておいた。神武の策略は図に当たり、土雲を打ち殺すことができた。

現代人から見れば、敵をだまし討ちにした神武天皇はズルいヤツだ。そんな道徳上の話はさておき、「尾生ひたる土雲（＝土蜘蛛）」こそ、日本神話のクモである。ただ、尾が生えた化け物のこの土蜘蛛なるもの、神武の側から見て、鎮圧の対象となっている敵の人間の蔑称であって[16]、神話の世界によくいるモンスターの類いではない。

八世紀成立の『風土記』にも、天皇の統治に従わない土蜘蛛が多く出てくる。そして、天皇の土蜘蛛征伐にちなむ地名の由来が多く記されている。たとえば、『豊後国風土記』によると、景《けい》行《こう》天皇は鼠の岩屋の土蜘蛛を討とうとした。海石榴《つばき》の樹を切って、槌の武器とした。土蜘蛛からは大量の血が流れた。そこで、槌を作ったところは海石榴市《つばいち》といい、土蜘蛛が血を流したところ

（16）山口・神野志 1997

は血田《ちた》と呼ばれるようになった、とのことである。

このように、後述する第十九代允恭《いんぎょう》天皇の逸話を除くと、『古事記』『日本書紀』『風土記』収録の神話および伝承に出てくるクモといえば、敵対者への蔑視表現にすぎない土蜘蛛にほぼ限られる。神話には日本人のクモ愛なんぞ、一滴もにじみ出ていないのである。

❸神話以降の日本文化史の土蜘蛛

やがて土蜘蛛は真の化け物として、日本文学史上に現れるようになる。有名なのは室町時代成立の御伽草子『土蜘蛛草紙《つちぐもぞうし》』で、源頼光《みなもとのよりみつ》とその部下の渡辺綱《わたなべのつな》が、京都の北山に現れた化け物のクモ退治の物語である。そのクモは「なかさ二十丈はかりなる、かしら、錦をきたるかことし、かしらのかたによりて、足いくらともしらすおほし、まなこは、日月のひかりのことく、かゝやけり」[17]と、六〇メートルにも及ぶ巨大クモとして描かれている（図１）。

「クモ」との名を持つ化け物や悪党は土蜘蛛以外にも存在する。軍記物語『太平記』にはクモにまつわる不思議な話がある。伊予の国の大森彦七盛長《おおもりひこしちもりなが》は湊川の戦で楠木正成《くすのきまさしげ》と戦い、正成を自害に追い込むほどの働きを見せた。しかし、その後、盛長は正成の亡霊に悩まされ、たえず太刀を抜き、矢を放つなどの奇行を起こし、精神が錯乱してしまう。やむをえず一族の者は盛長を小部屋に閉じ込めて警護していた。ある夜、総勢一〇〇人余りの警護の者たちは、一人の禅僧を除き、急に頭を垂れて眠り込んでしまった。すると、大きな寺蜘（＝山蜘蛛）が天井から下りてきて、寝入っている人々の上を這いまわって、再び天井に上っていった。盛長と警護の者たちは目を覚ましたが、蜘蛛の糸に手足を結び付けられ、動くことはできなかった。結局は僧たちが大般《だいはん》

（17）横山・松本 1981

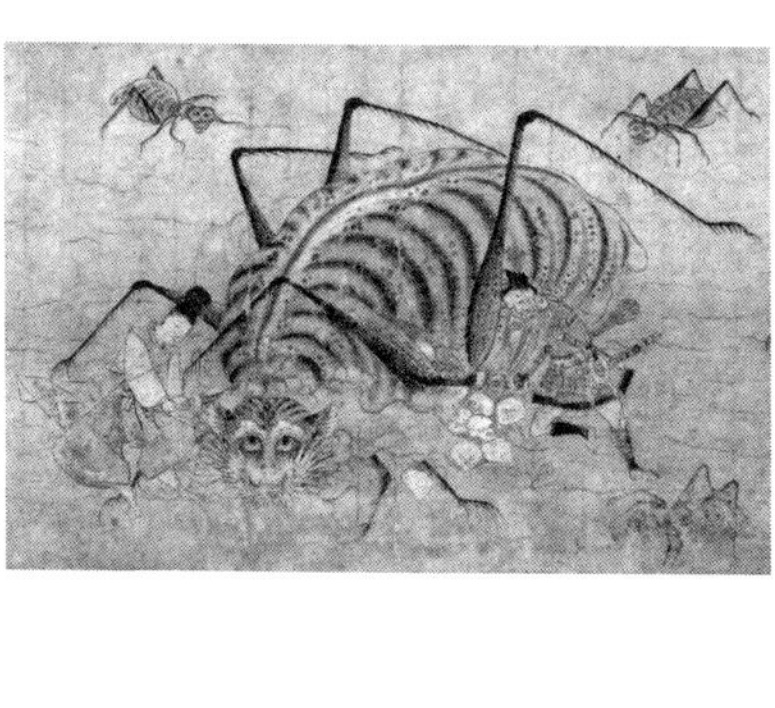

図１『土蜘蛛草紙絵巻』（東京国立博物館蔵）

若経《にゃきょう》を通読することで、正成の霊魂は現れなくなり、盛長の狂乱も回復した。

江戸前期の随想『紫の一本《ひともと》』（戸田茂睡《とだもすい》著）には、前出の渡辺綱による別の蜘蛛退治の伝承と、四谷の自性院《じしょういん》の蜘の井の由来が記されている。昔、ここに化け物がいて、人々を脅すため、日が暮れると往来が絶えた。そこで、渡辺舎人助綱《わたなべとねりすけつな》がその化け物を退治した。夜が明けて、その化け物の血をたどり、血が止まっていたところを掘ってみると、身の回り五尺ほどの大蜘が死んでいた。そして、その掘った穴から水が出てきた。しかし、その水を飲んだ者はすぐに死亡した。この井戸は蜘の井と名付けられ、今は水を汲むものはいない、とのことである。

その後、土蜘蛛伝承は謡曲『土蜘蛛』に脚色され、能で演じられるようになった。記録に残る最初の能『土蜘蛛』は、慶長十（一六〇五）年、豊臣秀頼が主催した大坂城北政所饗応能である(18)。また、明治時代になると、この『土蜘蛛』は歌舞伎として上演された(19)。昭和戦前期には、吉住小四郎の長唄『土蜘』がラジオ放送されたこともある（昭和十年六月二日付京都日日新聞）。このように、日本神話以降も、土蜘蛛は日本文化史に存在し続けた。

さすがに、戦後長くなると、土蜘蛛なる文言は現代社会からすっかり消え失せたように思えた。しかし、ひょんなことから現代サブカルチャーで土蜘蛛は復活を果たす。平成二十五年発売のビジュアルノベル『鬼ごっこ！ Portable』（図2）である。舞台となる美夜島には、昔話で有名な桃太郎、金太郎、乙姫の末裔からなる御三家があり、先祖代々の秘宝を守っていた。この秘宝を狙って暗躍するのが、かつて御三家と戦った土蜘蛛の生き残りの住吉暮葉である。物語の主人公は、怪盗温羅こと浦部圭介で、御三家の少女および暮葉とラブコメディを繰り広げる。ヒロインの一人が土蜘蛛の末裔との設定は、数多あるゲームやアニメの中でもかなり異色のはずである。

（18）横山 2012

（19）吉田 2004

図2『鬼ごっこ！ Portable』
©ALcot／Alchemist

❹クモの巣は貧乏の象徴か安定した生活か

大掃除となれば、はたきでクモの巣を払うのが現代人だ。これは日本が生んだ最大の俳人の松尾芭蕉も同様で、「去年の秋江上の破屋に蜘の古巣をはらひて、やゝ年も暮れ」(『おくのほそ道』)と、彼が留守にしていた家に戻って最初にしたことは、クモの巣をぶっ潰すことだったらしい。

戦前の首相官邸でも、クモの巣の掃除にまつわる逸話がある。昭和七年の五・一五事件で犬養毅首相が海軍の青年将校に殺害された後、首相官邸は放置された。事件から二年たった昭和九年七月四日、首相官邸に入った岡田啓介新首相は、総理室で前首相の斎藤実と懇談した後、日本間へ抜ける廊下を歩いた。この廊下はついさっきまでクモの巣がひどく張っていたので、払われたばかりであった。新聞記事見出しには「二年越の蜘蛛の巣も清掃」と大きく書かれている(七月五日付東京朝日新聞)。

その後、首相官邸はどうなったか。昭和十一年二月二十六日、陸軍皇道派は決起して首相官邸を襲撃した。岡田自身は辛くも逃げのびたが警備の警察官四名および岡田の義弟が死亡、クモの巣を払った後で岡田と面会した斎藤は、私邸で殺害された。どうやらクモの巣を除去したがゆえに首相官邸はクモに怨まれ、クーデターが起こって多数の死者が出たのであろう(本当かいな)。

マンガやゲームの一場面で、張っているクモの巣が貧乏や家屋のオンボロぶりを表現することがある。近年の作品でいえば、二〇一九年発売のPS4用ゲームの『はつゆきさくら』(図3)の主人公のゴーストチャイルド(ゴーストの王)は、廃墟となったホテルを根拠地にしている。そして、すっかり崩れ果てたホテルの部屋は、多くのクモが巣を張る構図となっているのだ。

クモの巣がみすぼらしいとの発想は、いにしえの『万葉集』山上憶良の貧窮問答の歌「かまど

図3『はつゆきさくら』
© SAGA PLANETS / ENTERGRAM

には　火気吹き立てず　甑《こしき》には　蜘蛛の巣かきて　飯炊く　ことも忘れて」にさかのぼる。現代風の表現に直すなら、あまりに貧乏で米が炊けないので、炊飯器にクモの巣が張っているではないか、といったところか。江戸後期の読本で、源太騒動と呼ばれる実在の事件をモデルにした『西山物語』では、「小鍋《こしき》は蜘蛛の巣かくとも」と、大森八郎が「自分一人ならば貧乏にも耐えられる」と訴える場面がある。ここでは、貧窮問答の歌が引用されている。

大正時代から戦後にかけて活躍した俳人の高野素十にはこんな俳句がある。

　桔梗の花の中よりくもの糸

桔梗の花の中に張られたクモの糸。素十は両者の組み合わせの妙を見出したとも解釈できるが、楠本[20]は美しい紫の花を汚すクモの糸である、と注釈している。

こうして見ると、クモの巣が惨めったらしく、汚らしく見える描写は、日本文化史に長く定着していることがわかるし、現代人の感性にも合致している。しかし、江戸中期の山東京伝《さんとうきょうでん》の洒落本『古契三娼《こけいさんしょう》』は、多少異なる視点でクモの巣を見ている。

　さすが座敷持のはてとて、世帯のくりまはし良く、風呂の薪にふすぼりて、いつしか家のすみずみもくろみ、棚のはしの蜘も住家をかゆれば、夫婦もはや江戸なれて見ゆれど、女房は古郷忘じがたきや

専用の座敷を持っていた遊女ともなると、カネのやりくりも良く、いつのまにか家の隅々は黒み、棚の端のクモも巣を変えた。夫婦は江戸の生活に慣れたように見えるが、女房の方は故郷を

（20）楠本 1974

懐かしがっている…。この箇所、筆者はクモの巣が、夫婦の生活の安定ないしは停滞を表しているように解釈した。合っているだろうか？　汚らしいクモの巣も、一流の文人の手にかかれば、別の見方ができるものらしい。

なにはともあれ、我々の常識ではクモの巣が張っている家＝あばら家とみなしがちだが、平安後期の勅撰和歌集の『拾遺和歌集』には、まったく正反対の発想の歌が収録されている。

秋風は吹なやぶりそ我が宿のあばら隠せる蜘蛛の巣がきを

荒れ果てて隙間だらけの我が家をクモの巣が隠してくれている。だから秋風よ、クモの巣を破ってくれるな、との意である。現代人にはびっくり仰天の着想というほかない。

❺美しいクモの巣

ハンガリーには、聖アンナの湖に棲む水精王の伝説がある。湖の中にあった王の部屋は、床は貝殻、天井は真珠で覆われ、サンゴの生け花が飾られている。そして、絹のように美しいクモの巣が、大きな水草にぶら下がって部屋の壁を成していたという[21]。

日本でもクモの巣に美を見出すことはある。『枕草子』に「幹の上などはかいたる蜘蛛の巣のこぼれ残りたるに、雨のかかりたるが、白き玉を貫きたるやうなるこそ、いみじうあはれにをかしけれ」とあるように、和歌や王朝文学では、雨露が付いたクモの巣を美しいとみなす事例が多い。以下、該当する歌を平安時代から近代までの主要な和歌集から列記してみた。

(21) 山崎 1980b

白露を玉にぬくとやささがにの花にも葉にも糸をみなへし　『古今和歌集』
さゝがにの巣がく浅芽の末ごとに乱れてぬける白露の玉　『後拾遺和歌集』
さゝがにの玉ぬく絲の緒を弱み風に亂れてつゆぞこぼるゝ　『金槐和歌集』
ささがにの糸にかかれる玉の緒をたえねと吹くか松の夕かぜ　『雲錦翁家集』
ささがにのいとをもしろし白露のちりてはむすぶ雨のゆふぐれ　『椿山集』

この五首はいずれも水滴がついたクモの巣を詠んだ歌である。「ささがに」とはクモの古名である。この章では以降多用することになる名称だ。平安中期の歌人で三十六歌仙の一人の源《みなもとの》順《したごう》はまったく逆の視点から、クモの巣と水滴を歌にした。

いつこともいさやしら浪たちぬれはしたなる草にかけるくものい　『源順集』

「くものい」とはクモの巣を指す[22]。源順は飛び散った水しぶきを「まるでクモの巣のようだ」と感嘆したのだ。さすがは三十六歌仙の一人。歌心ゼロの筆者は滝しぶきを綺麗だなーとつぶやくことはあっても、まるでクモの巣のようだ、などと到底思いつけそうにない。

（22）順集輪読会 2005

雨露ではなく、夕暮れ空とクモの巣の重なりを詠んだ歌もある。

さらぬだに心ぼそきをさゝがにの軒にいとひく夕ぐれの空　『風雅和歌集』
頼むべき習ひはしらぬ夕暮も心にかゝるさゝがにの絲　『新千載和歌集』
まつのまの夕日にひかるさゝがにのたえぬと見えてつゞく絲哉　『草徑集』

歌にできるかどうかは別にして、いわれてみれば、筆者も夕焼け空をバックに赤っぽく映えるクモの巣を見たことはある。

江戸期の〝蜘蛛歌人〟となると、幕末に徳川幕府の外交を担った幕臣の川路聖謨《かわじとしあきら》を外すわけにはいかない。天保十一（一八四〇）年六月八日、川路は佐渡奉行を拝命した。七月十六日、彼は佐渡に赴任する途中、渋川に逗留した。宿が手狭で、日課の武芸の鍛錬ができない川路は、仕方なく書を読んでいた。ふと宿の軒先を見ると、クモの巣がかかっている。川路は一気に四首を詠む(23)。

古郷も旅も軒端のさゝかにもかりの世に住む身はかはらしを
さゝかにのまことにさとき心あらはいとやるせなく世をは渡らし
あさりぬるこゝろ迷に笹蟹の危きいとをかくるはかなさ
あなさとし風あらき日はいをまきて姿もみせぬくものふるまい

当分江戸を離れねばならぬ己の身の上とクモの巣を重ね合わせる。一方で、風が強い日は姿を隠してしまうクモを小賢いやつめ、とも思う。このように川路がクモに寄せる感情は一筋縄ではなく、なかなか複雑である。

近代以降も、クモが張る巣を趣深いとする発想は残った。たとえば、明治二十九年六月十八日付の日出新聞(24)は、「宇治に遊ぶ」との紀行文を掲載した。そこには「祠前に立る石の狛犬が、割と開ける口に蜘蛛の巣を張れるのもおかし」とある。神社の狛犬の口にクモが巣を張っているのを見て「おかし」とは、いやはや現代人には理解しがたい感覚である。

(23)　日本史籍協会　1967

(24)　現在の京都新聞の前身の一つ

❻蜘蛛の巣は丈夫か脆いか

第二次大戦中、反ヒトラーのクーデターを起こすも失敗して自決した、ドイツのルートヴィヒ・ベック陸軍上級大将は、第一次大戦時は少佐だった。大戦末期、兵士たちの装備や年齢に統一性が取れなくなり、極度に弱体化したドイツ軍を目の当たりにしたベック少佐は「前線はまるで戦士たちのクモの巣のようだ」との感想を持ったという。(25) ベック少佐の真意がいまいちよくわからない。兵士は頭数だけは揃って、網目のように配置されているが、その戦闘力は極めて脆い、と少佐は嘆いたのだろうか？

さて、クモの糸が丈夫か脆いかと問われれば、そんなもの脆いに決まっている。木の棒一本あれば、簡単に潰すことができる。そんな脆きクモの糸や巣を詠んだ和歌の事例は次のとおりだ。

蜘蛛の糸のとぢめやあだならんほころびわたる藤袴かな　『金葉和歌集』
ささがにの空に巣がくも同じこと全き宿にも幾世かは経ん　『新古今和歌集』
さゝがにの草葉にかけて引く糸の心細きは我が身なりけり　『万代和歌集』
かげ絶えてくる夜はしらぬうき中も猶たのまるるささがにのいと　『遺珠集』

いずれも、クモの糸や巣は切れやすく壊れやすいことを念頭に置いた歌である。それは現代人にもよく合う感性である。しかし、江戸期前期の下河辺長流《しもこうべちょうりゅう》は、逆にクモの糸を頼れる縫い糸とみなした。

(25) 飯倉 2017

青葛垣ほを結へば笹の戸も我が編まなくに蛛の糸筋　『晩華和歌集』

笹の戸とは、笹で作った粗末な戸を指す[26]。自分が戸を作らなくても、クモが生い茂った笹に糸をかけ、笹の戸にしてくれているではないか、というのである。そんなものですかねえ。

江戸中期の旗本で、江戸冷泉派武家歌壇の有力者に石野広通《いしのひろみち》という武家歌人がいる。そんな広通には次のような和歌がある。

ひくかたのあるにまかせておのが身のたよりをえたるささがにの糸　『霞関集』

身を託するに十分な場を得ているクモが出す糸のように、私も前世からの縁に導かれて、身を預けるに十分な拠り所を得ている、との意だ。これだけでは、何のことかさっぱりわからないが、石野広通が御納戸番や御膳奉行、佐渡奉行などを歴任した旗本であることに留意しなければならない。江戸期の旗本たちはポストをめぐって出世競争を繰り広げていた。久保田[27]は広通を引き立ててくれる人々のありがたさをふまえた歌である、と指摘する。それにしても現代のサラリーマンが、社内における縁故の強さをクモの糸に喩えることは絶対にないだろう。サラリーマンが人事がらみの話でクモの糸を持ち出すのは、「俺はお偉方とのコネが弱いからな」と、リストラか降格される時のはずである。広通の奇想天外な和歌には恐れ入るばかりだ。

(26) 大山ら 2019

(27) 久保田 2002

❼愛の象徴のクモ

十四世紀前半のスコットランド王のロバート・ブルースは、イングランド相手に独立戦争を戦い抜いた、同国の英雄である。戦況は一進一退、ブルースが負け続けたこともあった。ある時、失意のブルースが寝床に転がっていると、一匹のクモがぶら下がって来た。このクモは、梁《はり》と梁との間に糸を張ろうと何回も頑張るが、うまくいかない。そして、七回目にようやく成功した。それを見ていたブルース、「私も、このクモと同じく六回失敗した。このクモがいい手本だ。私はもう一回イングランドと戦う」と再び立ち上がる決意をした。[28] 令和の日本では、この逸話を知る人も少なかろうが、かつての大日本帝国では、諦めないことの大事さを学ぶ格好の材料とされていたらしい（明治四十二年八月二十二日読売新聞）。

次は日本の江戸中期の草双紙《くさぞうし》より。『楠末葉軍談《くすのきばつようぐんだん》』には、浪人の懸橋忠和が「ある時わが屋の軒端に蜘蛛の巣を食ひたるを見て、天下を望む兆し出たり」と、クモの巣を見上げて謀反を思い立つ場面がある。懸橋忠和とは、幕府転覆を謀った慶安の変の首謀者の一人、丸橋忠弥を連想させる名前である。そして、この場面は、中国春秋時代の晋の文公の挿話に基づいて書かれているという。[29]

何はともあれ、クモの巣を見て謀反を決意するとは物騒な話である。ただ、日本文学史上のクモの巣をたどると、こんな独立戦争だの謀反だのと殺伐とした話よりも、ロマンスを感じさせる叙述や和歌が多いことに気づく。まず『日本書紀』によると、第十九代允恭天皇はある夜、后の衣通郎姫《そとおしのいらつめ》がいる藤原に行幸し、ひそかに彼女の様子を視察していた。見られているとも知らず、衣通郎姫は次のように詠んだ。

　我が背子が来べき夕なりささがねの蜘蛛の行ひ今夕著しも

今夜は我が夫がきっとおいでになる夜です。蜘蛛の振る舞いが、今夜は特別に目立ちますから、

（28）蘆谷 1928

（29）木村ら 1997

との意である。これはクモが巣を張るのは恋人の来訪の前兆とする俗信をふまえた歌である。[30]『日本書紀』収録のこの歌ないしはこの俗信をふまえた和歌はいくつかある。たとえば、『古今和歌集』収録の「いましはとわびにしものをささがにの衣にかかり我を頼むる」は、待ち人の到来を予告するクモが私の着物に止まっているので、期待を持ってしまう、との意である。室町時代前期の『新後拾遺和歌集』にもこの俗信に由来する次の二首がある。

さゝがにの蜘蛛の振舞ひかねてよりしるしも見えば猶や頼まん　　後光厳院

かねて憂き心づくしと成にけり頼みをかくるさゝがにの糸　　権大納言為遠

現代人から見て奇異に思えるクモ文化の一つに、貴族たちの和歌や手紙のやり取りの際に、クモの巣を絵にして歌に添えるとの風習が挙げられよう。[31]たとえば、平安期の三十六歌仙の一人の斎宮女御《さいぐうのにょうご》には次の和歌がある。

蜘蛛の網のかく描くべくもあらねどもつゆの形見に消たぬなるべし

この歌の題には「蜘蛛の巣描きたる所には」とあることからも、斎宮女御がクモの巣の絵を描いたのは確実である。そして、この歌の場合は「描く」が「クモが巣をかく」にかけられている。[32]

クモは待ち人来たるの吉兆にだけ登場するのではない。残念ながら、別れの嘆きの比喩にも使われる。鎌倉時代中期の私撰和歌集の『万代和歌集』に次の一首がある。

（30）小島ら 1996

（31）片桐 1990

（32）新藤ら 2012

さゝがにの蜘蛛の斎垣の絶えしより来べき宵とも君は知らじな　　実方朝臣

二人の仲は脆いクモの巣のように切れてしまったではないか、とのこと。現代短歌でも使われそうなクモの巣の活用法である。平安時代後期成立の『栄花物語』では、もっと悲しく、最愛の人の死をクモの巣が強調している。関白藤原頼通の子息の通房は二十歳の若さで逝去した。通房の妻は、主を失った夫の御帳台にクモが巣を張っていることに気付いた。彼女は次のように詠む。

別れにし人は来べくもあらなくにいかに振舞ふささがにぞこは

夫がこのベッドに戻って来ることはないのに、クモは何を思って巣を張っているのか、との意である。令和の日本でも亡き愛犬の犬小屋にクモが巣を張っていれば、飼い主が小屋に主がいない事実を改めて突き付けられて泣く、との状況はありそうだ。

和歌の世界のクモが描く、待ち人到来と別れ。時は近代に飛び、昭和六年十月二十六日付読売新聞。「結婚衣装は蜘蛛が這ひ寄つたらアラ、素敵だわネー」との見出しの記事が掲載された。結婚をめぐる様々な迷信の特集記事だが、クモについては、結婚衣装を広げているところに、クモが這い寄ってきたら素敵だ、と書くばかりで、その由来については一切説明がない。『日本書紀』以来のクモの巣は待ち人来たるの前兆、との迷信を指しているのだろうか。

この新聞記事はあくまで戦前のもの。仮に令和の結婚式場の衣装合わせで、クモがノソノソ出てきたら、花嫁さんは悲鳴を上げるのがオチである。また、「なんと縁起が良いクモなのでしょう！」と、とっさに機転が利かせられる式場の職員は、今時皆無だろう。残念ながら現代社会ではクモを愛の象徴とする発想は、ほぼ消え失せてしまった。

❽七夕とクモ

近松門左衛門『用明天王職人鑑』には次の一節がある。

さらば笹原さゝがにの秋の染め糸繰り出だし、五百機立てし。機織りや

笹原のクモが秋に糸を繰り出して、たくさんの機を立て、機を織る。クモが糸を出して巣を張っている様子を擬人化させて描写しただけの、一見なんてことない箇所のように思える。しかし、ここの「ささがに」は、クモだけでなく、織女星の異称の細蟹姫《ささがにひめ》との意も持たせている。そして、近松は『万葉集』の「たなばたの五百機立てて織る布の秋さり衣誰かとり見む」などの古典をふまえて書いている[33]。クモが糸を吐くことから、織女星の異名が細蟹姫となったことはいうまでもない。しかし、七夕伝説の有名なロマンスの星が、八本足の気持ち悪い虫になぞらえられるとは、現代人には意外というほかない。平安時代末期成立の『詞花和歌集』には、次のような和歌がある。

七月七日、式部大輔資業がもとにてよめる

萩の葉にすがく糸をもさゝがには織女にとや今朝は引くらん　橘元任

錦・柏木[34]によると、「織姫にと」は、織女星に糸を供えて織物・裁縫の上達を願う（乞巧《きっこう》）ことに寄せている。そして、クモを擬人化して、萩の葉にかける巣を、乞巧を願って引いて供える五色の糸とみなした和歌であるという。

本章⑤で江戸幕末の〝蜘蛛歌人〟として幕臣の川路聖謨を挙げた。実は、幕末にもう一人、さ

（33）鳥越ら 2000

（34）錦・柏木 2006

かんにクモの和歌を詠んだ歌人がいた。孝明天皇である。『孝明天皇御製集《こうめいてんのうぎょせいしゅう》』には一二首もの蜘蛛和歌が収録されている。そして、天皇は「七夕絲」との題のもと、五首の蜘蛛和歌を残した。うち二首を記す。

　さゝかにの蛛の絲筋かねてしも今宵よりあふほし合の空
　年毎に猶いく秋を織女や手くりのいとにかけて契るれ

『孝明天皇御製集』によると、この二首は文久二（一八六二）年正月から元治元（一八六四）年十二月の間の七夕の時に詠まれたと思われる。この間、我が国では坂下門外の変で幕府の最高権力者が襲撃されるわ、薩英戦争は勃発するわ、京都御所周辺で禁門の変との合戦が起きるわで、まこと国事多難の時期である。孝明天皇は何の政治訓練を受けぬまま、若くして激動の幕末政局の渦に放り込まれた。しかも、己の周りは面従腹背の公家どもばかり。心身すり減る中、天皇はどのような思いでクモの巣を見つめ、そして歌にしたのか。その心中、察するに余りある。

残念ながら、七夕を題としてクモの短歌を詠める人材は、現在ではかなりの少数派だろう。クモと織女星を結びつける歌詠みは、現代社会ではロストテクノロジーになってしまったのである。

❾『蜻蛉日記』とクモ

『土佐日記』『和泉式部日記』『紫式部日記』『更級日記』『讃岐典侍《さぬきのすけ》日記』『弁内侍《べんのないし》日記』。古典の世界では何ちゃら日記と名前がつくものは多いのだが、本書ではほとんど引用していない。虫のネタがろくすっぽ出てこないからである。しかし、藤原兼家の妻で、兼家次男道綱の母の著『蜻蛉日記』は例外である。まさか「蜻蛉《かげろう》」との文言がタイトルに入っているから、でもあるまいが、『蜻蛉日記』はとにかく虫に関連した記述が多い。

『蜻蛉日記』のクモといえば、著者本人よりも息子の藤原道綱の話が面白い。ここで、愛息の道綱君が思い人の女性（大和だつ人）から、なかなか自筆の手紙が貰えないところから話を始めよう。ここから、その女性とのクモの歌の応酬が始まる。

道綱曰く「夕されのねやのつまづまながむれば手づからのみぞ蜘蛛もかきける」クモは自分で巣を造るのに、なぜあなたは手書きの手紙を寄こしてくれないのか、と難詰している。ここは解説が必要だろう。平安時代の貴族の男は女にラブレターを送っても返事がないのが普通で、侍女の代筆でも貰えれば御の字なのだ。それにもめげずに、せっせと手紙を送り続けて、ようやく女から自筆の手紙が貰えるのである。(35)

対する女側の返事「蜘蛛のかくいとぞあやしき風吹けば空に乱るるものと知る知る」クモの糸は風が吹けば散ってしまう。自筆の手紙なんぞ送って、周囲の人に見つかってしまうかと思うと、不安で仕方がありません、とのたまう。もちろん道綱は引き下がらない。「つゆにても命かけたる蜘蛛のいにあらき風をば誰か防かむ」クモが命をはって守る巣に吹く荒い風を誰がふせぎましょう。命をかけて思うあなたの手紙を、私は決して散らしはしません、と誓う。

『蜻蛉日記』は、道綱と別の女（八橋の女）とのクモの歌の応酬も記している。道綱は八橋の女に何回か手紙を送るが、やっぱり返事がない。たまりかねた道綱は「ささがにのいかになるらむ今日だにも知らばや風のみだるけしきを」と女に寄こす。自分はいったいどうなるのか。せめて、あなたが私の手紙を御覧になったとの様子を知りたいものです、との意だ。クモの巣が風に「乱

（35）山口 1994

る」に、手紙を「見たる」にかけている[36]。

道綱の辛い婚活話はこれくらいにしておこう。ここであげた歌以外にも、女への手紙にクモをさかんに詠みこんだ道綱サンは、この八本足の虫が好きだったのだろうか？　そうとはいい切れまい。実は、『蜻蛉日記』には「傅の殿（道綱）、はじめての女のがり、やりたまふに、代はりて」との箇所がある。つまり、表面上は道綱の作だが、実際には道綱母の代作か協力による歌があると思われるフシがある[37]。山口[38]によれば、道綱は親父の兼家の七光りで何とか大納言にまではなったものの、基本的には無能な人物であったらしい。

それにしても、『蜻蛉日記』の道綱と女とのクモの歌の応酬は、現代人から見れば喜劇にしか見えない。道綱は「あなたからの手紙は他人に見せません。絶対に守ります」などと彼女に大見得を切っているが、その詳細は『蜻蛉日記』に記されているではないか。つまり、道綱と女の間でやり取りされた手紙の内容は、オカンにすべて筒抜けなのである。女側の「道綱サンに手紙を送ったことが周囲にバレたらどうしよう」との不安は、まこと的中している。現代人の脳裏に浮かぶは、出来の悪い息子の和歌やラブレターをいそいそと添削する、過保護気味の母親の姿である。

⑩クモの糸で助かった人、捕まった人

治承四（一一八〇）年、伊豆で挙兵した源頼朝は、平家方の大庭景親との石橋山の合戦に敗れた。頼朝は景親の追手から逃れるため、倒木の樹洞に身を潜めた。平家方の梶原景時は樹洞内で頼朝を発見するが、源氏方に寝返りを打つことを決意した。すると、長いクモの糸がどこからと

（36）菊池ら 1995

（37）菊池ら 1995

（38）山口 1994

（39）頼朝とクモの糸にまつわる逸話は、有名な『平家物語』（覚一系本）や幕府の公式歴史書『吾

もなく飛んで来て、樹洞内に張った。怜悧な景時は、わざとその糸を弓や兜に引っかけて外に出た。やがて、頼朝を探索している景親が倒木近くにやって来て、洞内に入ろうとした。しかし、景時は「自分よりも前にこの樹洞に入った人間はいない。このクモの糸が証拠である」と言い張った（『源平盛衰記』）。頼朝はクモの糸と景時の知略によって命拾いした。危うく難を逃れた頼朝が、最後には平家を打倒し、鎌倉幕府を開いたのは周知のとおりである。[39][40]

体にクモの糸が着いているのを見抜き、「お前は森を通り抜けてきた！　ずっと部屋にはいなかった。服にくっついたそのクモの糸が証拠だ！」などと、犯人のアリバイを崩すやり方は児童向けの推理小説にありそうな気がする。戦前期、この少年探偵まがいの推理を実践した、新聞掲載のいくつかの事件簿がある。

まずは、源頼朝と同じく、クモの糸で助かった人から。放火事件の容疑者として、二十歳の大工の男が逮捕された。親方に叱られたのを恨み、家の土蔵の窓から火を投げ入れ、数軒の家を全焼させたとの容疑である。長野地方裁判所はこの男に懲役四年の判決を下したが、東京控訴院で逆転の無罪判決が出た。判決が覆ったのは、控訴院の実地検証で、土蔵の窓のクモの巣が、凶行前から張られたままになっていることが判明したからである。新聞にはデカデカと「クモの巣の大手柄」との見出しが載った（昭和六年五月三十一日付東京朝日新聞）。

次は、逆にクモの糸で悪事がバレてしまった方のお話。ある日、バスの中に堂々とした紳士がいた。しかし、偶然そこに居合わせた刑事は、その紳士のオーバーにクモの糸と枯れ葉が付着しているのを見逃さなかった。刑事がその男を本署に連行したところ、あちこち荒らしまわっていた空き巣であることが判明した。この事件を報じた記事の見出しは「紳士と蜘蛛の巣。ピンと來た刑事さんお手柄」となっている（昭和十一年二月四日付読売新聞）。

妻鏡』には出てこない。本書でたびたび引用している『源平盛衰記』は、知名度との点で同じ軍記物語の『平家物語』にはるかに劣る。その背景には、『源平盛衰記』は、歴史の流れを中断する記事が多すぎるとの事情がある（水原 1988）。簡単にいうと、『平家物語』と比較して、『源平盛衰記』は話が頻繁に横道に逸れるので、その文学的価値が低いとされているのだ。ただ、話が脱線しまくってくれるおかげで、文化昆虫学的には、『源平盛衰記』は『平家物語』よりも多くの材料を提供してくれる。

(40)　イスラム教創始者のムハンマドは迫害を受け、六二二年マッカからヤスリブ（マディーナ）に向かった。ムハンマドは自分の命を狙うクライシュ部族の追手から逃れるため、出発寸前に三日三晩洞窟に隠れた。追手は洞窟近くまで来たが、入り口に張ったクモの巣と、そこにいた山鳩を見て「ここにやつはいない」と判断して、中を改めずに引き返したという（鈴木 2007）。このように、建国者がクモの巣のおかげで危うく難を逃れるとの逸話は、イスラム圏にもある。

たかがクモの糸、されどクモの糸。あんな細い糸が時には命の分かれ目になるのだから、なかなか侮れない代物である。

⓫現代における怪物のクモ

時は幕末。安政三（一八五六）年、初代駐日総領事のタウンゼント・ハリスが下田に着任した。ハリスは日本の家屋に浸入してくる様々な生き物に悩まされることになる。そのうちの一つがクモで、彼は同年九月六日付日記に「怨ち見る長大なる蜘蛛の馳せ廻るを、其足の長さ五吋《インチ》半にも及ぶべし（中略）是れ最も余の不愉快を覚へたる所なり」と憤懣この上なく記した(41)。足の長さが五インチ半（一〇cm以上）で家の中を走り回るとくれば、ハリスがビビったクモはアシダカグモと断定してよいだろう。幕府首脳に対して、強面で交渉に臨んだハリスであるが、アシダカグモには弱かった。幕府は隠密にアシダカグモを総領事館に大量に放させて、ハリスを精神的に参らせれば、日米不平等条約を結ばずにすんだのではないか、などと妄想にかられてしまう。

ここまで愛の象徴や織女星などの〝雅な〟クモを述べてきた。しかし、ハリスが慄いたように、クモの真髄は嫌悪される虫、化け物としての虫である。そして、その傾向は時代が現代に近づくほど強くなる。一九六七年十月放送開始『ウルトラセブン』のグモンガ、一九七二年『トリプルファイター』のクモデラン、同年『バロムワン』のクモゲルゲなど、戦後の特撮にはクモ型怪獣・怪人が多く登場している。

近年のアニメでも、クモ型モンスターの例には事欠かない。二〇二〇年放送の妖怪ファンタジーアニメ『継つぐもも』第四話では、主人公の桐葉と加賀見一也の前に、化け物のクモが立ちはだ

（41）ハリスがもっとも不快に思ったのはアシダカグモではなく、ネズミの大群であったという（ハリス 1913）。

かった。二〇二一年放送開始の『装甲娘戦機』は、五人の少女が金属生命体ミメシスと呼ばれる敵と戦うアニメだ。そして、第一話から敵のクモ型兵器がわんさかと出てくるのが特徴である。

一九八六年に発売されて以降、多くのシリーズが発売されたアクションTVゲームの『悪魔城ドラキュラ』にもクモ型モンスターがいた。この他、筆者が知らないだけで、RPGに登場するクモはゴマンといるにちがいない。ただ、大体のゲームやアニメにおいて、クモ型の敵はいわゆる雑魚キャラなのだが、例外もある。その一つが二〇一六年放送のTVアニメ『この素晴らしい世界に祝福を！』である（図４）。最終話では、機動要塞デストロイヤーと呼ばれる巨大兵器が、主人公たちが拠点としている町を襲う。このデストロイヤーと呼ばれる兵器は明らかにクモ型である。クモがラスボスとなった珍例といえよう。

図４『この素晴らしい世界に祝福を！』© 2016 暁なつめ・三嶋くろね／KADOKAWA／このすば製作委員会

⓬怪しいクモのようなキャラクター

①で述べたアフリカのアナンシのごとく、クモは知恵や狡猾さを持つ策略家として扱われることが多い。十五世紀後半のフランス・ヴァロワ朝のルイ十一世は、冷酷ではあったが慎重に事を運び、フランスの領土を大きく広げた名君である。敵国はルイを「蜘蛛」と呼んで、その知略を怖れた[(42)]。

日本でもクモはズル賢いとの意味で、知恵者として描かれることが多い。そして、日本文化史においては、クモは女性と結び付けられる傾向がある。たとえば、ケバケバしい赤系統の色彩を持つジョロウグモは、派手な衣装を着た女性を彷彿させるところから、漢字で「女郎蜘蛛」ないしは「上臈蜘蛛」と書く。

（42）佐藤 2014

そして、女性と重ね合わせられるクモは、良妻賢母というよりは悪女に近いイメージで語られがちだ。昭和十年、東京荒川区のカフェの主人が検挙された。この主人は女性給仕二人を共犯とし、客に色仕掛けで迫らせ、外に連れ出して、法外なカネをせしめた。今風にいえば、ぼったくりバーである。この事件を報じた新聞記事には「ネオンの蔭に毒蜘蛛の網」との大きな見出しがついている（五月二十二日付東京朝日新聞）。

怪しい女をクモになぞらえる。これは現代サブカルチャーでもよくある用法である。クモの基本技法の一つといってもよい[43]。二〇二〇年放送で、スポーツクライミングに挑む少女たちを描いた『いわかける！Sport Climbing Girls』というアニメがある。そして、ヒロインの笠原好が所属する花宮女子高校のライバルとして、久里川高校を率いる岩峰一愛との女の子がいる（図5）。彼女は長身と長い手足を武器にした登りで「クライミングスパイダー」との異名を持つ。このクモの岩峰サン、決して悪役ではないのだが、可愛い女の子を見ると舌なめずりをして品定めをする、怪しさぷんぷんの困ったレズっ子である。

同じく二〇二〇年放送で、モンスター専用の医者グレンを主人公とするファンタジーアニメ『モンスター娘のお医者さん』。ヒロインでヘビ型モンスターのサーフェの恋敵が、クモ型モンスターでアラクネ族の女性アラーニャである（図6）。このアラーニャさんも決して悪い人ではないが、素直ではないし、常に策を弄するし、色気でグレンに迫るしと、ある意味典型的なクモ女である。

二次元世界におけるクモについては、もう一つ述べておくべきことがある。前述の『モンスター娘のお医者さん』のほか、二〇二〇年にTVアニメ化されたコミック『異種族

（43）二〇一四年発売のアクションRPG（ロールプレイングゲーム）『戦国無双4』は、松永久秀がキャラクターとして登場する。久秀は、裏切りを重ねた史実を反映させたキャラ設定となっており、ゲーム中でも常に策を弄する悪役である。この久秀が、必殺技を出す時、背景でクモが巣を張る画面となる。このように男性キャラクターがクモになぞらえられる事例もある。

図5『いわかける！ Try a new climbing』石坂リューダイ／小学館（サイコミ×裏少年サンデーコミックス）

図6『モンスター娘のお医者さん』折口良乃：作、Zトン：絵／ダッシュエックス文庫

レビュアーズ』五巻にも、クモ型モンスターが接待する「アラクネの巣」なる風俗店が出てくる（図7）。どうやら、アニメやコミックの世界ではクモを意味する「アラクネ」との用語が半ば定着している。

ギリシャ神話には女神アテナに虐められ、クモに姿を変えられたアラクネとの名を持つ娘がいる[44]。実は、このアラクネこそがクモのラテン語のaranea、そしてクモ綱の学名Arachnidaの由来とされている。よって、日本のサブカルチャー作品が、クモ型のモンスターにアラクネとの名称を与えるのは正しいのである。おそらく多くのユーザーはアラクネの正式な語源までは知らないだろう。ただ、本来はラテン語や学名であるはずのアラクネが、サブカルチャー業界におけるカタカナ日本語として通用している事実は興味深いところである。

（44）山室 1980

図7『異種族レビュアーズ』天原：原作、masha：作画／富士見書房

⓭現代アニメやゲームにおけるクモへの恐怖と親愛

二〇〇三年のTVアニメ『グリーングリーン』第十話。高崎祐介と千歳みどりのカップルが図書室にいると、突然クモが天井から降りてきて、びっくり仰天。あせってこけてしまった二人はその弾みでブチュッとしてしまう…。アホらしいというなかれ、これこそラブコメにおけるクモの活用法の王道である（図8）。

本章冒頭で「クモを取ってくれ。安心して試験が受けられない」と申し出た受験生を紹介した。アニメでは、人々のこのようなクモへの恐怖を誇張した演出をたびたび見かける。キャラクターの女の子がクモを見て「キャー」と泣き叫ぶという、おなじみのや

図8『グリーングリーン』
© 鐘ノ音理事会／StarLink

つである。近年のアニメ作品でいえば、二〇一五年『ゆるゆりさん☆ハイ！』第二話の船見結衣（図9）、二〇一九年『可愛ければ変態でも好きになってくれますか？』第十話の古賀唯花、二〇二〇年『魔女の旅々』第二話のフラン先生、などがクモに悲鳴をあげる役どころを与えられている。

クモへの恐怖を逆手に取ったギャグシーンもある。二〇〇三年『フルメタル・パニック？　ふもっふ』第十二話では、ラグビー部員が部室に出たクモに狼狽する場面がある（図10）。がたいがいい男のラグビー部員のくせに、との意がギャグになっていることは説明するまでもないだろう。

逆に女の子がクモなんてへっちゃら、下手すれば触って親愛の情まで示すアニメやゲームのキャラクターの事例もある。近年の作品なら、二〇一六年PS Vita用ゲーム『PriministAr - プライミニスター』の安芸かのこ（図11）、二〇一八年『すのはら荘の管理人さん』第二話の春原彩花（図12）、二〇一九年『通常攻撃が全体攻撃で二回攻撃のお母さんは好きですか？』第九話の大好真々子などが、その事例となる。

おおよその傾向でいえば、常日頃からしっかりした子、強気な子、ズル賢い子ほどクモに悲鳴をあげ、反対に穏やかな子、内気な子ほどクモに親愛の情を示す。普段は勝気だがクモは苦手、逆に内気だがクモは好き、とのギャップが、クリエイター側の演出上の便利なツールになっているらしい。

クモを好きな少女がアニメやゲームの世界にあふれていることを、日本人のクモ愛に結び付けてはならない。これらの少女のクモ好きとの心根は「犬猫好きは当たり前。さらに気持ち悪いクモにすら好意を寄せる」と、愛情余りあるキャラクターの性格を補強

図9『ゆるゆり』なもり／一迅社

図10『フルメタル・パニック？ ふもっふ』© 賀東招二・四季童子／陣代高校生徒会

図11『PriministAr - プライミニスター』© HOOKSOFT／ENTERGRAM

しているにすぎないからである。クモ好き少女は、一般的にはクモが嫌悪されているがゆえに生み出された、あくまで特異性質の描写であることを忘れてはならない。

⑭最新異端アニメの『蜘蛛ですが、なにか？』

九〇年代半ば、初めて日本見つかったオーストラリア原産の毒グモがセアカゴケグモである。現在、外来生物法で特定外来生物に指定されているほどの危険な外来種である。殺人グモと呼べるほどの殺傷力はないものの、噛まれた場合に重症化する事例はあるので、注意が必要だ。

このセアカゴケグモは日本に侵入して以降、確実に数を増やし、今や日本人にとって身近な虫になってしまった。その事実は文化面にも影響を与えている。たとえば、二〇一八年放送のTVアニメ『Cutie Honey Universe《キューティーハニー・ユニバース》』の第九話では、悪の組織パンサークローの女首領のシスタージルの手のひらから、糸を引いて落下するクモが描かれた。このクモがどう見てもセアカゴケグモにしか思えないのである。また、八〇年代から現在まで続く、恐竜・哺乳類・昆虫などをモチーフとした、『ZOIDS《ゾイド》』とのプラモデルシリーズがある。この『ZOIDS』に二〇一九年、とうとう「スパイデス」というゴケグモ型ゾイドが発売されたのだ（図13）。セアカゴケグモは文化的にも、日本社会に完全に定着したのである。

ここで最新のクモ作品を取り上げよう。クモが主人公のフィクションといえば、アメリカ生まれの『スパイダーマン』が有名だが、二〇二一年新たなクモのアニメが名乗り

図12 『すのはら荘の管理人さん』ねこうめ／一迅社

図13 「スパイデス」© TOMY／ZW製作委員会・MBS

を上げた。『蜘蛛ですが、なにか？』である（図14）。陰気でいじめられっこの女子高生はある時、クラスメイト全員とともに異世界に転生してしまった。クラスメイトは一国の王子や貴族の令嬢に転生したのだが、主人公の女子高生はなぜかクモに転生してしまった。内気だったはずの主人公は、なぜか異世界ではポジティブになり、他のモンスターを倒し、その肉を食らい、強いクモに成長していく、とのストーリーである。

この『蜘蛛ですが、なにか？』の主人公のクモ。目は八つだし、毒を持っているし、レベルが上がった時は脱皮をする。当然糸を出して巣を張ることもできる。見た目こそ丸っこい、ぬいぐるみのような少女グモだが、クモの基本的な生物学的特徴を備えた設定となっている。

第五話で、主人公の少女グモはマグマの中から現れたタツノオトシゴ型モンスターと対峙した。レベル的に戦えない相手ではなかったが、相手はマグマの中にいる上に、最大の武器であるクモの糸が、相手の吐く火に燃やされてしまうので、彼女はいったん撤退した。彼女は思わず俳句を口にする。

格上に地の利取られてぃと悔し

季語がないから、これは川柳だろ！　とのツッコミは止めておこう。筆者はこの俳句（本人談）に興味を持った。平安期の三十六歌仙の一人の斎宮女御の次の二首と対比させてみよう。

さゝがにのいとはるかなる雲居にも絶えむ仲とは思ひやはせし
かき絶えて幾夜へぬらむさゝがにのいと短くも思ふべきかな

図14　『蜘蛛ですが、なにか？』かかし朝浩：漫画、馬場翁：原作、輝竜司：キャラクター原案／角川書店

この両歌の「いと」は、「非常に」を意味する「いと」に、クモの「糸」をかけている。[45] クリエイターの方々に聞いてみなければ正解はわからない。しかし、もしかしたら、クモ少女がつぶやいた「いと悔し」には「糸」がかけられているのだろうか？　だとすれば、芸が細かい話である。

そんな筆者の憶測はさておき、『蜘蛛ですが、なにか？』は、女子高生がクモに転生したとの極めて特異な設定である。異端アニメであると呼んでよいだろう。[46] ただ、『蜘蛛ですが、なにか？』を前面に押し出して、「日本人はクモに親近感を持つ民族である」との論法には絶対に賛成できない。というのも、主人公の女の子はことあるごとに「なんでクモなんかに転生しちゃったんだ！」と嘆き叫んでいるからだ。「なんでクモなんかに」とは、「なんでクモみたいな気持ち悪い虫に」との意を含むことは明白である。よって、仮にクリエイター個人がクモ愛あふれる方々であったとしても、物語の設定自体は⑬で述べた「嫌悪されるクモ」との社会通念の延長上にある。

(45) 安田 2000、新藤ら 2012

(46) アニメ中では、レベルアップしたクモが、上半身だけ人間の姿になれる〝アラクネ〟との名を持つ進化形態が存在する。これも⑫で述べた、アラクネがクモを意味するカタカナ日本語として定着している事例の一つである。

⑮文化的な断絶が著しいクモ

奈良時代から戦前期の和歌や文学、随筆におけるクモへの見方は実に多様である。貧乏、蔑視、脆さ、趣、美、安定、愛、化け物、そして七夕。和歌の世界では、クモの登場頻度は鳴く虫やセミ、ホタルと比較すると圧倒的に劣る。お話にならない少なさである。しかし、クモに対するイメージの種類だけは多様なのだ。この点、用法が儚さや季節の象徴の形容にほぼ特化した、鳴く虫、セミ、ホタルとは実に対照的である。

鳴く虫とセミ、ホタルは、鳴く・光るとの顕著すぎる特徴を持つがゆえに、和歌や文学の作り手の視線はそこに集中してしまい、かえって文化的な多様度は低くなった（第Ⅱ部第３章参照）。

クモには他の昆虫には真似できない「糸を出して巣を造る」との絶対的特技があるが、和歌の詠み手はクモの巣に対して、画一的な見方をしなかった。その結果、時と場合、そして作り手ごとに異なる感性を巧みに使い分けて、多様な蜘蛛和歌や文学が後世に伝わったのである。

しからば現代におけるクモの扱われ方はどうか。一九九三年、日本サッカーのJリーグ創設時に、清水エスパルスの長身キーパーのシジマールが、「クモ男」と呼ばれていたことを筆者は記憶している。その長い手で敵のシュートを片っ端に防ぐごとから、味方ゴールに網を張るクモとして称賛された。しかし、現代、とくにサブカルチャーにおけるクモの役割は嫌悪の対象、そして化け物にほぼ限られている。かつての趣、愛、美しさ、七夕伝説など、肯定的な観点でのクモの描き方は、ほぼ消失してしまった。仮に少女漫画で「クモが服にくっついちゃった。カレがもうすぐ来るにちがいないわ。きゃぴーん」との場面を書きたいのなら、コマの外に「かつて、クモは待ち人来たるの吉兆とされていた」との注釈が必要である。大半の現代人は、もはや『日本書紀』の故事を知らないからだ。現代サブカルチャーにおけるクモは、土蜘蛛として徹底的に蔑視対象にしていた日本神話に原点回帰してしまったのである。

鳴く虫やセミ、ホタルについては、平安・鎌倉時代の支配者層だった貴族の感性が、令和の庶民にもおおよそ引き継がれている。しかし、不思議なことにクモへの多様な見方については、そのほとんどが現代に継承されなかった。クモほど、伝統文学と現代サブカルチャーの間で、文化的な断絶が大きい虫も珍しい。それが本章の結論である。

（保科英人）

第Ⅲ部　文化昆虫学の諸相

第1章　神話の文化昆虫学

近年の神話学の学説によれば、世界の神話はゴンドワナ型神話群とローラシア型神話群の大きく二つに分類できる。そして、日本神話とポリネシア神話の間で高い共通性が見られる理由は、両神話が共にローラシア型神話群に属しており、かつ古人類の拡散経路からの説明が可能であるという(1)。

周囲を海に囲まれている日本の伝承や民話が、海の向こうの他民族の文化から完全独立していない点は重要である。とはいえ、身贔屓感情込みではあろうが、日本は文化昆虫学上、極めて興味深い文化を所有していることは間違いない。かつて欧州の諸部族が持っていたはずの固有の文化や言語、そして神話や伝承はローマ=キリスト教文化に侵され、その多くが現代に伝わらなかったのだ。

ギリシャ神話はその例外の一つである。古代ローマ人はギリシャ文明に深い敬意を抱いていたうえ、ローマ神話がギリシャ神話の亜流と目されるため、ギリシャ神話の内容は現代に語り継が

(1)後藤 2017

れてきた。ケルト神話は、アイルランドがローマ帝国の版図に組み込まれなかったことにくわえ、九〜十一世紀のヴァイキング襲来の被害が小さかったことで、後世に伝承された[2]。さらに、ノルウェーやスウェーデンの北欧神話が現代に伝わったのは、同地域がローマ帝国の支配下に置かれず、さらにキリスト教化の完了が十二世紀までずれ込んだとの事情が背景にある[3]。

次に、五〇〇〇年の歴史を誇るエジプトである。古代エジプト人はあれだけの建築物や文字、そして神々にまつわる壁画を後世に伝えたくせに、肝心要の世界や神々の創造の物語については、まとまった文章をほとんど残さなかった[4]。エジプト神話の関連書籍が天地創造の物語にあまりページを割いていないのは、長々と書けるほどの神話が現在に伝わっていないからである。

日本の文字文化の大先輩の中国も、多くの神話が失われた。その理由は儒教にある。春秋時代以降の儒教の広まりにより、漢民族は伝承の類いを空想や迷信として退けたため、中国神話は不幸にも断片しか残らなかった。古代の漢民族は神話を編み出さなかったのではない。創造物語が単に後世に残らなかっただけの話である[5]。

こうして見ると、どの神話が後世へ伝承されるかは、歴史の偶然に強く左右されることがわかる。しからば、我が国の神話はどのような変遷をたどったか。結論からいえば、日本神話は現代に伝わった。日本は有史以降、中国や朝鮮半島、そして明治維新後は欧米諸国から絶えず影響を受けつつも、固有の文化は決して上書きされることはなかったからである。「世界的に見て、日本は文化や文明が古代から途切れなく上昇し続けた。日本は例外中の例外の格別の国である[6]」との類いの国粋主義的な見方に全面共感はできないけれども、我が国が特殊な国であることは間違いない。実際、日本のように一〇〇〇年以上歴史が続いた国は世界史上ほとんど例がない[7]。

本章では現代に内容が伝わった『古事記』『日本書紀』『風土記』を主な資料とし、そこに描か

(2) 井村 1983
(3) 武田 1993
(4) 矢島 1983
(5) 君島 1983
(6) 渡部・谷沢 2000
(7) 井上 1990

れた日本神話に登場する昆虫を取り上げる。

❶日本神話の特殊性——世界の神話の中でも文化昆虫学的に最も扱いやすい素材

一般に日本神話とは八世紀に成立した『古事記』『日本書紀』に記された神々、そして古代天皇家の物語を指す。さらに七一三年の元明《げんめい》天皇が諸国に編纂を命じた『風土記』にも、神々や天皇家にまつわる古い伝承が記載されている。もっとも、完全に現存する『風土記』は『出雲風土記』だけだ。常陸・播磨・豊後・肥前国については内容の一部、そして他の諸国の風土記については、後世の文献に引用された逸文が断片的に残るのみである。

『古事記』は第三十三代推古天皇まで、そして『日本書紀』は第四十一代持統天皇までの物語が収録される。『古事記』『日本書紀』の内容は重複が多いが、どちらか片方にしか記されない事項も少なくない。世界の神話と比較すると、『古事記』『日本書紀』の日本神話にはいくつかの特徴がある。まず、海外の多くの神話は、天地創造なら天地創造、死の起源なら死の起源と、それぞれが別個のテーマとなっていることが多い。しかし、日本神話は全ての物語が一つにつながった二次的編纂物との特徴がある。(8) この点で、日本神話のスタイルは、韓国や東南アジア諸国の神話よりも、意外にも物理的距離がはるかに遠いはずのギリシャ神話に近い。

また、『古事記』『日本書紀』は時の中央政府によって編纂された公式歴史書であることを忘れてはならない。そして、そこに収録されている日本神話では神武天皇は天照大御神の子孫であり、天皇家は万世一系《ばんせいいっけい》、天皇の位に就いたのは天皇家のみであることが強調されている。(9) つまり、日本神話は、いわば世界でも類を見ない〝官製神話〟というわけだ。

（8）西條 2011

（9）吉田 2016

日本神話は天地創造、神々の物語、古代天皇家の逸話がつながった一大長編ストーリーである。これは神々や天皇と昆虫との関係を考察する上で極めて扱いやすいことを意味する。なぜなら、資料分析の際に、分母が確実かつ簡単に固定されるからだ。『古事記』『日本書紀』の両方を読み、かつ補助的に『風土記』を引用すれば、日本神話はほぼ網羅できてしまう。これが中国神話の場合、神話自体が断片的にしか残っていない上、短編神話は様々な文献に分散している。さらに細断されているそれらの神話は、てんでバラバラのストーリーだから、そこから古代漢民族の昆虫観を読み解くのは非常に面倒だ。また、日本神話に登場する神サマの名前は伊斯許理度売命《いしこりどめのみこと》や正勝吾勝勝速日天忍穂耳命《まさかつあかつかちはやひあめのおしほみみのみこと》などなど、長ったらしく到底覚えきれるものではないが、物語自体は単純明快だ。この点、やたらと難解で観念的な北米インディアンの神話とは対照的である。

もちろん、日本神話は官製神話である以上、神話から読み取れる昆虫観は、あくまで当時の支配者層のものであって、民族全体の昆虫観を直接反映していないとの欠点はある。しかし、それを差し引いても、日本神話は世界でもずば抜けた扱いやすさを持つ、文化昆虫学の好素材なのである。

❷日本神話の虫たち

本書では日本神話を『古事記』『日本書紀』に記された日本国の創造、八百万の神々、そして第二十五代武烈天皇までの古代天皇家の物語と定義する。さらに『風土記』に記された地方伝承も日本神話に含める。

日本神話を第二十五代武烈天皇の古代天皇家の物語までと区切ったのは理由がある。初代神武はいうまでもなく、武烈天皇までの歴代天皇は史実として存在を証明できない天皇が多く含まれる。[10] 以上のことから『古事記』『日本書紀』に描かれる初代から第二十五代まで古代天皇家の物語は伝承性が強いと判断し、日本神話の一部と定義した。以下、日本神話に掲載された九つの昆虫事例を記す。

〈稚産霊から桑と蚕がなる〉

火の神の軻遇突智《かぐつち》は埴山姫《はにやまひめ》を娶り、稚産霊《わくむすひ》が生まれた。この神の頭の上に蚕と桑がなり、へその中に五穀ができた（『日本書紀』）。

〈大気都比売神の頭が蚕になる〉

神々は大気都比売神《おおげつひめのかみ》に食べ物を求めた。大気都比売神は鼻や口と尻から様々な美味なものを取り出して料理した。しかし、その様子を見ていた須佐之男命《すさのおのみこと》は、大気都比売神がわざと料理を汚していると思い込み、大気都比売神を殺してしまった。殺された大気都比売神の頭から蚕が成り、二つの目には稲の種子が成り、二つの耳には粟が成り、鼻には小豆が成り、女陰には麦が成り、尻には大豆が成った（『古事記』）。

〈須佐之男命とハチとシラミ〉

須佐之男命は、娘の須勢理毘売《すせりびめ》が連れてきた夫の大穴牟遅神《おおなむちのかみ》（後の大国主神《おおくにぬしのかみ》）に、試練と称して様々な嫌がらせをした。須佐之男命は大穴牟遅神に、「ムカデとハチがいる部屋の中で寝ろ」と指示した。しかし、大穴牟遅神は須勢理毘売から貰った比礼《ひれ》（呪力を発揮する布

（10）遠山 2001、吉村 2010

のようなもの）を使って、ムカデとハチを大人しくさせてぐっすり眠れた。しかし、須佐之男命の意地悪は続く。今度は自分の頭のシラミを大穴牟遅神に取らせようとした。大穴牟遅神が須佐之男命の頭を覗き込むと、うごめいているのはシラミではなくムカデだった（『古事記』）。

〈姫路の地名の由来となった蚕〉

火明《ほあかり》の命《みこと》は気が強く行動が激しかった。父神である大汝《おおなむち》の命は息子を嫌い、捨てようとした。そこで、父神は火明の命に「水をくんでこい」と命じておいて、自分は船で逃げ出した。父が逃亡したことに気付いた火明の命は怒って風波を起こした。その衝撃で船に積んでいたあらゆる物が吹き飛ばされて、地に落ちてきた。そのうち、蚕子《ひめこ》が降ってきたところが、日《ひ》女《め》道丘《じがおか》との地名の由来となった（『播磨国風土記』）。なお、「ひめ」とは蚕の古名である。

〈神武天皇と蜻蛉島〉

初代神武天皇の御代三十一年夏四月一日。神武天皇は御巡幸の際、腋上《わきがみ》の嗛間《ほほま》の丘《おか》に登られ、国の形を望見して「なんと素晴らしい国を得たことよ。狭い国ではあるけれど、蜻蛉《あきつ》が交尾しているように、山々が連なり囲んでいる国だ」と言われた。これにより秋津洲《あきつしま》の名ができた（『日本書紀』）。

〈仁徳天皇夫妻の喧嘩を仲裁した蚕〉

第十六代仁徳天皇の御代。天皇が側室を迎えたことに嫉妬した大后《おおみさき》の石之日売命《いわのひめのみこと》は、韓人の奴理能美《ぬりのみ》の屋敷に転がり込んだ。口子臣《くちこのおみ》とその妹の口日売《くちひめ》、そして奴理能美の三人は「大后が奴理能美の屋敷にお出かけになったのは、奴理能美の家で飼っている三種類に変化する奇妙な虫を見るためです。この虫は一度は這い、一度は鼓となり、一度は飛ぶ鳥になります」と仁徳天皇に奏上した。天皇は「そんな奇妙な虫なら自分も見てみたい」と言い、奴理能美の屋敷に出かけ、結局大后と仲直りができた（『古事記』）。なお、三種に変化するとは、幼虫、蛹、成虫の三段階を経る完全変態を指し、この虫は蚕のことと解釈されている。

〈ノビルとヌカカ〉

允恭《いんぎょう》天皇の皇后の忍坂大中姫《おしさかのおおなかつひめ》は、母の家に住まわれ、ひとりで園内に遊んでいた。すると、闘鶏国造《つげのくにのみやつこ》が馬に乗ってやってきて、皇后の忍坂大中姫を嘲ったあと、「ノビルを一本くれ」と言った。皇后が「何のためにノビルを求めるのか？」と問うと、闘鶏国造は「山で蠛を追い払うのだ」と答えた（『日本書紀』）。ちなみに、蠛とは糠蚊《ヌカカ》のこととされている。

〈雄略天皇に仇名すアブを成敗したトンボ〉

第二十一代雄略天皇の御代。天皇は阿岐豆野《あきずの》へ狩りに出かけ、座って休んでいた。そこにアブが飛んできて天皇を刺した。するとトンボが飛んで来て、そのアブを食って飛び去った。天皇は「（前半略）手腓に虻かきつき　その虻を　蜻蛉早咋ひかくの如　名に負はむと　そらみつ　倭の国を　蜻蛉島とふ」との御製を詠んだ。天皇はトンボの功績を称え「我が国が蜻蛉島《あきずしま》と呼ばれる所以が納得できた」と感銘した。そして、天皇が狩りをしていた野原は阿岐豆野と名付けられた（『古事記』）。

〈雄略天皇と養蚕〉

天皇は后・妃に桑の葉を摘み取らせて、養蚕を勧めようと考えた。そこで、蜾蠃《スガル》[11]に命じて、国内の蚕を集めさせた。しかし、蜾蠃は勘違いして、蚕ではなく嬰児を集めて天皇に奉ってしまった（『日本書紀』）。

❸日本神話と海外神話との比較考察

（1）日本神話と海外神話の比較考察の困難さ

サハラ以南のブラック・アフリカの多数の部族は固有の文字を発明しなかった[12]。よって、同地域のアフリカ神話は、部族内で長く口承されてきた物語が、比較的最近になって他民族の手で文字に書き写されて、現代に伝わった。この点で、いにしえの時代に文字化されたギリシャ神話や日本神話とでは、事情が大きく異なる。また、神話を刻む言語が異なる以上、たとえば一〇〇〇単語あたりの昆虫登場数、といった量的比較は無意味である。

しかし、実際問題、文化昆虫学視点で日本神話と海外神話を比較考察しようとすれば、歴史の偶然の産物に過ぎない、現在に伝わった、限られた神話同士で無理やり比べるしかない。以上、様々な困難があることは承知のうえで、海外神話との比較を通して、日本神話に登場する昆虫の特徴を考察してみた。

（2）古代日本人のトンボへの愛着

『古事記』『日本書紀』に記されたトンボにまつわる二つの逸話は、非常に特異である。神武天

（11）蜾蠃とはジガバチの古名である。『万葉集』には「末の珠名は　胸別の　広き我妹　腰細の　すがる娘子の　その姿の　きらぎらしきに」と、ジガバチが比喩として詠まれた歌がある。ただ、『日本書紀』のこの箇所は、ジガバチが餌を運んで子を養う習性を持つことから考えついた、説話上の人の名と思われる（小島ら 1996）。

（12）宮本・松田 2018

皇が「蜻蛉《あきつ》がつながって交尾しているように、山々が連なり囲んでいる国」と感嘆されたとの場面。「トンボがつながっているような山々」の箇所は、現代語訳してみてもどうも要領を得ない。そこで後世この箇所をめぐり、様々な解釈が提供されてきた。一説によると、トンボの繁殖は豊作につながることから、神武天皇が発した言葉は「我が国は豊穣の国だ」との意である、との解釈がある。(13) 次に、第二十一代雄略天皇を刺したアブを飛来したトンボが食い殺す逸話は、解説の必要の無い単純なストーリー展開で、大変興味深いものである。

ここで着目すべき点は、建国の英雄の初代神武天皇は言わずもがな、雄略天皇もまた単なる二十一番目の天皇ではない、との事実だ。雄略天皇は国内では瀬戸内海の水軍と航路を支配していた吉備氏を討ち滅ぼし、外では倭の軍が朝鮮半島の高麗と新羅両国の軍を破った。『古事記』『日本書紀』が描く雄略天皇は軍事的カリスマであるが、史実としても雄略天皇の時代に王権の専制化が進んだとされている。(14)

つまり神武と雄略はともに節目の天皇であり、その両天皇とトンボの間で強い紐帯が描かれている点が重要である。初代帝王がふと漏らした感想から、国の名前が秋津島（＝トンボ国）となったただの、世界のどこに例があろうか。『古事記』『日本書紀』から古代日本人のトンボに対する強い愛着を看取できる。

（３）昆虫登場事例が絶対的に少ない日本神話

日本神話での昆虫登場事例は、細かいものを除くと、ここで紹介した九件である。本章では日本神話を第二十五代武烈天皇までの物語と定義したわけだが、仮にこの境界を取っ払い、『古事記』『日本書紀』全てを日本神話としてみよう。それでも追加される昆虫が絡むエピソードといえば、

（13）小西 1997

（14）水谷 2001

第三十三代推古天皇の治世時にハエの大群が現れたとか、第三十五代皇極《こうぎょく》天皇の御代で東国の住人の大生部多《おおうべのおう》が〝常世の虫〟を使って怪しげな信仰を広めたとか、取るに足らないものばかりである。この他、日本神話には「土蜘蛛」なる名称が頻繁に出てくる。ただ、この土蜘蛛は生き物としての虫ではなく、朝廷の命に従わない敵対勢力の蔑称である（第II部第8章参照）。

前述のとおり、異なる神話間の昆虫登場事例の数量比較は困難である。よって、感覚的な物言いになってしまうが、日本神話に出てくる昆虫は海外神話と比較してせいぜい互角か、むしろ少ないとの結論をまず述べておこう。さらに指摘すべきは、日本神話の昆虫九事例の内訳である。須佐之男命のシラミとハチ、闘鶏国造のヌカカ、稚産霊、大気都比売神、火明の命、仁徳天皇、雄略天皇の蚕、神武天皇と雄略天皇のトンボとなるわけだが、まずシラミとハチは厄介者として、ちょいと出てくるだけで、民族の昆虫観に繋がる深い読みができるわけではない。ヌカカも闘鶏国造が「山の中で追い払いたい害虫」として話題にしているだけであり、これまたただの厄介者扱いである。お次は蚕だが、蚕は益虫として群を抜いた存在であり、それ故に他の昆虫とは同類とはしにくい。となると、残りは神武天皇と雄略天皇のトンボだけだが、神武天皇は別に実際の生き物のトンボを観察したわけではない。神武天皇はあくまで「あの山々の連なりはトンボが交尾しているようだ」と感想を述べたに過ぎない。結局、日本神話で神々ないしは天皇と昆虫との強い繋がりが描かれているのは、実質的に雄略天皇とトンボの伝承ただ一つだけなのである。

（4）セリフを与えられなかった日本神話の昆虫たち

韓国神話に以下のような物語がある。仙女の子の木道令（木の若様）は、ある時、洪水で流されているアリと蚊を救助した。その後、木道令はアリと蚊に助けられ、良き娘と結婚できた。ようするにアリと蚊の恩返しなのだが、物語の過程では、木道令とアリと蚊の間で、会話が幾度となく繰り返される(15)。

アフリカのウガンダでは、民族の始祖のキンツは天界に向かい、そこで王ムグルウに様々な試練が与えられた。しかし、友情を取り結んだスズメバチの助けによって、キンツはその試練を乗り越えていく、との伝承がある(16)。

北米インディアンのナッチェス族の神話にも会話能力を持った昆虫がいる。ある部族長に嫁いだ娘がいた。しかし、部族長には既に何人もの妻がいて、新しく嫁いだ娘は先妻の嫉妬に苦しんだ。先妻は、乾燥したトウモロコシをどちらが早く、そして多く作れるかの競争を持ちかけた。娘はドロバチの助言を貰い、竹筒からカワセミを呼び出した。このカワセミは多くの村からトウモロコシを集めてくれたので、娘は先妻との勝負に勝てた(17)。

これらの海外神話に対して、登場する昆虫にセリフが一切与えられていないことは、日本神話の大きな特徴の一つである。雄略天皇を助けたトンボが「我々は神倭伊波礼毘古命《かむやまといわれびこのみこと》（＝神武天皇）以来の国造りによって水田に住処を得ました。よって御子孫にあらせられる大長谷若健命《おおはつせわかたけのみこと》（＝雄略天皇）を刺した不埒なアブめを私は討ったのです」と高らかに宣言してもよさそうなものだが、そのような描写は一切ない。

筆者が神話中の昆虫が会話をするか否かにこだわる理由は、『古事記』『日本書紀』で、哺乳類や両生類にはセリフがちゃんと与えられているからである。たとえば、大穴牟遅神《おおなむちのかみ》（後の大国主神《おおくにぬしのかみ》）は須佐之男命《すさのおのみこと》の策略にはまり、自分の周囲を火で囲まれた。すると、ネズミが出てきて「内はほらほら、外はすぶすぶ」（地面の内側は空洞だから、そこを踏めば地中の穴に潜りこめて助かります）と大穴牟遅神に助言した。また、大国主神が出雲の岬に到着した時、天のガガイモ

（15）金 1995

（16）小澤・寺岡 1985

（17）バーランド 1990

の船に乗って近づいてくる神がいた。大国主神は名を問うたが、その神は黙したまま答えない。自らに従う神々に問いただしても誰も知らない。すると、ヒキガエルが進み出て「久延毘古《くえびこ》ならばその名を知っておりましょう」と奉答した、というのである。

つまり、『古事記』『日本書紀』の編者は動物が言葉を発する、との発想自体は持っていたのだ。にもかかわらず、昆虫は沈黙させられているところを見ると、編者は「所詮は虫けら」と、昆虫を軽視していたと推察されるのである。

(5) 神々や帝王に命令されなかった日本神話の昆虫たち

ギリシャ神話によると、ゼウスの妻のヘラは大変嫉妬深かった。ゼウスはヘラに仕える巫女のイオを見染めた。怒ったヘラはイオの姿を牝牛にかえ、さらにアブを放ってイオを追い払った。

次はフィンランド神話より。邪悪な霊シムポの子で、勇敢な冒険者であるレミンカイネンは毒蛇に殺された。しかし、レミンカイネンの母親はミツバチに「七つの天界を越えて、天界の神のユマラから、塗り薬を貰ってきてくれ」と頼んだ。そのミツバチは数々の苦難を乗り越え、魔法の薬を持ち帰ることができ、最後にはレミンカイネンは蘇ることができた。[18]

三番目はヒッタイト神話から。嵐神テシュプの子であるテリピヌが姿を消した。母の女神ハンナハンナは、「ハチは体が小さく、身が軽く、進むこと光のように速いから、テリピヌを見つけることができるはずだ」と、たくさんのハチを放ち、息子を探させた。[19]

一方、『古事記』によると、高御産巣日神《たかみむすひのかみ》と天照大御神《あまてらすおおみかみ》は、天菩比神《あまのほひのみこと》を葦原中国《あしはらのなかつくに》に遣わしたが、長い間復命して来ない。そこで両神はその理由を問いただすため、鳴女《なきめ》との名を持つ雉《キジ》を送った。また、高木大神《たかぎのおおかみ》は東征する神武天皇の元へ「そなたの道案内に役立つであろう」と八咫烏《やたがらす》を遣わ

(18) 松村 1980b

(19) 矢島 1982

した。神武は、敵である兄宇迦斯《えうかし》と弟宇迦斯《おとうかし》へ降伏を促す使者として、この八咫烏を派遣している。

このように日本神話には神々や天皇が鳥に命令を下す場面が時々ある。しかし、ギリシャ神話やフィンランド神話、ヒッタイト神話とは対照的に、日本神話には神々や天皇が昆虫に何かの仕事を命じる、との場面がない。雄略天皇を助けたトンボは自分の意思で勝手にアブを食い殺しただけであり、雄略の命令で動いたわけではない。細かいことながら、昆虫は神々の臣下とはなりえないとの発想からも、『古事記』『日本書紀』編者の昆虫への軽視が認められるのである。

(6) 日本神話の昆虫は神や人間に変身できない

中国神話にはセミにまつわる以下の伝承がある。ある日、三匹のセミが少年に捕まった。それを見ていた僧はセミを憐れに思い、少年からセミを買い取って放してやった。時が過ぎ、僧は頭に大怪我を負った。妻は慌てふためいたが、誰も僧を助けることができない。すると、一人の男が突然薬を持って現れ「私はかつて、あなたに助けられたセミです」と告げた。その薬によって僧は元気になった。(20)

次は北欧神話より。狡猾な神のロキはヴァン神族の最重要女神であるフレイヤの家に忍び込んで、彼女の首飾りを盗もうとした。まずは、ハエに変身して家の中に入った。しかし、首飾りは眠っているフレイヤに留め金で付けられていた。そこで、ロキはノミに変身し、フレイヤの頬を刺した。フレイアはびっくりして寝返りを打って、また眠り始めた。すると、留め金がむき出しになったので、ロキは元の姿に戻り、留め金を外し、まんまと首飾りを盗んだ。(21)

さらに、オーストラリアのイリカラ地方の民族伝承から。海がまだ淡水だった世界創造期の頃、ムティアとボロクという夫妻がいた。ある時、夫婦喧嘩となり、怒った妻のボロクは海に尿をし

(20) Liu 1950

(21) クロスリイーホランド 1991

て塩水に変えた。さらに、自分は渇きに苦しまないようにゴキブリに姿を変えた(22)。

一方の日本神話。第十二代景行天皇の皇子で、日本古代史最大の英雄の日本武尊《やまとたけるのみこと》は東征からの帰途、能褒野《のぼの》（現在の三重県鈴鹿郡）でとうとう力尽きて逝去する。日本武尊は死後、白い鳥となって倭国へ飛び去った（『日本書紀』）。また、『常陸国風土記《ひたちのくに》』には、天から舞い降りて、童女に姿を変える白い鳥の伝承が記録されている。つまり、『古事記』『日本書紀』『風土記』が編纂された八世紀の日本では、動物から人へ、逆に人から動物へ変身するとの空想が突拍子もないものではなかったことがわかる。にもかかわらず、日本神話では神々や人々が昆虫に変身する、との物語がまったく描かれなかったことは無視できない事実である(23)。

ふと思えば、昔話の『鶴の恩返し』や、タヌキやキツネが人に化けるとの迷信など、鳥や哺乳類が人に化ける話は多々あるが、昆虫が人に変身する、との寓話には心当たりがない。有名どころの昔話はもちろんだが、地方に残るマイナーな民話を収集した永田『日本の民話四〇〇選』にも、人が虫に化ける話は収録されていない(24)。どうやら、日本人は伝統的に虫が人へ、人が虫へと変身する発想が乏しいことがわかる。

❹結論――昆虫と神々、そして天皇との関係が希薄な日本神話

国内で出版された各種トンボ図鑑は「いかに日本はトンボで満ち溢れた国か」を訴えんがために、神武・雄略両天皇の伝承をドヤ顔で取り上げてきた。奥本大三郎『虫の文学誌』も、日本神話におけるトンボの逸話を誇らしげに書く。これ見よがしに神武・雄略両天皇の伝承を聞かされると、「日本神話はさぞかし無数の昆虫たちが大活躍する物語に違いない」と何となく想像して

(22) 小澤・関 1985

(23) 以下アイヌの民話。一匹のシラミが人間の姉妹の家に辿り着いた。シラミは、妹は美人だが性格が悪いことに気付き、姉の懐に潜り込んだ。姉は「どこの若者だろう」と思い、シラミをしっかりと抱いた。翌朝、姉が目を覚ますと、若い神様がすやすやと眠っていた。実はシラミは天から降りて来た神だったのである（早川1977）。アイヌ民族は、神が昆虫に化けるとの発想を持っていた。

(24) 永田『日本の民話四〇〇選』には岡山に伝わる次の民話が収録されている。

ある村に履いて転んだら、小判が得られる下駄があった。しかし、その代償として、あまりに転ぶと体が小さくなってしまう。権造という欲張りは、何回も転んで、小判をたくさん得た。その代わり、虫のように小さくなってしまった。今でも「ごんぞう虫」と呼ばれる虫がいる。

これは人が虫のようになってしまった民話だが、権造は懲罰的に虫になってしまっただけである。日本武尊が白い鳥に化したのとは次元がまったく違う話である。

しまう。しかし、それは早計に過ぎない。

そもそも日本神話に登場する昆虫の絶対数が少ない。さらに、神々と天皇は昆虫と密なコミュニケーションを取らないし、頼れる家臣として雇用もしない。自らが昆虫に変身することもない。これらをまとめると、日本神話において、神々と昆虫、古代天皇家と昆虫との関係は希薄である、との身も蓋もない事実が浮かび上がってくる。昆虫の登場事例数でいえば、断片的にしか残っていないはずの中国神話の方がよほど多いし、人と昆虫との繋がりの強さでいえば、日本神話は韓国神話に及ばない。

元々筆者は「日本人は世界でも虫に特別な感性を持つ民族である」との自負は過大評価である、と考えている。たしかに、日本神話の神武・雄略両天皇とトンボの伝承は世界でも独特のものであるが、だからといって、日本神話から日本人の昆虫への大きな親近感を読み取るのは無理がある。

もちろん、海外神話とて昆虫が主役級の大活躍をしているわけではない。どの神話でも、神々や古代帝王、民族の始祖と深い繋がりを持つ生物は、たいてい鳥か哺乳類である。人類皆兄弟とはよくいったもので、人間とは所違えど、考えることはそんなに変わらない生き物なのだ。日本神話で描かれる昆虫への親近感は、質量ともに海外神話と同等の世界標準か、ないしはやや落ちる、といったところだろう。

日本神話から離れて、一般人レベルが知る民話や昔話を思い返しても、昆虫が主役級キャラクターとして登場する話はそうそう思いつかない。たしかに室町時代の御伽草子『こうろき草紙』『玉蟲の草紙』『虫妹背物語《むしいもせ》』など、登場キャラクターが全て虫との特異なお伽話がいくつかある。ただ、同時代の御伽草子である『ものくさ太郎』『一寸法師』『浦島太郎』『酒呑童子』などが子供向けにアレンジされ、昔話へと姿を変え、現代の庶民に広く読まれているのに対し、虫関係の御伽草子は専門家だけが知る存在だ。どの御伽草子が後世の大衆に読まれる昔話へ発展するかは、登場する動物の種類だけで決まるものではなく、物語の面白さや簡潔さが重要な要素であろう。しかし、虫だらけの御伽草子は大衆昔話に進化できず、今なお古典の枠組みの中に留まり、まともな現代語訳すら出版されていないのは厳然たる事実だ。また、虫だらけの御伽草子の多くは、虫がすべての登場人物を占めるのであって、人と虫との間の強い絆が描かれていない点も重要だ。

　それにしても、ほとんど昆虫が出てこない『古事記』『日本書紀』『風土記』と同じ八世紀に成立したはずの『万葉集』には、鳴く虫とセミがさかんに詠まれている点は気になる。このあまりに大きい落差は一体どういうことであるか。これは筆者の推測ながら、日本人は昆虫を情緒の対象として見る。いわゆる「物の哀れ」というやつだ。日本人の昆虫愛を「世界に冠する感性」とするのは褒め過ぎでも、何だかんだいって、量的には世界の上位の方に位置するのはたしかだろう。だから、和歌や俳句にさかんに虫を詠みこむ。一方で、正義の味方、悪役、へっぽこ役が活躍し、かつキャラクター同士の会話が描かれる生々しい物語には、日本人は昆虫を役者として採用したがらない。そもそも、昆虫は鳥獣と比べると体サイズが小さく、人との会話が必須なお伽話の登場人物に向かないとの致命的弱点がある。そして、その弱点を克服してまで、日本人は昆虫を物語のキャラクターとしては用いないのだ。日本人は物語の中で、昆虫を鳥獣と同等に扱うほどの執着は持ち合わせていない。これは、日本神話から現代アニメまで、日本人の昆虫に対する一貫した付き合い方のように思える。

（保科英人）

第2章　令和新時代の文化昆虫学

第Ⅰ部第1章でも触れられているとおり、文化昆虫学は昆虫が人々の精神的活動にどのような影響を与えたのか、あるいは人々が昆虫に対してどのような認識をもっているのかを課題としている。これまでの文化昆虫学では、昆虫がかかわる文化事象に関する情報を収集して記載すること、それに加えて文化論を展開することが主流であった。このような研究手法を用いた研究により、知られざる昆虫文化の世界にメスが入り、新たな知見や見解が見出されたのは確かである。一方で、そのような研究では、時として昆虫がかかわる文化についての単なる事実の羅列や記載にとどまってしまうことや、見解が客観性に欠けてしまう場合があることも事実であった。そのような中で、近年になって筆者により、人々に対する昆虫の影響を定量的に（端的にいえば、数値によって）評価する新たな手法が見出され、文化昆虫学における研究課題を明確にしつつ、人々が昆虫の多様性をどのように認識するのかなどといった諸問題を明らかにするような研究スタイルの論文が発表されている。本章では、文化昆虫学の客観的・定量的な研究手法のあり方について研究事例を交えて解説する。

❶ Google 検索数を指標とした昆虫の知名度に関する研究について

文化昆虫学の客観的・定量的な研究手法の例として、まずサーチエンジンの検索数を昆虫の知名度の指標とした研究手法について簡単に解説し、その手法を用いた昆虫の知名度（人々への影響度）に関する一連の研究を紹介する。

サーチエンジンの検索数とは何かという疑問がわくことと思うので簡単に紹介する。検索数とは、特定のキーワードが Google（グーグル）や Yahoo（ヤフー）などのサーチエンジンで検索された回数のことである。多くの人は、検索数を検索エンジンでキーワードを検索した際に表示される検索エンジンヒット件数のことであると勘違いしがちであるが、こちらは特定のキーワードを検索した結果検知されたサイト（ウェブページ）の数の推定値である。

インターネットにおいて情報収集する際には、Google や Yahoo などのサーチエンジンなどを使うこととなる。人々は、「知りたい」「ほしい」などといった自らの欲求を満たすために、サーチエンジンに特定のキーワードを入力する。したがって、そのキーワードが検索された回数とは、個人の欲求や意思を反映した集合体、言い換えれば社会の世相の指標といえる。現在の日本社会では、コンピューターやスマートフォンが広く普及しており、インターネットが公私の生活を問わず一般社会に広く浸透している。ゆえに、検索数という指標は社会の世相を知るうえで大きな判断材料となり、社会における人々の精神的活動の動向を定量的に示す指標となりうる。

先に述べた検索エンジンヒット件数もまた、検索数と同様に社会における人々の精神的活動の動向の指標となりうるもので、実際に検索エンジンヒット件数を社会の世相の指標として使った研究例も存在する。ただし、検索エンジンヒット件数は、検索数よりも手軽に知ることができるインターネット統計量であるが、その統計量が示すのは発信されている情報（ウェブページ）の数なので、あくまで発信者の意図を示すものであり、検索数ほどには一般社会の人々の世相を直接的に示すものではないといえよう。

❷検索数の調べ方

キーワードの検索数は、特定のＩＴ企業のサイトで調べることが可能である。多くは条件付きで検索数に関する情報を提供しており、サイトでえられた検索数に関する情報は非公開とする場合が多いが、中には無償で検索数を調べることができるサイトも存在する。たとえば、二〇二一年四月現在では、株式会社ディーボが提供する「aramakijake.jp」がある（url : https://aramakijake.jp/）。以前はGoogle社もキーワードツールにて検索数を無料一般公開していたが、現在ではGoogleキーワードプランナーという名称に代わり、サイトでえられた情報は公開可能とするものの、一定の条件を満たさなければ正確な検索数を調べることができなくなった。なお、キーワードの検索数を調べることができるこれらのサイトは、ほとんどの場合では検索エンジン最適化（ＳＥＯ）対策（自身が運営するサイトをサーチエンジンで検索した時に、上位に表示されるように工夫すること）のために利用されるサイトである。次頁の図１は、サイト「aramakijake.jp」のトップ画面であるが、キーワードを入力し、画面中の「チェック」ボタンをクリックすると、入力したキーワードの検索数が表示されるのである。今回の例では、「お中元」という言葉を調べてみたが、

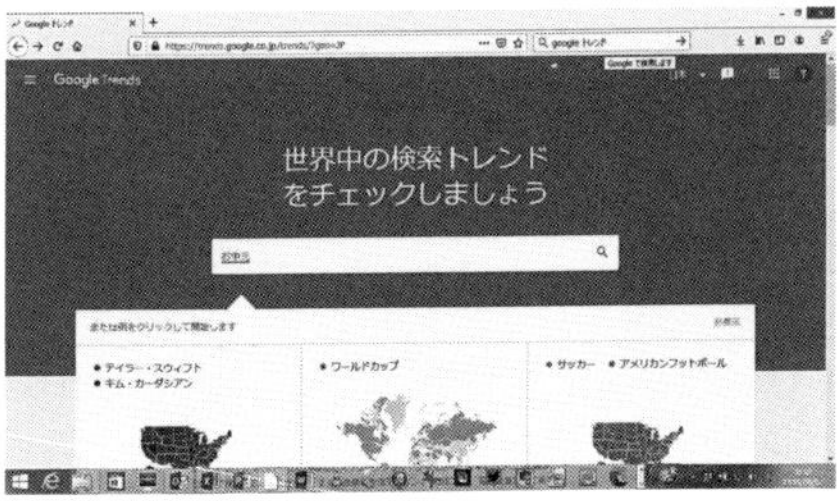

図3　Googleトレンドのトップ画面。このサイトでキーワードを入力することで検索数（相対値）の推移を調べることができる。

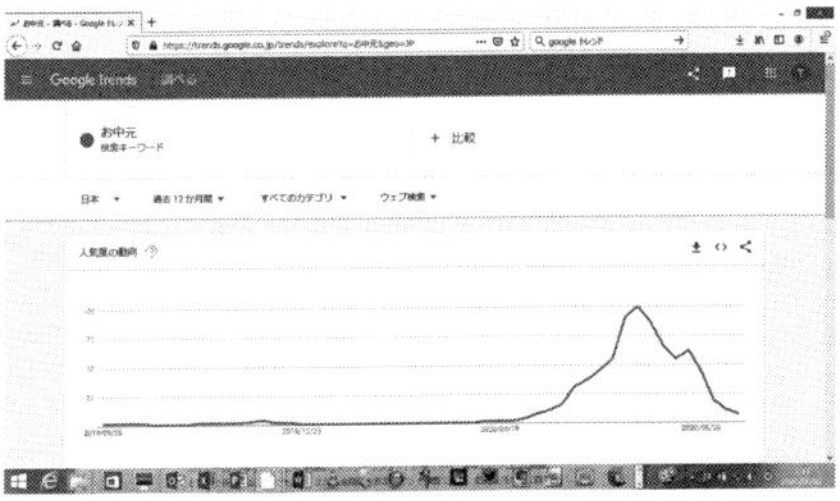

図4　Googleトレンドでキーワード「お中元」の検索数（相対値）の推移を調べた結果。まずは、過去1年間の検索数の推移が結果として表示される。

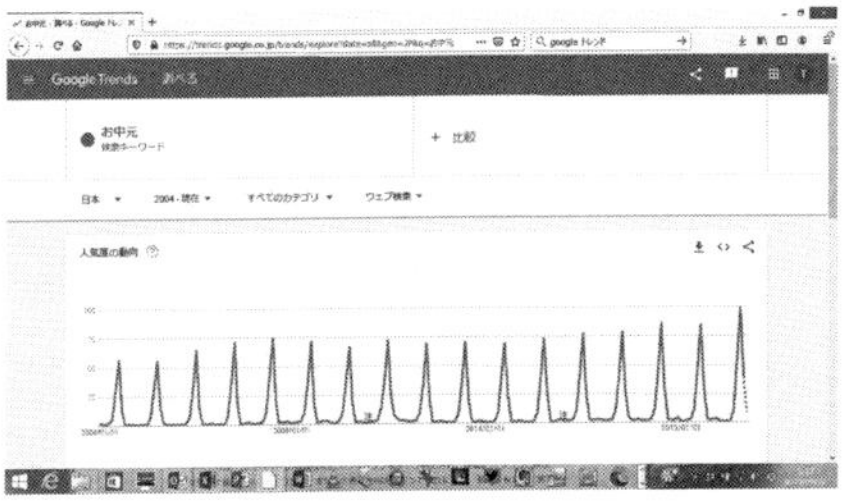

図5　Googleトレンドでキーワード「お中元」の検索数（相対値）の推移を調べた結果。2014年1月からの検索数の推移を示すことができる。

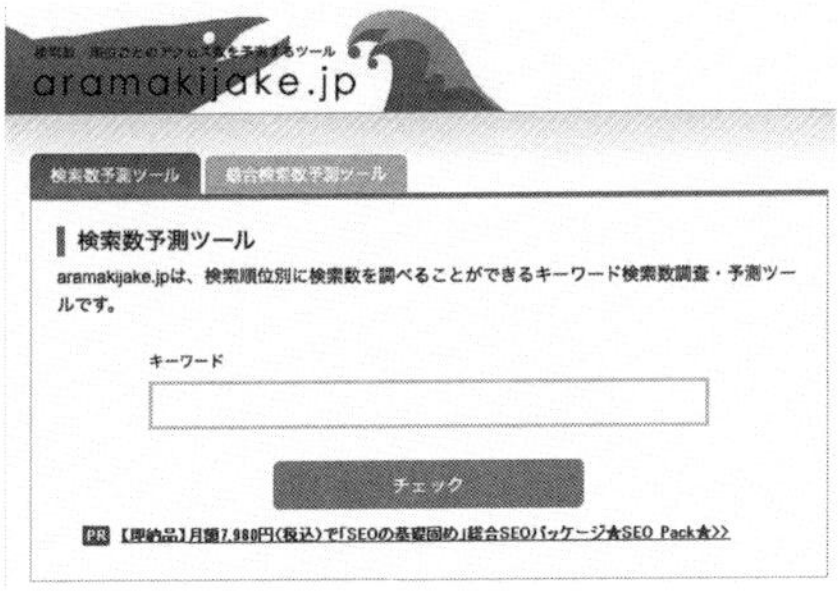

図1　株式会社ディーボのサイト「aramakijake.jp」のトップ画面。このサイトでキーワードを入力することで検索数を調べることができる。

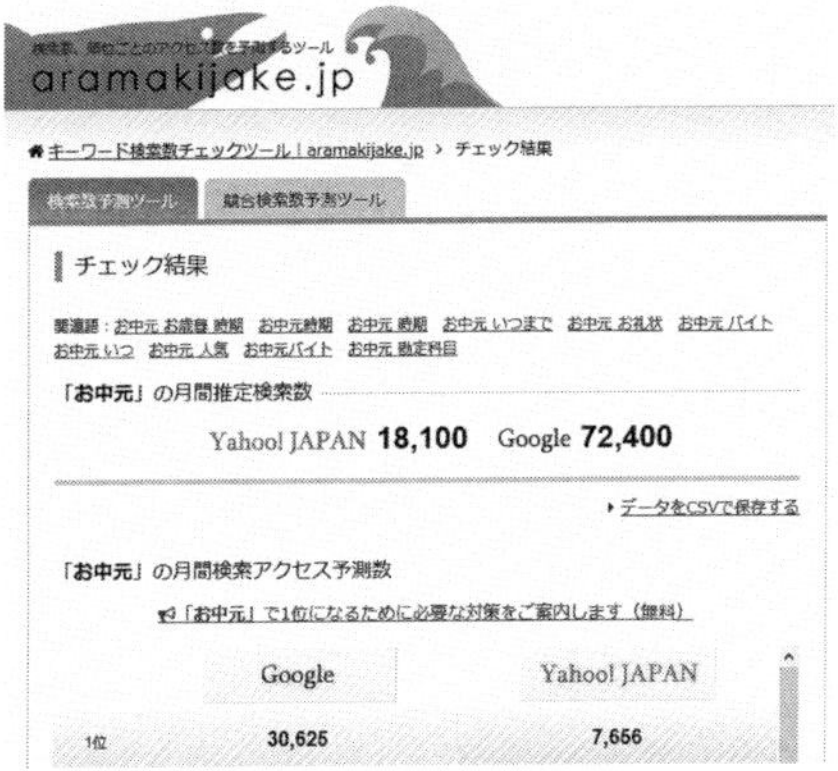

図2　株式会社ディーボのサイト「aramakijake.jp」で、キーワード「お中元」の検索数を調べた結果

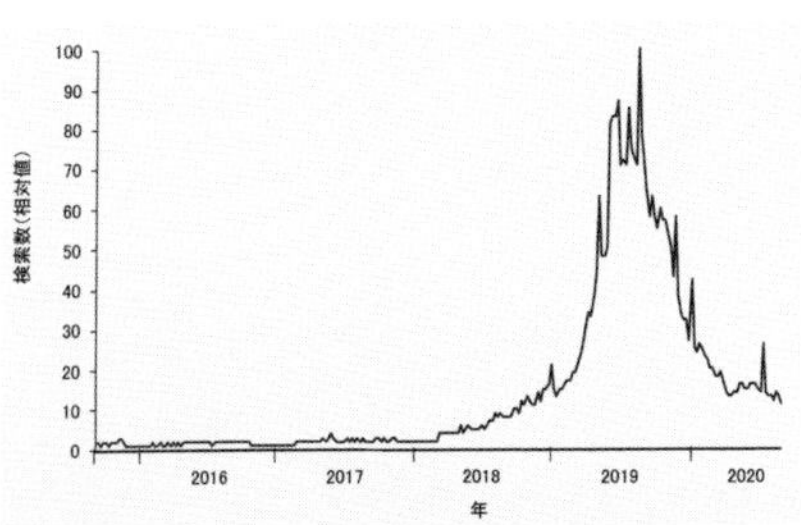

図7　Googleトレンドで調べたキーワード「タピオカ」の検索数（相対値）の過去5年間の推移

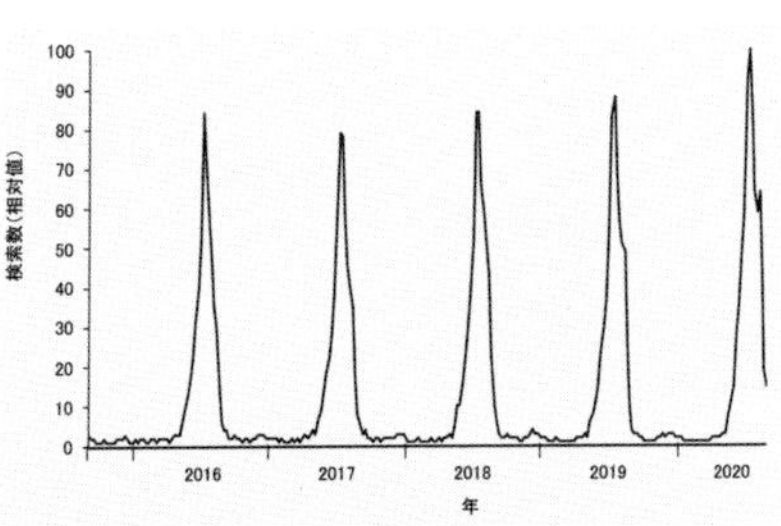

図6　Googleトレンドで調べたキーワード「お中元」の検索数（相対値）の過去5年間の推移

Yahoo! Japan と Google での検索数が、それぞれ概ね一万八一〇〇回と七万二四〇〇回であることがわかる（図2）。

Google トレンドでは、特定のキーワードの Google 検索数の相対値を時系列で示してくれる。ここでいう検索数の相対値とは、時系列のなかでのピーク時の検索数を一〇〇としたものである。図3は Google トレンドのトップ画面である。キーワードを入力して、「調べる」マークをクリックすると、まずは過去一年間の相対検索数の推移が表示される（図4）。期間については、二〇二〇年十二月の時点では二〇〇四年一月まで検索数の推移をさかのぼることが可能である（図5）。また、検索数の数値データをCSVファイル形式で出力することが可能であり、このファイル自体はマイクロソフト社のエクセルで開くことができるので、自分自身でグラフを作成・編集することが可能である。試しに、「お中元」という言葉の過去五年間の検索数の推移を調べてみた結果が図6である。お中元は、夏を迎える挨拶として贈られるものであるが、毎年七月上旬に検索数のピークがみられ、季節の慣例であることが一目瞭然にわかる。また、タピオカは二〇一九年の夏に大流行したが、Google トレンドを使って「タピオカ」というキーワードの検索数の推移（過去五年間）を調べると（図7）、二〇一九年八月に検索数のピークが見られ、社会におけるトレンドが反映されていることがわかるのである。

❸検索数を指標とした昆虫の知名度に関する研究の事例（その1）

まずは、Google キーワードツールを用いた研究について紹介する。筆者は、主に甲虫目（カブトムシ目）に属する昆虫を対象に、昆虫の多様性が人々にどのように認識されているのかを調べることを自身の研究の目的としており、その一環として甲虫目に属する昆虫の科名（＝一般名称）ごと、あるいは特定の科やグループに属する種名ごとの検索数の比較研究を行っている。たとえば、Takada（2010）は、Googleキーワードツールを使って、甲虫目に属する一三五グループ（一三二科、二亜科、その他一グループ）の名称(1)をキーワードとして検索数をもとめ、どの甲虫が人々の関心を集めているのかを調べている。その結果、甲虫目のなかでもカブトムシとホタルなど特定のグループが特に人々の関心を集めていることが示されたとともに（図8A）、関心を集めやすいのは、（1）形態や生態が目立つ（体が大きい、派手であるなど）、（2）益虫や害虫とみなされているもの、（3）人々の身近に生息しているといった特徴があることが示唆された。またTakada（2010）は、生物を表記する際に用いられる片仮名だけでなく、平仮名でも同じように調べており、その結果ホタルだけが異常に検索数が高いことを示した（図8B）。特に、生物学的な文脈の中では、生物の名前は片仮名で表記することが一般的であるので、片仮名で生き物の名前を検索する人は、生物学的な関心をもっているが、平仮名で生き物の名前を検索する人は、それ以外の関心をもって該当する生き物に接しているという意識が表れているはずである。Takada（2010）は、ほとんどの甲虫に属する昆虫が生物学的な意味合いで関心を集めて

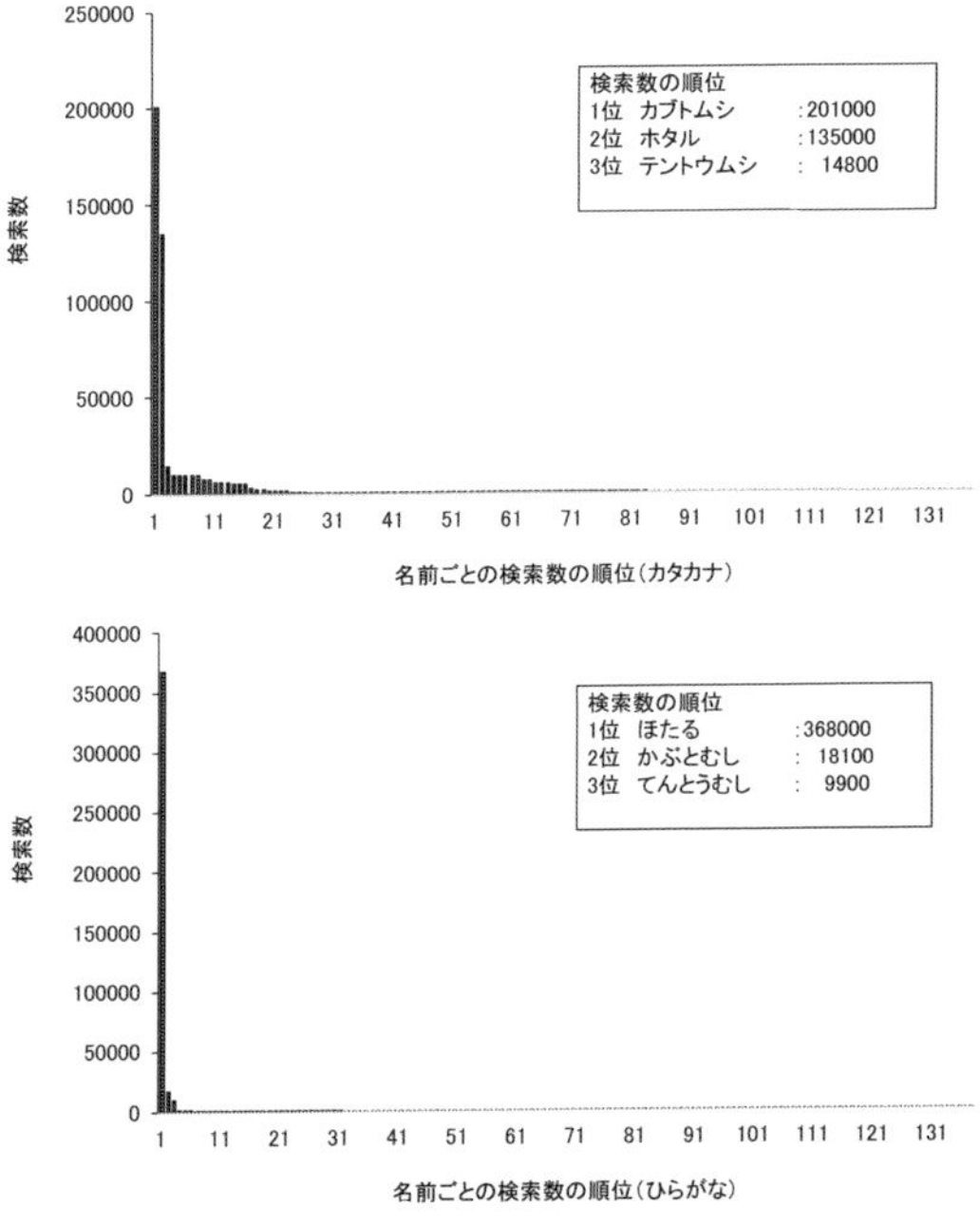

図8　甲虫目に属する135グループ（132科、2亜科、その他1グループ）の名称の検索数（Googleキーワードツールにより調査）
上：（A）カタカナ表記の場合、下：（B）ひらがな表記の場合
（Takada 2010のデータにもとづき作成）

（1）これらは、一般名称としてよく用いられる。

いる中で、ホタルだけはそれ以外の別の観点から（たとえば、象徴的な意味合いなど）も関心を集めていると示唆している。

また、Takada（2011）は、ホタルに着目してホタル科に属する種の名称をキーワードとした検索数をGoogleキーワードにより調べ、日本に生息する三四種のホタルのうち、ゲンジボタル、ヘイケボタル、ヒメボタルに対する人々の関心が特に高いことを示した。これについては、ホタル狩りの対象となる種であり、いずれも集団で発光するという特徴をもち、目立つという点が理由のひとつであると述べられている。加えて、この研究でも「ホタル」という一般名称とホタル科に属する種名の検索数を片仮名だけでなく、平仮名でも調べており、（1）各種名の検索数と比較して、一般名称としての「ホタル」の検索数が異常に高いこと、（2）各種名の検索数は平仮名より片仮名の方が明らかに高いが、一般名称である「ホタル」では平仮名の方が片仮名より高くなることから、（1）多くの人々は、ホタル科にふくまれる種を認識しておらず、ホタルに対する人々の認識は曖昧である（傍観者的になんとなくホタルを認識している）こと、（2）ホタルの種に関心がある人は、ホタルに対して生物学的な視点から関心を向けているが、なんとなくホタルを認識している人は、ホタルに対して非生物学的な視点から関心を向けがちであると結論付けている。

この二つの研究事例に類する研究は、（1）外国産カブトムシ類、（2）コガネムシ科でも行われている。外国産カブトムシ類の研究では、日本に輸入されていたカブトムシ種でも、ヘラクレスオオカブトやコーカサスオオカブトのように、大型で頭部と胸部の角が発達した種の知名度が高いことが示された。外国産カブトムシは、日本に分布する種類ではないため、人々の身近に生息していることなどが、特定の種に注目が集まる要因とはならないので、形態的特徴以外には、マスメディア等による情報の伝播が特定の種に人気が集まる要因のひとつとして示唆されている。コガネムシ科に属する種の知名度の研究では、カブトムシの人気が圧倒的に高いことや、注目されやすい種は、（1）形態や生態が目立つ（体が大きい、派手であるなど）、（2）益虫や害虫とみなされているもの、（3）人々の身近に生息しているものであることに加え、（4）分布が広範囲にわたるという特徴を持つことが示唆された。なお、この研究は保全生物学における象徴種（地域の環境保全を促進するための象徴とされる種）の特定を、文化昆虫学の視点から論じたものであり、カブトムシを象徴種として取り扱うことの有効性が示唆されている。

❹検索数を指標とした昆虫の知名度に関する研究の事例（その2）

次は、Googleトレンドを用いた研究である。Googleトレンドは、検索数を時系列で示すものなので、人々の関心の移ろい、すなわちどんな時期に何が流行っているのかを調べることができる。このことを利用して昆虫に対する関心の変遷を調べた研究事例を紹介する。

昆虫は日本においては、季節の移ろいを感じさせるものであるとされている。その証拠に、多くの昆虫が俳句の季語として使われている。その点に着目して、Takada（2012）は、季節の風物詩とされるホタルとカブトムシを対象に、これらの昆虫が実際に季節の移ろいを感じさせるものとして人々が関心をよせているのかをGoogleトレンドを使って調べている。その結果、人々はホタルとカブトムシに対して、それらの成虫が発生する初夏に関心を寄せており、実際にこの二種が日本においては夏の風物詩とされていることが示された（図9）。おそらくこの傾向は、ホタルやカブトムシに限らず、他の多くの昆虫でも同じであると思われるが、今後の課題として残

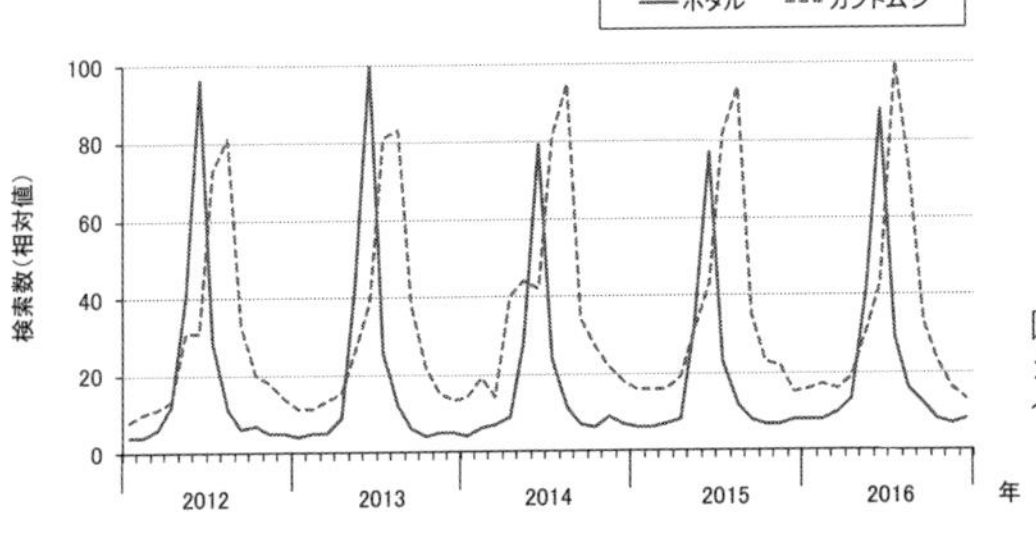

図9　ホタルとカブトムシの検索数の推移（2012～16年の5年間）

されている。

この解析は、上述したような昆虫に対する季節ごとの周期的な関心を示すだけでなく、ひとつの社会現象として一時的に大流行したのかも調べることができる。二〇一八年に日本で相次いで発見された南米原産の外来種ヒアリは、毒針をもっており、人々の衛生面に被害をもたらす昆虫として問題視され、各マスメディアでも積極的に取り上げられた。その点に注目し、高田（2020）は、ヒアリに対する人々の関心の変遷をGoogleトレンドで調べている。その結果、他の在来種のアリが、ホタルやカブトムシと同じように、季節ごとに周期的に人々に関心をよせられていたのに対して、ヒアリは、日本国内で発見され、マスメディアでも積極的に取り上げられた二〇一八年に著しく人々に関心をよせられていたことが示された。また、その後もヒアリの発見が相次ぐものの、マスメディアにそれほど取り上げられなくなった二〇一九年以降は、人々の関心が薄らいだことも示された。

❺インターネットを活用した昆虫にまつわる言語の分析とは何か

世の中には、昆虫の名称をはじめとした昆虫にまつわる言葉が多数存在する。昆虫を指し示す言語をとっても、リンネが提唱した西洋科学に基づく名称（正式な和名）だけでなく、方言や俗語もある。昆虫の名称は、図鑑や辞書をあたれば大抵がその言葉が指し示すものは決まっているが、それを用いる側が言葉の意味を正確に把握しているのかというと実はそうでもないことがある。これは、昆虫にかかわるものだけでなく、どんな言葉であれそうである。人々は、あいまいに認識し誤解することによって、言葉が本来指し示すものとは異なるものを、そのものだと思ってしまう。ことに昆虫については、非常に多様な生き物である上に、とりわけ体が小さく、観察している人も少ないと考えられるため、あいまいに認識されることも少なくないと思われる。結果として、昆虫の名称は、その言葉が指し示すものが人々の認識の中では一定にならないこともあると予想される。方言や俗語に至っては辞書に載っていないこともあり、そういった言葉では指し示すものが、よりあいまいであったりするだろう。

そういった昆虫に対する誤認識や認識のあいまいさ、あるいは何らかの昆虫を指し示す方言や俗語が指し示す対象を分析する手法として、筆者はGoogle画像検索を用いた方法を考案した。Google画像検索では、特定のキーワードを入れて検索することで、その言葉にまつわる画像を検索することができる。たとえば、「カミキリムシ」と入力して検索すると、多くのカミキリムシの画像が検索される。もし、「カミキリムシ」という言葉を誤解する人がいれば、カミキリムシではなく別の生き物が検索されるはずである。これら検索された上位のいくつかの画像の種を調べることで、その言葉が誤認識されているのか、あるいは意味があいまいにとらえられているのかがわかる。言葉が指し示すものの中心となる対象の範囲は、上位に検索された複数の画像を同定し、頻度分布を示すことで把握することが可能である。もしある言葉が指し示すものが一般に共通するものとして認識されているのであれば、特定の一つの対象のみの頻度が高くなるが、そうでなければ複数の対象に頻度が分散することとなる。この分析手法については、まだ試行段階にあるが、言葉の意味を定量的な方法をもって分析できる方法なので、今後の発展が楽しみな分析手法といえるだろう。

❻昆虫にまつわる言語の分析の実例

「便所虫」とは、便所に出現する虫のことを意味する言葉であり、辞書には掲載されていないが俗語として広く使われている。しかしながら、この言葉が具体的にどんな虫を指し示しているのかは、これまで明確ではなかった。そこで、高田（2020）は、「便所虫」という言葉をGoogle画像検索により検索し、検索された上位四〇件の画像に写し出された虫の種類を同定し、頻度分布にまとめた。その結果、検索された合計一五種類の虫のうち、検索された頻度が高かったのは、カマドウマ、ワラジムシ、ダンゴムシ、チョウバエであったことから、一般的にはこれら四種が便所虫を指し示す言葉であると結論付けた。

また、「テントウムシダマシ」という言葉は、生物学における学術用語ではテントウムシダマシ科に属する昆虫の総称であるが、農業や園芸の世界ではニジュウヤホシテントウやオオニジュウヤホシテントウなどナス科の農作物を加害する害虫を指し示す言葉として使われている。この点に着目し、高田（未発表）は、「テントウムシダマシ」という言葉をGoogle画像検索により検索し、上位に検索された画像に示された上位四〇件の種類を同定したところ、三三例がニジュウヤホシテントウもしくはオオニジュウヤホシテントウであり、三例が捕食性テントウムシで、テントウムシダマシ科に属する昆虫は四例のみであった。この研究事例では、同じ言葉でも業界やコミュニティが変われば、言葉の指し示す意味は変わってくることと、一般的には「テントウムシダマシ」という言葉は、ニジュウヤホシテントウやオオニジュウヤホシテントウを指し示す言葉であることを示したものである。なお、高田（未発表）は、農業・園芸害虫であるニジュウヤホシテントウの類に対してテントウムシダマシという言葉を農業や園芸業界の人々に使うのは、傍観者的な視点で昆虫を見る人々に、益虫である捕食性テントウムシと区別することを意識させ、そのような人々の生活圏内ではテントウムシダマシ科に属する昆虫を見る機会もないので、ニジュウヤホシテントウ類に関する情報を普及するのに有効であると示唆している。なお、ニジュウヤホシテントウの別名としてのテントウムシダマシという言葉は、新しいものではなく、少なくとも一九五〇年代の病害虫に関する図鑑でも確認できた。言葉の発明者は、現在の農学や園芸の世界でのこの言葉の普及を狙っていたのではないかと思われる。

❼昆虫が描かれた食品パッケージの研究の概説

これまでは、インターネット統計を活用した室内で実施できる定量的な文化昆虫学の研究について紹介した。ここでは、昆虫の多様性が人々にどのように認識されているのかを調べることを目的とした、定量的な手法による文化昆虫学の研究事例として、スーパーマーケットで実施された昆虫が描かれた食品パッケージの調査・研究について紹介する。

食品パッケージは、食品の品質を保つ機能等の他、顧客に商品をアピールする目的があるため、購買者の気を引くために見た目において様々な工夫が凝らされており、様々なイラストが描かれている。その様子は、多くの人々が利用するスーパーマーケットで垣間見ることができるので、ご存知の方も多いと思われる。そのような食品パッケージであるが、時に昆虫が描かれていることがある。食品パッケージに何故昆虫が描かれるのかについては、製造元や販売元に電話等で問い合わせてインタビュー調査を実施して調べることが可能であり、これまでの研究事例からも様々な理由で昆虫がイラストに採用されていることが明らかとなっている。たとえば、珉珉食品株式会社のせみ餃子のパッケージには象徴化されたセミのイラストが描かれているが、販売元に電話にてインタビュー調査を実施し、販売元の社名の読みが「みんみん」であり、セミの鳴き声を連想させることにちなんでいる。加えてセミが多くの人にとってごく身近な存在で親しみのある昆虫であることから、食品パッケージのデザインにセミが採用されたことが明らかになっている（図10）。食品パッケージに描かれる昆虫の研究は、食文化において生活にかかわる直接的な昆虫の利用である昆虫食とは異なり、人々の知的営為にかかわる昆虫の利用についての研究であるので、文化昆虫学が取り扱う範疇に含まれる。

スーパーマーケットに行って注意深く商品を観察していると、決して多くはないが昆虫のイラストが描かれた食品パッケージを見つけることができる。これを一定の取り決めのもとに、特定の店舗内における商品すべてを調査して、その中から昆虫が描かれたすべての食品パッケージを拾い上げるという調査こそが、定量的な手法による調査といえる。まさに、文化昆虫学におけるフィールドワーク調査といえよう。なお、筆者はこの調査を実施する際には、昆虫が描かれた食品パッケージを採用した商品をすべて購入し、家に持ち帰って写真撮影して記録している。購入した食品については、自分自身で消費するほか、食べきれないものについては友人等におすそ分けしている。

❽昆虫が描かれた昆虫食品パッケージの研究の実例

高田（2020）は、島根県出雲市にあるショッピングモール「ゆめタウン出雲」にある食品売り場にて、店舗内全商品を対象に調査を実施した。調査地となった食品売り場は、出雲市ではよく

図10　珉珉食品株式会社『せみ餃子』のパッケージ

知られており、様々な層の人々が買い物にくるごく一般的な食品売り場である。この研究を実施するにあたって、高田（2020）は、ミツバチは古い時代から食品として広く普及しているハチミツを生産する昆虫としてよく知られていることから、ミツバチがハチミツと関連した食品のパッケージに描かれやすく、またミツバチが描かれた食品パッケージの頻度は他の昆虫に比べて高いという仮説をたてていた。調査の結果、食品パッケージには、ミツバチの他、チョウ、アカトンボ、テントウムシ、イモムシ、セミのイラストが描かれたものがあったが、仮説のとおりミツバチが描かれた食品パッケージの頻度が最も高かった（図11）。また、他の昆虫は、それ自身と関連性のない食品のパッケージに描かれていたが、ミツバチのイラストはすべてハチミツかハチミツ加工食品の食品パッケージに描かれていた。この点について高田（2020）は、生態系サービスの概念を用いて説明を試みており、他の昆虫は自然界からの直接的な文化的サービス（自然界からの非物質的な恵み）がもたらされた結果であるのに対し、ミツバチはハチミツという供給サービス（自然界からの物質的な恵み）を経た文化的サービスがもたらされた結果であると示唆している。

同様に、高田（2021）は上述したスーパーマーケットよりも小規模な店舗である「業務スーパー出雲塩冶店」においても調査を実施しているが、ここでもやはりミツバチのイラストが描かれた食品パッケージの頻度が高いという結果をえている。

しかしながら、昆虫が描かれた食品パッケージの頻度はそもそも多いものではない。店舗によっては、ミツバチとは別の種類の昆虫の頻度が高くなる可能性があるため、その普遍性を実証するには、より様々な店舗での調査を積み重ねる必要性がある。昆虫の多様性が人々にどのように認識されているのかを調べることを目的とした研究としては、まだ中途段階であるとい

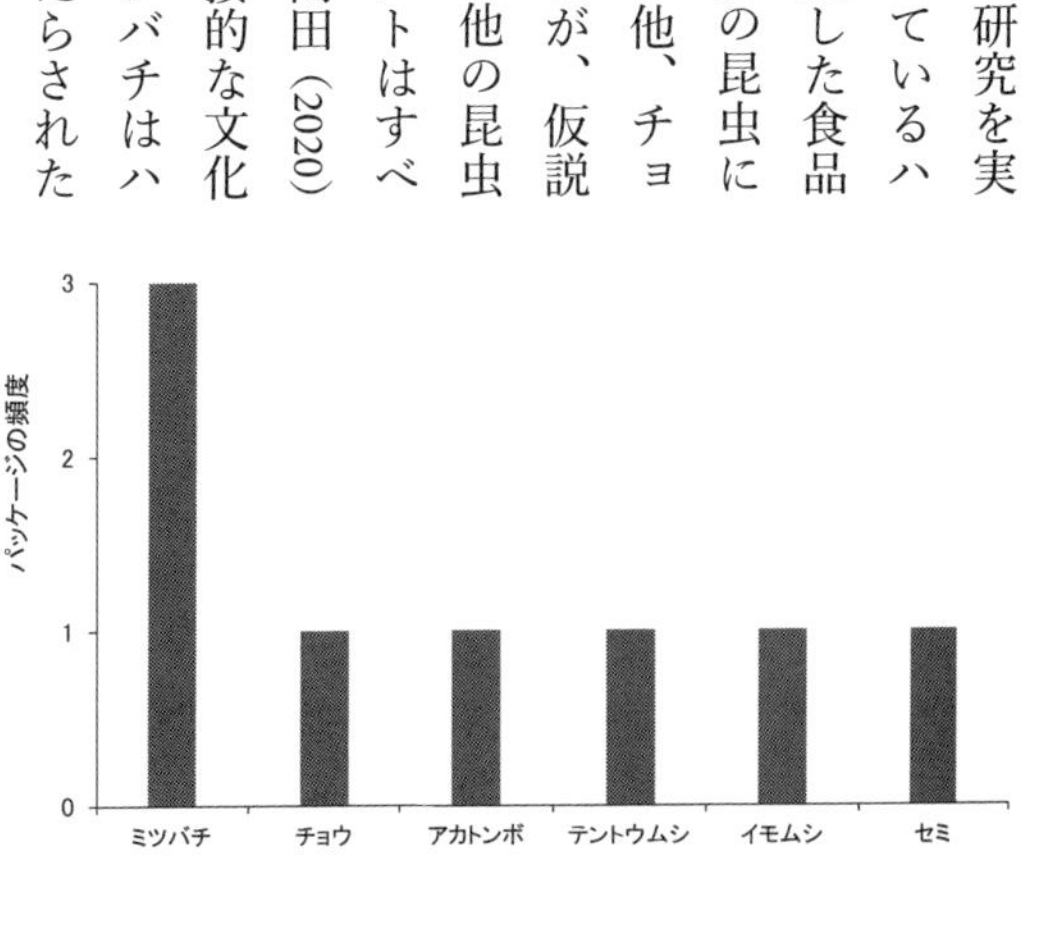

図11　島根県出雲市にあるショッピングモール「ゆめタウン出雲」の食品売り場にて見られた昆虫が描かれた食品パッケージの頻度分布（高田 2020 の調査データにもとづき作成）

えよう。

❾最後に——このような研究に至るまでの経緯

最後に、著者がこのような研究をするに至った経緯を紹介したい。文化昆虫学の研究に着手するきっかけは、日常生活の中で突如としてやってくるものであること、文化昆虫学の意義などについて理解さえしていれば、ちょっとしたアイデアや工夫次第で職業研究者でなくとも文化昆虫学の研究が可能であることが理解していただけるかと思う。

検索数などインターネット統計量が知名度の尺度となるということを知ったきっかけは、著者がまだ博士課程在学中で里山における甲虫の多様性が維持されているメカニズム（昆虫群集生態学）の研究をしていた頃（二〇〇五年頃）に、テレビ番組『爆笑問題の検索ちゃん』という番組を見たことである。その番組では、それぞれの事象のトレンドを示すために、検索エンジンヒット件数を用いていたのである。それを観た著者は、昆虫でやってみればどうなのかと漠然と思い立ったが、そのようなことを調べてもどのような意味があるのか、つまりどういった問題設定をすればよいのかがわからず、そのまま保留した。博士課程を中退後、社会人となり、限られた時間の中で趣味として何か研究できないかと考えていたときに、野中健一著『民族昆虫学』を読み、文化昆虫学の存在を知った。その後、文化昆虫学の文献について調査をしているうちに、コエーリョによって実施されたロック音楽のＣＤジャケットに描かれる昆虫について調査した論文[(2)]に出会った。読んでみたところ、本論文では、インターネットを駆使して、販売されているロック音楽ＣＤを手当たり次第にチェックして、ＣＤジャケットに描かれている昆虫の各分類群の頻度を

（２）Coelho 2004

調べており、昆虫が人々におよぼす影響に関する研究の一環として、「どのような昆虫が文化事象に表象しやすいか」という問題設定が、文化昆虫学という学問の中での課題であることを知った。これは、昆虫の多様性が人々に認識されているのかという問題にもつながっている。この文献との出会いにより、かつて漠然とやってみれば面白いのではないかというインターネット統計を用いた昆虫の知名度の評価を調べ、「どのような昆虫が人々の注目を集めるのか」という問題を設定し、研究するに至った次第である。その後、多分野にわたる文献を調べていくうちに、検索エンジンヒット件数よりも、Google検索数の方が問題設定に応じた調査に適していることがわかり、上述したような論文を執筆した。この研究は、インターネット環境の整ったパソコンさえあれば、ほとんど予算をかけずに、短時間で重厚なデータがとれるので、趣味でやる研究としてもうってつけである。

Google画像を用いた昆虫にまつわる言葉の研究は、もともとは著者のさる事情からインドネシア語の単語の分析を行うために実施しようと計画していたことを応用し、実践したものである。

食品パッケージに描かれる昆虫の研究については、はじめは食品とは関連性のなさそうな昆虫が何故食品パッケージに描かれるのかという疑問から、ひとつひとつの食品パッケージについて製造元や販売元にインタビュー調査を実施し、昆虫がイメージとして使用された理由を探るという目的で実施していた。ところが、色々なスーパーマーケットをまわっていて、ミツバチのイラストが描かれた食品パッケージが多いことに気づき、自身の研究の目的である昆虫の多様性が人々にどのように認識されているのかをより深く調べることができるのではないかと思い、実行に移したものである。この研究も、よほど高級食材ばかりを取り扱っているような店舗でない限りは、比較的低予算で実施可能であり、日常生活のなかでの買い物ついでに実施できるので、時間もそれほどかからないという点で趣味の研究としてはうってつけなものである。

近年、市民科学という言葉が登場している。市民科学とは、市民が積極的に科学研究に参加するものであるが、これまでの市民科学の考え方ではどうしても主となる職業研究者の補助的な役割を担うものであることが多かったと思われる。しかしながら、文化昆虫学においては、基礎となる考え方を学んだ上で、知識と着眼点さえ持てば、誰もが主役として活躍できる可能性を秘めている。

（高田兼太）

第3章 日本文化史における虫たちの覇権争い

本書の最後に、日本文化史における虫たちの覇権の変遷を追跡することとしたい。言い換えれば、どの虫が最も文化的に重きをなしていたかを時代ごとに概説する。しかし、人口や財政規模とは異なり、文化的な重さは相対的数値で比較し難いものである。たとえば、日用品業界を席捲するテントウムシ（第II部第6章）と、アニメやドラマで夏を告げる役割のセミ（第II部第3章）。どちらが日本文化に深く浸透しているかの優劣は、そうそう付けられるものではない。かといって、文化昆虫学で個々の虫だけ取り上げることを続けると、「これそれの和歌にはセミが出てくる」などの「あるある事例」ばかりが積み重なってしまう。このやり方は、その昆虫への親近感の過大評価に繋がる恐れがある（第I部第2章）。難しいのは承知しているが、異なる虫の間の文化比較は是が非でもやっておきたいところだ。

さらに、第I部第2章で述べたように、時代間の昆虫観は一層困難との事情がある。大衆が文化を担う現代と、支配者層のみが詩歌を残した奈良・平安時代とでは文化的背景が根本的に異なる。可能であれば、平成・令和の国民と、奈良・平安時代の農民の昆虫観を比較したいところだが、時代を遡るほど、大衆の昆虫観を示す文献資料は乏しくなるのが実情だ。主観混じりの考察との批判は覚悟のうえで、時代ごとに文化的覇権を握った虫たちを述べていくこととしよう。

❶奈良・平安・鎌倉時代

筆者はまず日本文化を、（1）奈良・平安・鎌倉、（2）室町・江戸、（3）明治・大正・昭和戦前期、（4）戦後から現代の計四つの時期に大別した。日本史学者からは大きな苦情が出ること必定の大雑把な分類だが、あくまで文化昆虫学的な視点での分け方なので、ご容赦願いたい。次に、トンボ、鳴く虫（キリギリス・コオロギ類）、セミ、カブトムシ、クワガタムシ、ホタル、テントウムシ、チョウの八種類を日本文化における主要昆虫と定めた。そして、独断と偏見で四つの時期ごとに、文化的な重みで虫を序列化した。最後に、その序列を大相撲の横綱・関脇・小結・前頭筆頭の番付を拝借して表したのが表1である。

最初の奈良・平安・鎌倉時代は、文化の担い手がほぼ支配者層、しかも宮廷の貴族だった時代である。そして、庶民が己の昆虫観を直接記した文字情報を決定的に欠く時代でもある。となると、必然的に和歌集や王朝文学、説話集、貴族たちが残した日記などから、この時代の昆虫文化を評価することになる。

八代集や十三代集、または個人和歌集の『源順集《みなもとのしたごうしゅう》』や『斎宮女御集《さいぐうのにょうごしゅう》』、そして『源氏物語』や『伊勢物語』、『古今著聞集』などなど、この時代の文献から、鳴く虫、セミ、ホタルが昆

表1　日本文化における主要な虫たちの番付

	奈良・平安・鎌倉時代	室町・江戸時代	明治・大正・昭和戦前期	戦後から現代
文化の担い手	支配者層	支配者層、民間有識者	大衆	大衆
虫に求めるもの	情緒	情緒、面白さ	情緒、面白さ、飼育	外見、飼育
［番付］ 横綱	鳴く虫、セミ、ホタル	鳴く虫、セミ、ホタル	鳴く虫、ホタル	カブトムシ、クワガタムシ
関脇				ホタル
小結			セミ、トンボ	セミ、テントウムシ
前頭筆頭		トンボ、チョウ	チョウ	トンボ、鳴く虫、チョウ

虫文化界の三つ巴の横綱として君臨していたことは一目瞭然である。とにかくこの三者の存在感は圧倒的で、クモやチョウ、ハエ、ノミなどの他の昆虫は有象無象の扱いにすぎない。筆者は関脇と小結の三役クラス、そして前頭上位に食い込む昆虫も「該当無し」と判断した。

この時代の和歌集を読むと、貴族たちはウグイス、ホトトギス、カジカガエル、鳴く虫、セミ、ホタルに情緒を感じ取り、さかんに歌に詠み込んでいたことがわかる。この六種の動物たちの共通点は明らかだ。これらはみな派手な音なり光を発する生き物である。逆にいうと、お世辞にも健康的な生活をおくっていたとはいえない貴族たちの自然観察能力では、わかりやすい音や光を発する動物しか歌にできなかったのだ。筆者は、平安貴族たちがホタルやホトトギスなどに情緒を感じていた事実をいささか否定的に見がちである。貴族の庭園に飛んでいたはずのシオカラトンボや赤トンボは、当然彼らの視界に入ったはずだが、音や光を発しないトンボはガン無視された。貴族たちは歌に詠み込めるだけのトンボ観察をしなかった、いや、できなかった、というべきか。

❷室町・江戸時代

俳句は近世日本で流行した世界最短の定型詩だ。従来の和歌や連歌が詠んだ自然への情緒や、男女間の情愛だけでなく、滑稽さや面白さをも題材とした。小林一茶の「やれ打つな蠅が手をすり足をする」はその好例である。また、仮名草子や御伽草子に分類され、非常に雑多な虫が登場する『諸虫太平記』『こうろき草子』『玉蟲の草紙』などの物語が世に出たのも、この時代の特徴である。御伽草子の類いの基礎をなすのは庶民文芸や口承文芸的なものであるという(1)。それだけ

(1) 久保田 1997

に、御伽草子で描かれている昆虫は、当時の庶民の感性が相当程度反映されているはずである。平安貴族たちが、ホタルや火取り虫（ヒトリガ）を「身を焦がす恋」になぞらえる、好いた惚れたの浮世離れした和歌昆虫文化とは、また別の虫への見方がなされるようになった。

室町時代や江戸時代にも宮廷和歌は存続し、大名クラスの文人たちの著作も日本の昆虫文化に大きな足跡を残した。しかし、江戸時代は従来の支配者層でなく、民間有識者が文化の担い手の中心となり、庶民がその作品を楽しむようになった意義は大きい。

近世の和歌や俳句は、前時代同様、鳴く虫、セミ、ホタルの三巨頭が情緒の主役を担ったが、トンボやチョウ、ノミ、ハチ、アリ、ハエなどもちょくちょくと題材となった。そのことを踏まえ、筆者は鳴く虫、セミ、ホタルを横綱に据え置くとともに、トンボとチョウを同時代の昆虫文化の前頭筆頭相当と位置付けた（表1）。筆者はこれこそが、文化の担い手が民間有識者に移ったことの表れと見る。

文化昆虫学的な観点でいうと、平安貴族と江戸俳人の一番の違いは、感性ではなく、脚力と行動の自由度である。日本が生んだ最大の俳人の松尾芭蕉は幕府の隠密であったとの説がある。筆者にはその説の真偽を検証する能力はないが、芭蕉が全国を歩き回る脚力と自由を有していたことはたしかだ。自在に野を駆け山に登り、自然観察能力を有する民間有識者だからこそ、音や光を発する鳴く虫、セミ、ホタル以外の昆虫にも関心を向けることができた。また、鳴く虫が題材といっても、博奕《ばくち》の場の「野ばくちや銭の中なるきりぎりす」（小林一茶）との俳句は、原則邸宅に引きこもっている宮廷女官には到底詠める代物ではない。伝統的日本文学における昆虫文化と問われると、我々はつい平安期の『古今和歌集』や『源氏物語』を引き合いに出しがちだ。しかし、昆虫文化の多様度でいえば、明らかに近世文学に軍配が上がる。

❸明治・大正・昭和戦前期

明治維新によって、日本の封建体制は崩壊した。社会制度や生活風習は欧米列強の影響を強く受ける時代になったが、日本固有の文化が西欧流の価値観に完全に上書きされることはなかった（第III部第１章参照）。

明治・大正・昭和戦前期の近代期は、文化の担い手が完全に支配者層の手から離れ、大衆に移った時代である。江戸期に商売として確立していた鳴く虫市場は、明治時代以降も拡大存続した。明治後半以降の東京向島の鳴く虫観賞会は、政財界の要人を来賓に迎えて盛大に開かれたし、大正三年の東京大正博覧会では鳴く虫専用のパビリオンも設置された[2]。近代日本の庶民は平安貴族が抱いていた鳴く虫への情緒を発展継承したといえよう。

さらに、近代日本では、ホタル狩りが大規模な催し事に発展した。交通インフラの整備によって、人とホタルの大量輸送が可能になったからである。乱獲そして放虫という大きな負の側面をはらみつつも、ホタル観賞は近代日本の大衆に遊興として定着した[3]。その他、昭和初期には、昆虫に面白みを見出す連載漫画が新聞に掲載された[4]。このように、近代日本人は江戸期以前の昆虫に持っていた情緒や面白さを受け継ぎ、鳴く虫とホタルを愛し続けた。

一方、近代昆虫文化の中で、セミは明らかにその重みを低下させた。近世までの鳴く虫とホタルとの三つ巴の覇者の地位からの陥落である（表１）。近代新聞記事を例にとると、ホタルや鳴く虫と比較した場合、セミ関連の記事は圧倒的に少ないのだ[5]。その理由は歴然としている。それは、近代日本人は昆虫に対して、情緒や面白みに加え、飼育に大きな意義を見出したからである。徳川時代の江戸っ子は既にスズムシを飼育していたが、近代になって市場に出回る鳴く虫の種数

（２）保科　2017b
（３）保科　2018a, 2020d
（４）保科　2014b
（５）保科　2019e

と個体数はともに増えた。華族サマも労働者も競って鳴く虫を愛でるようになったのである。

人々が虫の飼育に夢中になると、セミの文化的地位が相対的に下落するのは必然である。スズムシやエンマコオロギは誰でも飼える。やや飼育が難しいカンタンもコツさえつかめば虫籠に入れて、鳴き声を観賞することができる。成虫は餌を食わないホタルも、短期間であれば虫籠に入れて、その放つ光を愛でられる。しかし、セミだけはどうにもこうにも、飼育下で楽しむことができない。虫籠に入れても、思うように鳴いてくれないし、そもそも一匹の鳴き声のボリュームが大きいので、家の中で鳴かれた日には、うるさくてたまらない。鳴く虫とホタルと比較して、近代新聞におけるセミの記事の相対的少なさは、飼育できるか否かの違いの反映といってよいだろう。もっとも、セミはトンボとともに、季節の風物詩ではあり続けた。そのような状況を踏まえ、セミを小結と位置付けた（表1）。

近代以降、トンボが情緒の対象昆虫としての重みを増したことは第II部第1章で述べた。赤トンボの大群見物に人が押し寄せるまでになった[6]。そして、日本音楽史上屈指の名曲である童謡『赤とんぼ』が作曲されたのも、この時代である。これらの事実を踏まえ、筆者は文化番付でトンボを三役の小結に昇進させた（表1）。

セミやトンボと異なり、チョウはやろうと思えば飼育できるものの、夏や秋といった季節を象徴できない。さらにチョウの見た目の美しさは昆虫界ピカイチだが、鳴いたり光ったりできないので、情緒対象とはなりにくい。その代わり、チョウはその美を生かして、新聞広告に活躍の場を得た。女性向け化粧品が大衆化して、メーカーがイメージキャラクターに蝶を採用するようになったのである（第II部第8章）。新聞広告に限れば、掲載される昆虫は蝶の独断場といってよい。また、蝶の工芸的標本である蝶蛾鱗粉転写標本が人気を博し、天皇家に献上されるほどの評価を

（6）保科　2020b

得た[7]。以上、筆者は前時代同様、チョウを前頭筆頭に据え置いた。

❹戦後から現代

大東亜戦争敗北後、国の社会体制や日本人の価値観は良くも悪くも大きく変貌を遂げた。戦後日本の昆虫文化で圧倒的存在感を示すようになったのは、カブトムシとクワガタムシである。二〇〇〇年代の昆虫格闘ゲームの『ムシキング』やペット昆虫の巨大市場などなど、現代日本においてカブトムシとクワガタムシは、とにかく群を抜いた存在である。そして、重要なのは、カブトムシとクワガタムシは、昭和戦前期以前の日本文化史では、まったく無きが如くの存在だったことである[8]。それが戦後いきなり横綱の地位に躍り出た（表1）。日本の昆虫文化において、黒いカブトムシとクワガタムシは突如品川沖に現れた黒船のような虫である。

戦後日本人は、近代日本人の昆虫飼育趣味を受け継いだ。しかし、両者の大きな違いは、戦後日本人は飼育昆虫に情緒ではなくカッコよさ、つまり外見に重きを置くようになった点である。戦前の多くの日本人が嗜んだ鳴く虫飼育は、現代では玄人飼育家のみの趣味となってしまった。小西正泰氏は、鳴く虫飼育が廃れ、カブトムシ・クワガタムシ飼育が大流行している理由として、怪獣ブームや飼育の簡略さなどを挙げたが[9]、筆者の解釈は違う。日本人が昆虫に求めるものが、単に情緒から外見に変わっただけではないかと思う。飼育に熱中する愛好家にとって、お世話する手間の煩雑さは大した問題ではない。主要メディアがラジオからカラーテレビに移行すると、日本人は耳ではなく、目ん玉で虫を愛でたくなったのだ。

戦前のペットのカエルといえば、何といってもカジカガエルであったが、今は海外産のカエル

（7）保科　2019f

（8）保科　2019h, 2019i

（9）小西　1993

に取って代わられた[10]。もちろん、現代日本では一般消費者でも海外のカエルを入手できるからであるが、カエルに求めるものが情緒的な鳴き声ではなく、色彩の派出さや可愛さになった点も大きいのではないか。たしかに、見た目では日本のカジカガエルの魅力は、外国のツノガエルやバジェットガエルに遠く及ばない。

現代日本人が、いかに生き物を外見だけで評価しているか。そんなものは近年の奄美大島のノネコ問題を見れば一目瞭然である。奄美大島のノネコ騒動とは、環境省が同島の希少種保護のためのノネコの捕獲、そして里親が見つからない場合は最悪殺処分やむなし、との方針を定めたことへの愛猫家の反発である。「猫だけ愛誤」とは、猫のことしか考えず、ノネコに捕食される奄美大島の希少種なんぞ知ったこっちゃねー、と発想する方々を指すネットスラングだ。この他、東京の荒川に出没したシカへの市民感情やイルカ漁への抗議などを例にとっても、日本人は見た目麗しき動物への愛に満ち溢れていることがわかる。その一方で、メガソーラーで棲み家を失う希少昆虫や、港で駆除されるヒアリのことなんぞ、何にも気にならないのが現代日本人なのである。

テントウムシもまた、戦後の日本の昆虫文化史に、その姿を初めて現した新顔である。テントウムシの代表的種であるナミテントウはちょっとした草むらがあれば都市部でも生息している。にもかかわらず、近代以前の和歌や俳句の題材にはあまりなっていない。春から秋まで成虫が出現し、特定の季節を象徴しないナナホシテントウは日本人が好む季節的情緒とはいささか縁遠い虫だったのではないか。このような国民感情を反映してか、近代新聞に文化的な観点からのテントウムシの記事はほとんど存在しない。俳句の世界でも、テントウムシは江戸期にはほとんど詠まれず、近代期になってようやく題材として用いられ始めた程度である[11]。

（10）保科　2019g、Hoshina 2020b

（11）遊磨　2004

しかし、戦後日本の経済成長と工業発展は、文化における昆虫の位置付けにも大きな影響を及ぼした。安価な日用品も、それなりのデザイン性や色彩を備えられるようになった。そこで、昆虫界でもっともデフォルメに適した形態を持つテントウムシが、昆虫モチーフの日用品業界を席捲するようになった、というわけだ[12]。筆者が小結に位置付けたテントウムシも、ビジュアル重視の戦後の申し子といえるだろう（表１）。

一方、有史以来、日本の昆虫文化の横綱として君臨し続けてきた鳴く虫。戦前の縁日では、スズムシ、マツムシ、エンマコオロギ、カネタタキ、カンタン、ウマオイなどなど、様々な鳴く虫が売られていた。しかし、現在ホームセンターやペットショップで買える鳴く虫はスズムシのみである。カンタンやマツムシを買おうと思ったら、玄人御用達の特別な店に行くしかない。前述のごとく、外見重視、そして情緒軽視の現代では、地味な体色しか持たない鳴く虫は、カブトムシやクワガタムシには到底歯が立たないのである。スズムシ飼育の風習は何とか巷に残っているものの、鳴く虫は文化番付で横綱から一気に前頭筆頭へ陥落した（表１）。

一方で、横綱から番付を落とすも関脇の地位にしぶとく踏みとどまったのがホタルである。現代日本では、一般家庭でホタルを虫籠に入れて愛でる習慣はなくなった。これはホタルへの関心の喪失ではなく、「ホタルを捕ってはならない。虫籠に閉じ込めるのは可哀そうではないか」との倫理規範による。カブトムシ・クワガタムシの人気には及ばないものの、ホタル観賞会は今なお多くの人を集める催し事である。保全生態学的には好ましくないのだが、ホタルの幼虫や餌のカワニナの放流で、何が何でもホタルを増やしたいとの人々の情熱は凄まじいものがある。

では、鳴く虫人気の著しい凋落を尻目に、近代日本人のホタルへの愛着が現代人にも根強く残ったのはなぜか？　それは、ホタルは姿形こそ鳴く虫同様ショボい虫であるが、光を放つことによ

（12）保科　2020a

り、人々はビジュアルで楽しめるからである。ここが鳴く虫との決定的な差である。よって、外見重視となった現代昆虫文化でも、ホタルは十分活躍できる余地がある、というわけだ。

現代社会でも、水商売の店の看板やアクセサリーのモチーフなど、一定の存在感を示し続けるチョウは、前頭筆頭の地位に据え置きとしておいた。一方、近代日本で季節の風物詩の役割を果たしていたセミとトンボ。現代アニメやTVゲーム、ドラマなどの状況から、セミは三役の小結の地位を維持、逆にトンボは近世の前頭筆頭に差し戻し、と判断させていただいた（表1）。アニメやドラマは言うに及ばず、グラフィックと音声、そしてBGMから構成されるビジュアルノベル型式のゲームでも、セミの鳴き声は季節の演出として重宝されている。[13] 一方で、音を発しないトンボを夏ないしは秋の演出として用いる場合は、トンボはどうしてもその姿形を描かざるを得ない。音だけで存在感を発揮できるセミと比べて、どうしても出番が減ってしまうのだ。また、セミは農村や山の中はもちろん、大都市のど真ん中でも大声でがなり立てているわけだが、トンボは環境悪化で随分と数が減ってしまい、都市住民にとって身近な昆虫とは言い難くなっている。新聞や週刊誌の季節記事でも、セミの方がトンボより使われやすいのはやむなしといったところか。

❺日本の〝国虫〟は文句なしでゲンジボタルに決まり

本章は「なるべく客観的な考察を心がける」（第Ⅰ部第2章）との本書の趣旨とは大きくかけ離れた、主観一本鎗の論考に終始してしまった。筆者作成の昆虫文化番付に対して「関脇の定義を明らかにせよ」「小結と前頭筆頭との差をきちんと説明せよ」と問われても、筆者は回答に行

(13) 保科 2019d

き詰まってしまう。「一〇〇パーセント私のフィーリングです」と答えざるを得ない。本章冒頭で述べた独断と偏見というのが、回答のすべてである。

以上、『万葉集』の時代から現代までの日本文化史における、虫たちの覇権争いを見て来た。「現代文化ではトンボは小結ぐらいの重みはあるはずだ」「いずれの時代でもチョウは前頭筆頭の地位には達していない」などの異論は多々あろう。それらの指摘に対して、筆者は逐一反論するつもりは毛頭ない。ただし、昆虫文化史において、覇権を握った昆虫が、時代によって大きく移り変わったことは厳然たる事実である。そして、近世までは鳴く虫、セミ、ホタルの三巨頭が覇者として君臨。近代に入り、昆虫飼育が流行するとセミが三つ巴の地位から脱落。戦後は日本文化史に突如現れたカブトムシとクワガタムシが昆虫文化の頂点に位置する虫、とのおおよその流れには、多くの方の賛同をいただけるのではないかと思う。数十年か半世紀後には、鳴く虫が天下を奪い返すといった文化史上の政変劇は起きるのだろうか？

日本の国鳥はキジである。そして、都道府県ごとに県鳥も定められている。たとえば、大阪はモズ、東京はユリカモメである。チョウに限れば、日本昆虫学会がオオムラサキを国蝶に指定している。しかし、「国虫」というものは存在しない。

仮に将来日本の国虫を決める、との話になったとしよう。その場合、筆者は迷うことなくゲンジボタルを推す。理由は単純明快、並み居る虫の中で、有史以来、文化的に関脇以上の地位を保持している唯一の虫だからである（表1）。また、日本人はあまりに大量のホタルを使い捨てにしてきたので（第Ⅱ部第5章参照）、国虫に指定して大事にしてやっても罰は当たるまいとの贖罪意識もある。

（保科英人）

あとがき

羨望の目を向けられて悪い気がする人間は、かなり稀のはずである。我が国は大東亜戦争に敗れ、アジア随一の軍事大国の地位を失ったが、その代わりに程なくして経済大国の称号を得ることに成功した。高度経済成長期を経て、日本人は世界トップレベルの先進技術を誇る一方で、欧米とは一線を画す特異かつ伝統的な文化を持つ国民とのアイデンティティをも持つことができた。鼻高々である。しかし、悲しいかな、近年、日本の経済大国の地位に斜陽が差すようになった。すると、「せめて文化面では世界一でいたい」と考える日本人が増えてしまった。文化における自信に、より依存するようになったのである。昨今のテレビ番組や雑誌にあふれる「日本スゴイ特集」は、経済や国力に自信を無くした日本人の心情の反映であるに違いない。

このような情勢下では「日本人の昆虫愛は世界に冠たる感性」との論は、まこと耳触りがよいものである。筆者も比較的最近までそう思っていた。その民族的自負が打ち砕かれたのは、拙文「古事記・日本書紀に見る日本人の昆虫観の再評価」(二〇一七年)を執筆していた時である。元々、トンボが雄略天皇を刺したアブを食い殺したとの『日本書紀』掲載の逸話は知っていた。よって、『古事記』『日本書紀』の日本神話には、さぞかし多くの昆虫が描かれているに違いないと、事前予測して調査に入ったのである。しかし、その目論見は簡単に打ち破られた。日本神話に登場する昆虫の役割は、質量ともに海外の主要神話と同等か、ないしは劣るとの悲惨な結論になったのである。

また、本書の執筆者の一人である宮ノ下明大は様々な映画を閲覧し、「昆虫が主役になる映画は少ない。これは邦画も洋画も似たようなものである」と指摘している。こうして見ると、「日本人の昆虫愛は世界に冠たる感性」云々は、過大評価といわざるを得ない。そこで、筆者はより客観的な日本人の昆虫観を捉え直そうと考えた。

『源氏物語』や『枕草子』、平安後期以降成立の『堤中納言物語』収録の『虫愛づる姫君』に描かれた昆虫、江戸期の昆虫図譜、江戸城への鳴く虫献上の事情などは、従来よく調べられていた。しかし、明治・大正・昭和戦前期の日本人と昆虫との関係や、現代アニメやゲームにおける昆虫の役割は、ろくすっぽ研究されてこなかったのである。たしかに、平安期の王朝文学や江戸の民俗は日本文化の源泉とされ、我々の心の琴線に触れるものがある。しかし、平安期や江戸期に傾倒するあまり、明治維新以後の時代の風習を軽視するのはいかがなものか。そして、年配の有識者と呼ばれる方々が、現代サブカルチャーの昆虫をまったく無視してきたのは、アニメやゲーム自体を馬鹿にしてきたからにほかならない。

筆者の強みは近現代の材料にある。その近代期は明治以前よりも、はるかに多くの文献資料が残されている。維新以後に生まれた新聞紙や大衆雑誌はその事例だ。筆者はとある先生から、「文化昆虫学の研究が江戸期以前に偏りがちなのは、当たらなければならない文献が限られるからだ」と聞いたことがある。説得力がある説明だ。たしかに読破すべき資料は少ない方が楽である。結局のところ、近代期の膨大な資料群と向き合うためには、まずは近代史が好きでないと話にならない。筆者の趣味はまさにそれに該当する。まこと上から目線で申し訳ないが、昆虫業界広しといえども、明治の元勲の山県有朋の歌集『椿山集』から昆虫短歌を探し出そう、などと思いつけるのは筆者だけである。

現代サブカルチャーも同じである。どの特撮、どのアニメ、どのゲームに昆虫が登場するかを手っ取り早く知る方法はない。一本でも多くの作品を見て、片っ端にメモを取るしかないのだ。なお、筆者に特撮を見る趣味はない。それは宮ノ下氏の担当である。本書では、ずいぶんとマニアックなアニメやゲームの昆虫ネタを提供できたが、それは筆者が夜な夜なアニメを見て、ゲーム機のコントローラーを握っているからこそできたことである。

ただ、本書は文化昆虫学の教科書だ。近現代の材料とだけ向き合うわけにはいかない。そこで、筆者は日本最古の歴史書『古事記』『日本書紀』に始まり、平安・鎌倉・室町前期の勅撰和歌集、そして江戸期の文学などなど、広い時代の文献を漁った。高校時代、古典は最も嫌いな科目の一つであったが、まさか三〇年後に自らの意思で『枕草子』『古今和歌集』を開く時が来ようとは、想像だにしていなかった。

近年、インターネット上では、VR Chat との新しいツールを用いて、文化昆虫学の情報を交換する場ができている。その一方で、図書館に籠って、ひたすら文献資料を漁る古い手法も当分は続くだろう。とにかく、文化昆虫学が対象とする文化は無限大であり、一人や二人の人間の手ですべての文化における昆虫観が解明できるはずもない。本書を機に文化昆虫学に興味を持つ方々の新規参入を大いに期待している。

令和三年六月

編著者　保科英人

＊本書を執筆するにあたり、編著者の保科は科学研究費助成事業（学術研究助成基金助成金）の基盤研究（C）（課題番号：18K00254）の助成を受けている。

昆虫文化史年表

国・地域名がないものはすべて日本の事例

年代		事項
縄文	紀元前6世紀	中国の斉の壮公の車の前で、一頭のカマキリが前脚を振りかざす。このことから「蟷螂の斧」との故事が生まれる　（中国）
	紀元前552年？	孔子が生まれる。のちに彼が確立した儒教が中国に広まる。儒教は迷信を否定したため、昆虫伝承を含む多くの漢民族の神話が消失する　（中国）
弥生	弥生時代中期	紀元前2世紀〜後1世紀（？）。神戸市灘区桜ケ丘で発掘された銅鐸に、トンボ、カマキリ、アメンボなど水田の昆虫が描かれる
	312年	ローマ帝国のコンスタンティヌス大帝がキリスト教に改宗。以後、欧州土着の多くの神話が失われ、民族ごとにあったはずの昆虫神話の多くは後世に伝わらなくなる　（欧州）
古墳	5世紀	第21代天皇の雄略天皇が狩りの途中でアブに刺される。しかし、トンボが飛んで来て、そのアブを食い殺す
飛鳥	627年	ハエの大群が出現し、十丈ほどの高さとなって信濃坂を越えるが、上野国で散り失せる（『日本書紀』）
	7世紀前半	隋の2代皇帝の煬帝が万単位のホタルを集めさせて、ホタル狩りを楽しむ　（中国）
奈良	8世紀前半	『古事記』『日本書紀』『風土記』成立。雄略天皇とトンボの逸話など興味深いものもあるが、昆虫が登場する神話は極めて少ない
	8世紀後半	『万葉集』成立。昆虫を含む短歌・長歌が詠まれる
	781年	光仁天皇が「ムカデが死んでもひっくり返らないのは、多くの支えの助けがあるからだ」と述べる（『続日本紀』）
平安	平安時代前期	『伊勢物語』成立。同物語収録の「晴るる夜の星か河べの蛍かもわがすむかたのあまのたく火か」は最古のホタルの和歌
	10世紀前半	勅撰和歌集八代集の最初の『古今和歌集』成立。以降の勅撰和歌集では、ホタル、セミ、鳴く虫が多く詠みこまれる
	10世紀後半	藤原道綱（道長の兄）が、クモの和歌を添えた恋文を必死に送る。しかし、女からは中々返事が来ず、道綱は哀しみの淵に沈む（『蜻蛉日記』）
		藤原道綱の母が、夫の兼家を「あなたの情はセミの羽のように薄い」と難詰する（『蜻蛉日記』）
		清少納言が『枕草子』を著す。清少納言はその中で、マツムシの声は心地よいが、クツワムシは不愉快だと書く
	11世紀初頭	『源氏物語』成立。当時の平安貴族たちの昆虫観が随所に記される
	1180年	石橋山の戦いが起こる。敗れた源頼朝は、どこからともなく飛んできたクモの糸のおかげで、九死に一生を得る（『源平盛衰記』）
鎌倉	鎌倉時代初期	藤原定家が『新古今和歌集』（八代集の最後）を編纂する。平安・鎌倉初期の貴族の昆虫観を示す重要資料
	鎌倉時代中期	歌人の平親清の娘が姉にホタルを贈る。当時、姉妹間でホタルをやり取りする風習があったことの証拠（『新後撰和歌集』）
	鎌倉時代後半	軍記物語『源平盛衰記』成立。有名な『平家物語』よりも、はるかに昆虫がらみの記述は多い

	鎌倉時代後半	『十六夜日記成立』。京の都を離れている作者の阿仏尼は、「故郷の邸宅の軒下にはクモが巣を張っているにちがいない」と心配する
室町	室町時代	鎌倉時代末から江戸時代初期にかけて御伽草子が書かれる。『諸虫太平記』『こうろき草子』など、昆虫が登場人物となる御伽草子も少なくない
	14 世紀前半	スコットランドの英雄ロバート・ブルース王が、クモの行動を観察し、諦めないことの大切さを学ぶ　(スコットランド)
	15 世紀前半	勅撰和歌集の十三代集最後の『新続古今和歌集』成立。勅撰和歌集終了以降も、連歌や俳句、和歌の世界でホタル、セミ、鳴く虫は題材となり続ける
	1461 年	ヴァロワ朝第 6 代君主のルイ 11 世即位。後に「蜘蛛」と呼ばれる王となる　(フランス)
	1572 年	甲斐の武田信玄は西上を開始し、織田信長との戦いを始める。越後の上杉謙信はこの状況を見て「信玄はハチの巣の前に手を差し出した」と酷評する
江戸	江戸時代前期	ハエトリグモを容器に入れ、ハエを狩らせる遊戯が流行る。元禄時代の井原西鶴『好色一代男』にも関連記述がある
	17 世紀中頃	歌人の下河辺長流が活躍する。彼の和歌を集めた『晩華和歌集』は江戸前期の和歌の昆虫観を示す重要資料
	18 世紀前半	浄瑠璃作家の近松門左衛門が心中物を多く発表。ホタルや空蝉がはかないものの喩えとされて、作品中に登場する
	18 世紀後半	俳人の横井也有が俳文集『鶉衣』を著す。江戸後期の俳人の昆虫観を示す重要資料
	1783 年	英国の小ピットが首相となる。ナポレオン戦争に勝ち、後に名宰相と称されるも、同時代の庶民には嫌われ、バッタになぞらえられた風刺画が描かれる　(イギリス)
	1835 年	フィンランドの民族叙事詩『カレワラ』が出版される。『カレワラ』に収録された伝承の中には、英雄レミンカイネンとミツバチにまつわる物語がある　(フィンランド)
	19 世紀中頃	国学者の伴信友が『比古婆衣』を著す。この中にトンボに関連した多くの記述がある
	1853 年	京都の御所で毛虫を焼き殺そうとしたところ、失火となって御所が焼ける。再建費用を幕府に負担してもらうため、朝廷は日米和親条約反対できなかったとの説あり
	1858 年	ハリスが駐日アメリカ総領事として下田に着任。家屋内にいたアシダカグモに不快感を覚える　(アメリカ)
	1865 年	Cowan が昆虫にかかわる西洋の文化をまとめた『Curious facts in the history of insects』を出版する。文化昆虫学が提唱される以前の昆虫文化に関する重要な文献　(アメリカ)
	1866 年	第二次長州征討勃発。小倉に攻め込んだ奇兵隊司令官の長州藩士山県有朋（のち首相）は、戦場で虫の鳴き声に耳を傾けて、和歌を詠む
明治	1868 年	この年、明治維新。これ以降、西洋の近代昆虫学が本格的に日本に導入される
	1871 年	アメリカの化学教師グリフィスが来日し、滞日中に日本の民話を見聞する。帰国後に登場人物を昆虫の主人公にアレンジした、日本のお伽話を執筆する　(アメリカ)
	明治 30 年代	東京で催事の際に、数万単位の数のホタルの放虫が常態化する
	1907 年	東京府の向島百花園で虫放会が開かれ、多くの鳴く虫が園内に放される。来

明治		賓として榎本武揚らが出席
	1908 年	岐阜県の名和靖が工芸品の蝶蛾鱗粉転写標本を皇太子に献納する
	1909 年	茨城県にアカトンボの大群が現れ、見物人が殺到する。あまりに多くの人が集まったため、警官が出動するはめとなる
	1910 年	茨城県北山内村片庭にヒメハルゼミが大量発生する。やはり見物人が殺到してしまう
	明治末	明治末以降、在京の鉄道会社が沿線上にホタルをばら撒く蛍狩りを開催する
大正	1914 年	東京大正博覧会で、鳴く虫を集めた鳴蟲所が設けられる
	1918 年	8 月 3 日、東京毎日新聞主催の虫声会が東京日比谷公園で開かれる。万単位の鳴く虫とホタルが同公園に放される
	1920 年	6 月、ルーマニアのカロル皇太子が来日する。皇太子は日本の宮内省から送られたホタルを放して楽しむ　（ルーマニア）
	大正時代末	外来種のアオマツムシが縁日で売られるようになる
昭和	昭和初期	庶民の間で鳴く虫飼育がブームになる
		福岡のホタルが飛行機で東京に運ばれ、上野公園や明治神宮で放虫されるようになる
	1927 年	山田耕作が日本音楽史上、屈指の名曲『赤とんぼ』を作曲する。この曲は後に国際トンボ学会の愛唱歌に選定される　（日本・世界）
	1931 年	京都市内にミツバチの巨大な群れが観測される。一目見ようと、またまた人だかりができてしまう
		羽田の国際飛行場（現在の羽田空港）から、初めての国際便が大連に向けてフライトする。しかし、乗客は人間ではなく、マツムシとスズムシのみ（日本・中国）
	1932 年	映画監督の島津保次郎がロケ中にセミの声を邪魔に感じ、急きょセミ捕り大会を始める
	1934 年	7 月、都新聞（現在の東京新聞）が伊豆大島をヒグラシの名所として紹介する
	1936 年	東京朝日新聞と大阪朝日新聞（ともに現在の朝日新聞）の紙面上で、約 70 回の昆虫漫画が連載される
	1938 年	来日したヒトラー・ユーゲントの少年たちが銀座でスズムシを買う　（ドイツ）
	1940 年	ディズニー映画『ピノキオ』公開。映画界で最も有名な昆虫となったコオロギであるジミニー・クリケット登場　（アメリカ）
		イギリス空軍がドイツの馬鈴薯生産にダメージを与えるため、害虫のコロラドハムシの散布計画ありと、東京朝日新聞が報道する　（イギリス）
	1941 年	独ソ戦争が勃発。その知らせを聞いたスモレンスク市の住民は「市民はみな驚いて沈黙し、ハエの羽音が聞き取れるほどだった」と回想する　（ソ連）
	1943 年	帝国議会にトンボ捕獲禁止令の制定を求める請願が提出される
	1945 年	硫黄島の戦い。戦死を覚悟した市丸利之助海軍少将は、相思樹の根元で鳴く虫の音に聞きほれる
		大日本帝国無条件降伏。その前夜、昭和天皇は虫が静かに鳴く中、皇居内を散歩する（『さらば昭和の近衛兵』）
	1954 年	Clausen が『Insect fact and folklore』を出版する。文化昆虫学が提唱される以前の昆虫文化に関する重要な文献　（アメリカ）
	1961 年	東宝映画『モスラ』公開。世界的に珍しい蛾の怪獣が誕生する
	1968 年	Schimitschek が『Insekten als Nahrung in Brauchtum, Kult and Kultur』を出版する。文化昆虫学が提唱される以前の昆虫文化に関する重要な文献　（ドイツ）
	1971 年	東映テレビ部『仮面ライダー』公開。バッタをモチーフとした特撮ヒーローが誕

昭和		生する	
	1975 年	『仮面ライダー ストロンガー』TV 放映開始。カブトムシをモチーフとしたヒーローが誕生する	
		TV アニメ『タイムボカン』放送開始。主人公チームの主力戦闘機はカブトムシ型のメカブトン	
	1995 年	世界貿易機関（WTO）が設立。以後、日本への海外産カブト・クワガタムシの輸入解禁につながる	（世界・日本）
	1987 年	Hogue が文化昆虫学の定義と概要を発表する	（アメリカ）
平成	1989 年	トリノにトンボの大群が押し寄せる。人々は恐ろしがって、家の中に避難する	（イタリア）
	1998 年	ディズニー・ピクサー映画『バグズライフ』公開。本格的な昆虫主役 CG アニメ映画の公開	（アメリカ）
	1999 年	海外産昆虫の生き虫の輸入規制が緩和される。以後、外国産カブトムシとクワガタムシが大量に輸入される	
	1999 年	韓国の咸平郡で蝶フェスティバルが開催される	（韓国）
	2000 年	Kritsky & Cherry 著『Insect mythology』が出版される。神話に登場する昆虫が解説される	（アメリカ）
		『仮面ライダークウガ』TV 放映開始。クワガタムシをモチーフとしたヒーローが誕生する	
		PC ゲーム『Air』発売。物語冒頭、カブトムシがヒロインの神尾観鈴と主人公の国崎往人の出会いのきっかけを作る	
	2003 年	カブトムシやクワガタムシを戦わせる『甲虫王者ムシキング』がアーケードゲームとして登場。以後、一大ブームとなる	
	2004 年	上田哲行編『トンボと自然観』が刊行される。本のタイトルとは異なり、トンボ以外の昆虫やクモの文化にも言及した重要文献	
		『仮面ライダー ブレイド』TV 放映開始。海外産カブトムシ（ヘラクレスオオカブトムシ）がモチーフとなったライダーが登場する	
		敵のほとんどが昆虫、自機もカブトムシという、虫だらけのシューティングゲーム『虫姫さま』がアーケードで稼働を開始する	
	2009 年	PC ゲーム『ナツユメナギサ』発売。人々を夢の世界に誘う蝶が描かれる	
	2015 年	ハリウッド映画『アントマン』公開。アリをモチーフにした昆虫型ヒーローが特撮映画で活躍する	（アメリカ）
	2016 年	PC ゲーム『カノジョステップ』発売。ヒロインの一人の如月のえは虫に詳しく、ニセコリルクワガタの採集法まで熟知しており、現代版“虫愛づる姫君”と称されている	
	2018 年	佐賀県のご当地 TV アニメ『ゾンビランドサガ』放送開始。作品中では九州北部に多いクマゼミの声が多用される	
		PC ゲーム『Summer Pockets』発売。人の魂となった蝶が描かれる	
令和	2019 年	映画『ゴジラ　キング・オブ・モンスターズ』でモスラがハリウッド映画に登場する	（アメリカ）
	2020 年	TV アニメ『宇崎ちゃんは遊びたい！』放送開始。第 10 話で「エリザハンミョウ」との単語が出てくる	
	2021 年	TV アニメ『蜘蛛ですが、なにか？』放送開始。女子高生がクモに転生する異色アニメ	

参考文献一覧

★印の文献は 293（19）頁の「重要文献紹介」を参照のこと。

〈和文文献〉
阿川弘之 1973：『山本五十六（上）』新潮文庫　410 p.
蘆谷蘆村 1928：『世界勇者物語』アルス　249 p.
阿部秋生・秋山虔・今井源衛・鈴木日出男校注 1994：『源氏物語 1』小学館　476 p.
阿部光則 2013：『昆虫名方言事典　昆虫名方言を求めて』サイエンティスト社　197 p.
荒谷邦雄 2012：「深刻化するペット昆虫の外来種問題」昆虫と自然　47 (1): 1-3
飯倉章 2017：『1918 年最強ドイツ軍はなぜ敗れたのか ドイツ・システムの強さと脆さ』文春新書　287 p.
石田かおる 2021：「ガチャガチャ上陸 55 年で第 3 次ブーム」 AERA　34 (2): 38-40
石田昇三・石田勝義・小島圭三・杉村光俊 1988：『日本産トンボ幼虫・成虫検索図説』東海大学出版会　140 p.
石森プロ監修 2012：『コミック版世界の伝記 石ノ森章太郎』ポプラ社　126 p.
市古貞次校注 1994：『平家物語 2』小学館　574 p.
市古貞次・秋谷治・沢井耐三・田嶋一夫・徳田和夫校注 1989：『室町物語集（上）』岩波書店　487 p.
市古貞次・秋谷治・沢井耐三・田嶋一夫・徳田和夫校注 1992：『室町物語集（下）』岩波書店　436 p.
市丸春子編集 2006：『市丸利之助歌集』出門堂　209 p.
伊藤雅男 1995：「チョウと鳥の混在展示 長崎バイオパーク」 インセクタリゥム (383): 18-20
稲田浩二・稲田和子編 2003：『日本昔話百選（改訂新版）』三省堂　453 p.
井上清・谷幸三 2010：『赤トンボのすべて』トンボ出版　183 p.
井上浩一 1990：『生き残った帝国ビザンティン』講談社現代新書　254 p.
井上宗雄 1979：『増鏡（上）』講談社学術文庫　341 p.
井上宗雄 2000：『中世和歌集　御裳濯河歌合・金槐和歌集・玉葉和歌集（抄）・風雅和歌集（抄）』小学館　582 p.
今井彰 1978：『蝶の民俗学』築地書館　212 p.
今村和夫 2004：『俳句歳時記「昆虫」』南条町文化協議会　221 p.
井村君江 1983：『ケルトの神話』筑摩書房　245 p.
井本豊一・久富哲雄・村松友次・堀切実校注 1997：『松尾芭蕉集 2』小学館　630 p.
入江寿紀 1995：「福博電気軌道株式会社前史（1）」 西南地域史研究 (10): 473-485
E. O. ウィルソン & S. R. ケラート編／荒木正純・時実早苗・船倉正憲訳 2009：『バイオフィーリアをめぐって』法政大学出版局　600 p.
植垣節也校注 1997：『風土記』小学館　629 p.
上田哲行 2004：「日本人はトンボをどのように見てきたか」pp. 210-233　上田哲行編『トンボと自然観』京都大学学術出版会　504 p. ★
ラインホルト・ヴェルナー著／金森誠也・安藤勉訳 1990：『エルベ号艦長幕末記』新人物往

来社　190 p.
碓井益雄 1982：『霊魂の博物誌』河出書房新社　252 p.
宇治谷猛 1995：『続日本紀（下）』講談社学術文庫　483 p.
江崎悌三 1984a：「くも合戦」pp. 55-58『江崎悌三著作集　第 3 巻』思索社　401 p.
江崎悌三 1984b：「船小屋の蛍」pp. 363-370『江崎悌三著作集　第 3 巻』 思索社　401 p.
絵内正久 1992：『さらば昭和の近衛兵　兵たちの見た皇居内敗戦絵巻』光人社　306 p.
エニックス編 2002：『ドラゴンクエスト IV 導かれし者たち公式ガイドブック下巻　知識編』エニックス　207 p.
袁珂著／鈴木博訳 1993：『中国の神話伝説（上）』青土社　452 p.
大井田晴彦 2012：「王朝物語が描いた蛍」pp. 44-58　鈴木健一編『鳥獣虫魚の文学史　虫の巻』三弥井書店　373 p.
大川信子 2010：「蝶の位相　多文化共生における価値を考える」常葉学園大学研究紀要（教育学部）(30): 31-53
大木毅 2019：『独ソ戦　絶滅戦争の惨禍』岩波新書　248 p.
大谷正 2014：『日清戦争』中公新書　270 p.
大場信義 2000：『図解親子で楽しむホタルの飼い方と観察（第 2 版）』ハート出版　167 p.
大山和哉・鈴木健一・田代一葉・田中仁 2019：『晩華和歌集・賀茂翁家集』明治書院　521 p.
小笠原長生 1930：『東郷平八郎全集　第 2 巻』平凡社　562 p.
岡田明子・小林登志子 2008：『シュメル神話の世界　粘土板に刻まれた最古のロマン』中公新書　332 p.
岡田武彦監修／小河扶希子著 2004：『平野國臣』西日本新聞社　290 p.
奥本大三郎編 1990：『虫の日本史　別冊歴史読本特別号 114』新人物往来社　157 p.
奥本大三郎 2019：『虫の文学誌』小学館　447 p.
刑部芳則 2018：『公家たちの幕末維新』中公新書　306p.
長田暁二編 1976：『日本軍歌全集』音楽之友社　522 p.
小澤俊夫編訳 1979：『世界の民話　インドネシア・ベトナム』ぎょうせい　362 p.
小澤俊夫・関楠生 1985：『世界の民話　オーストラリア』ぎょうせい　311 p.
小澤俊夫・寺岡寿子 1985：『世界の民話　中央アフリカ』ぎょうせい　329 p.
小沢正夫・松田成穂校注 1994：『古今和歌集』小学館　590 p.
押野裕 2012：「俳句に詠まれたトンボたち」pp. 81-82　苅部治紀・川島逸郎・佐藤武宏編『大トンボ展　大空の覇者』（展示解説書） 神奈川県立生命の星・地球博物館　165 p.
小野展嗣編著 2009：『日本産クモ類』東海大学出版会　738 p.
小畑晶子 2009：「テントウムシの民俗学」pp. 116-117　日本環境動物昆虫学会編『テントウムシの調べ方』文教出版　148 pp.
笠井昌昭 1997：『虫と日本文化』大巧社　171 p.
風巻景次郎・小島吉雄校注 1961：『山家集・金槐和歌集』岩波書店　455 p.
梶田博司・青山勲著／（財）おかやま環境ネットワーク編 2010：『ホタルと人と文化』大学教育出版　140 p.
柏崎市立博物館編 2005：『平成 17 年度夏期特別展　文様の「意」と「美」・蜻蛉の意匠　秋津島！日本はとんぼの国』（展示解説書） 柏崎市立博物館　51 p.

梶原敏宏・梅谷献二・浅川勝編 1986：『作物病害虫ハンドブック』養賢堂　1446 p.
片桐洋一校注 1990：『後撰和歌集』岩波書店　500 p.
片桐洋一・福井貞助・高橋正治・清水好子校注 1994：『竹取物語・伊勢物語・大和物語・平中物語』小学館　590 p.
加藤正世 1981：『（復刻）蟬の生物学』サイエンティスト社　319 p.
金子浩昌・小西正泰・佐々木清光・千葉徳爾 1992：『日本史のなかの動物事典』東京堂出版　266 p.
加納康嗣 2011：『鳴く虫文化誌　虫聴き名所と虫売り』エッチエスケー　155 p.
神谷大介 2018：『幕末の海軍．明治維新への航跡』吉川弘文館　272 p.
加茂儀一 1988：『榎本武揚』中公文庫　623 p.
加茂儀一編 1969：『資料 榎本武揚』新人物往来社　418 p.
鴨川達夫 2007：『武田信玄と勝頼　文書にみる戦国大名の実像』岩波書店　216 p.
川口久雄校注 1966：『菅家文章　菅家後集』岩波書店　739 p.
河竹登志夫・郡司正勝・山本二郎・戸板康二・利倉幸一監修 1972：『名作歌舞伎全集第 24 巻 舞踊劇集 2』東京創元社　312 p.
川名興・斎藤慎一郎 1985：『クモの合戦　虫の民俗誌』未來社　238 p.
河原正彦 1984：「蝶の文様　和様意匠の成立と展開」pp. 11-22　村山修一・吉田光邦・元井能・河原正彦著『日本の文様　蝶』光琳出版　40 p.
川村晃生・柏木由夫・工藤重矩校注 1989：『金葉和歌集・詞花和歌集』岩波書店　459 p.
神田左京 1981：『（復刻）ホタル』サイエンティスト社　496 p.
神田秀夫・永積安明・安良岡康作校注 1995：『方丈記・徒然草・正法眼蔵随聞記・歎異抄』小学館　606 p.
菊池靖彦・木村正中・伊牟田経久校注 1995：『土佐日記・蜻蛉日記』小学館　468 p.
北澤哲弥・中村俊彦 2011：「生物多様性と生態系サービス」 千葉県生物多様性センター研究報告 (4): 15-20
木俣修解説／新間進一・佐佐木幸綱・吉田弥寿夫・菱川善夫・武川忠一・大林勝夫・藤岡武雄注釈 1973：『日本近代文学大系 55　近代短歌集』角川書店　519 p.
君島久子 1983：『中国の神話』筑摩書房　210 p.
木村八重子・宇田敏彦・小池正胤校注 1997：『草双紙集』岩波書店　640 p.
京都大学文学部国語学国文学研究室編 2001：『京都大学蔵むろまちものがたり第 8 巻』臨川書店　517 p.
雲英末雄・山下一海・丸山一彦・松尾靖秋校注 2001：『近世俳句俳文集』小学館　638 p.
近代日中関係史年表編集委員会 2006：『近代日中関係史年表』岩波書店　809 p.
金富軾・金思燁 1997：『完訳 三国史記』明石書店　885 p.
金両基 1995：『韓国神話』青土社　278 p.
楠本憲吉解説／山下一海・北川漸・松井利彦・村山吉郷注釈 1974：『近代俳句集』角川書店　506 p.
久保田淳編 1997：『日本文学史』おうふう　425 p.
久保田淳・中村文・渡邉裕美子・家永香織・木下華子・高柳裕子 2016：『正治二年院初度百首』明治書院　570 p.

久保田淳・平田喜信校注 1994：『後拾遺和歌集』岩波書店　433 p.
久保田啓一校注 2002：『近世和歌集』小学館　414 p.
ルーシー・W. クラウセン著／小西正泰・小西正捷訳 1993：『昆虫のフォークロア』博品社　264 p.
栗林慧・大谷剛 1987：『名前といわれ昆虫図鑑』偕成社　184 p.
呉茂一 1969：『ギリシャ神話』新潮社　476 p.
ジョン・グレイ著／森雅子訳 1993：『オリエント神話』青土社　411 p.
K. クロスリイーホランド著／山室静・米原まり子訳 1991：『北欧神話物語（新版）』青土社　340 p.
小泉苳三編 1952：『現代短歌体系　第 1 巻』河出書房　442 p.
小泉八雲著／岡田哲藏・大谷正信・田部隆次訳 1926：『小泉八雲全集　第 6 巻』第一書房　669 p.
講談社編 2016：『キャラクター大全特撮全史　1970 年代ヒーロー大全』講談社　159 p.
黄浿江著／宋貴英訳 1991：『韓国の神話・伝説』東方書店　334 p.
五箇公一 2010：『クワガタムシが語る生物多様性』創美社　205 p.
国民図書株式会社編 1976a：『校注國歌体系 第 6 巻　十三代集 2（復刻版）』講談社　914 p.
国民図書株式会社編 1976b：『校注國歌体系 第 8 巻　十三代集 4（復刻版）』講談社　797 p.
小財陽平 2012：「江戸漢詩が詠んだ蝶　管茶山『蝶七首』を中心に」pp. 320-334　鈴木健一編『鳥獣虫魚の文学史　虫の巻』三弥井書店　373 p.
小島憲之・木下正俊・東野治之校注 1995a：『萬葉集 2』小学館　526 p.
小島憲之・木下正俊・東野治之校注 1995b：『萬葉集 3』小学館　574 p.
小島憲之・木下正俊・東野治之校注 1996：『萬葉集 4』小学館　574 p.
小島憲之・直木孝次郎・西宮一民・蔵中進・毛利正守校注 1994：『日本書紀 1』小学館　582 p.
小島憲之・直木孝次郎・西宮一民・蔵中進・毛利正守校注 1996：『日本書紀 2』小学館　638 p.
小島雪子 2014：「『虫めづる姫君』と仏教」宮城教育大学紀要　48: 315-326
後藤明 2017：『世界神話学入門』講談社現代新書　282 p.
後藤啓 2016：『鳴く虫の捕り方・飼い方』築地書館　189 p.
後藤丹治校註 1958：『椿説弓張月（上）』岩波書店　498 p.
後藤好正 2016：「螢狩の唄考　螢狩の唄が歌われはじめた時期について」豊田ホタルの里ミュージアム研究報告書 (8): 179-182
小西正己 1991：『古代の虫まつり』学生社　211 p.
小西正己 1997：『秋津島の誕生　トンボに託した古代王権』朱鷺書房　185 p.
小西正泰 1990：「虫づくし／虫の博物画」pp. 8-27　奥本大三郎監修『虫の日本史　別冊歴史読本特別号 114』新人物往来社　157 p.
小西正泰 1992：『虫の文化誌』朝日選書　275 p.
小西正泰 1993：『虫の博物誌』朝日選書　300 p.
小西正泰 2003：「文化昆虫学序説」pp.1103-1104　三橋淳編『昆虫学大事典』朝倉書店　1200 p.
小西正泰 2007：『虫と人と本と』創森社　519 p.
小林章夫 1999：『イギリス名宰相物語』講談社現代新書　220p.
小林一彦 2002：『続拾遺和歌集』明治書院　389 p.
小林清之介 1985：『季語深耕「虫」』角川選書　271 p.

小林保治・増古和子校注 1996：『宇治拾遺物語』小学館　566 p.
Phillip S. Corbet 著／椿宜高・生方秀紀・上田哲行・東和敬監訳 2007：『トンボ博物学』海游舎　798 p.
小町谷照彦校注 1990：『拾遺和歌集』岩波書店　491 p.
近藤龜太郎編 1913：『船小屋案内記』鑛泉事務所　37 + 19 + 97 p.
西條勉 2011：『「古事記」神話の謎を解く　かくされた裏面』中公新書　151 p.
斎藤慎一郎 2002：『蜘蛛』法政大学出版局　312 p.
斎藤慎一郎 2004：「クモの喧嘩遊びをめぐる民俗文化論」pp. 337-354　上田哲行編『トンボと自然観』京都大学学術出版会　504 p. ★
佐伯梅友・村上治・小松登美校注 1977：『和泉式部集全釈　続集篇』笠間書院　528 p.
坂口二郎 1929：『野田大塊傳』野田大塊傳刊行會　892 p.
坂口二郎編 1939：『大塊句選』東文印刷社　68 p.
桜谷保之 2009：「テントウムシグッズ」pp.118-127　日本環境動物昆虫学会編『テントウムシの調べ方』文教出版　148 p.
佐々木信綱撰 1894：『征清歌集』博文館　191 p.
佐佐木信綱 1955：『佐佐木信綱歌集』竹柏會　488 p.
E. サトウ著／長岡祥三・福永郁雄訳 1991：『アーネスト・サトウ公使日記 II』新人物往来社　432 p.
佐藤賢一 2014：『フランス王朝史 2　ヴァロワ朝』講談社現代新書　365 p.
佐藤恒雄 2017：『続後撰和歌集』明治書院　425 p.
佐藤道生・柳澤良一 2011：『和漢朗詠集・新撰朗詠集』明治書院　656 p.
佐藤至子 2009：『妖術使いの物語』国書刊行会　337 p.
順集輪読会 2003：「源順集注釈（2）」國文學論叢　48: 138-151
順集輪読会 2005：「源順集注釈（4）」國文學論叢　50: 72-83
篠田知和基 2018：『世界昆虫神話』八坂書房　213 p.
島津忠夫・乾安代・鶴崎裕雄・寺島樵一・光田和伸校注 1991：『竹林抄』岩波書店　479 p.
清水久美子・廣瀬永莉 2012：「江戸時代における蝶の文様表現 『小袖模様雛形本』を中心に」同志社女子大学生活科学　46: 46-57
下中弘編 1993：『日本史大事典　第 3 巻』平凡社　1499 p.
十返舎一九 1979：『十返舎一九全集　第 4 巻』日本図書センター　624 + 170 p.
神宮子寛 2012：「アカトンボの減少原因の究明　浸透移行性殺虫剤の影響」昆虫と自然 47 (8): 16-19
新藤協三・西山秀人・吉野瑞恵・徳原茂実 2012：『三十六歌仙集（2）』明治書院　508 p.
菅宗次 2004：『俳遊の人土方歳三　句と詩歌が語る新選組』PHP 新書　235 p.
菅野禮行・徳田武校注 2002：『日本漢詩集』小学館　558 p.
菅原邦城 1984：『北欧神話』東京書籍　322 p.
杉村光俊・一井弘行 1990：『トンボ王国へようこそ』岩波ジュニア新書　204 p.
杉山弘道 2012：『便利につかわれている古典・昔ばなし・民話の夢』風詠社　247 p.
鈴木栄樹 2007：「近世京都の火災と復興　嘉永 7 年の大火と安政内裏造営期の京都」pp. 30-36 『立命館大学・神奈川大学 21 世紀 COE プログラムジョイントワークショップ報告書』

124 p.
鈴木健一 2003：『後水尾院御集』明治書院　302 p.
鈴木鉱司 2007：『預言者ムハンマド』PHP 新書　290 p.
鈴木淳・加藤弓枝校注 2013：『六帖詠草／六帖詠草拾遺』明治書院　531 p.
鈴木淳・小高道子校注 2000：『近世随想集』小学館　510 p.
鈴木淳・中村博保校注 1997：『近世歌文集（下）』岩波書店　601 p.
瀬川千秋 2016：『中国　虫の奇聞録』大修館書店　226 p.
増補史料大成刊行会編 1966：『増補史料大成 第 9 巻　中右記（1）』臨川書店　404 p.
ポール・G. ゾルブロッド著／金関寿夫・迫村裕子訳 1989：『アメリカ・インディアンの神話　ナバホの創世物語』大修館書店　535 p.
高木市之助・久松潜一校注 1966：『近世和歌集』岩波書店　545 p.
高田兼太 2010：「文化甲虫学　甲虫の文化昆虫学概説」甲虫ニュース (170): 13-18
高田兼太 2014a：「はじめての文化昆虫学　みんなで文化昆虫学の研究をしよう！」きべりはむし 36 (2): 26-27
高田兼太 2014b：「食品パッケージに見られるレアな昆虫の事例　珉珉食品株式会社の『せみ餃子』」 伊丹市昆虫館研究報告 (2): 23-25
高田兼太 2015：「はじめての文化昆虫学　一般昆虫学と文化昆虫学の視座の違い　ある昆虫をモチーフとした絵画イメージを題材に」きべりはむし 37 (2): 62-64
高田兼太 2016：「文化昆虫学の観点から見た競馬の世界 JRA（日本中央競馬会）に登録されている競走馬名に表象する昆虫」伊丹市昆虫館研究報告 (4): 1-4
高田兼太 2018:「食品パッケージに見られるレアな昆虫の事例 II　イトメン株式会社の『チャンポンめん』」伊丹市昆虫館研究報告 (6): 1-3
高田兼太 2019：「食品パッケージに表象するミツバチ」伊丹市昆虫館研究報告 (7): 1-3
高田兼太 2020a：「はじめての文化昆虫学　何故『昆虫食文化』は文化昆虫学の範疇ではないのかを『生態系サービス』に基づいて考えよう！」きべりはむし 43 (1): 36-40
高田兼太 2020b：「甲虫と人類の文化　テントウムシ科の文化昆虫学概説」さやばねニューシリーズ (37): 1-7
高田兼太 2020c：「食品パッケージに表象する昆虫のイメージに関する文化昆虫学的研究　どんな昆虫のイメージが食品パッケージによく使われているのか？」伊丹市昆虫館研究報告 (8): 1-7
高田兼太 2020d：「ヒアリの脅威が人々の関心をひく　Google トレンドを活用した日本におけるヒアリ侵入問題に関する文化昆虫学的研究（予報）」きべりはむし 43(1): 41-43
高田兼太 2020e：「『便所虫』という言葉は何を指すのか？　Google 画像検索を活用した文化昆虫学的観点からの研究」きべりはむし 43(1): 46-47
高田兼太 2021:「食品パッケージに表象する昆虫のイメージ関する文化昆虫学的研究（その 2）地元向け小規模スーパーでの事例研究」伊丹市昆虫館研究報告 (9): 5-8
高橋文二 1988：「異文化としての『蝶』～平安朝文学史の一隅」駒澤國文 (25): 63-74
武田龍夫 1993：『物語北欧の歴史』中公新書　237 p.
竹田真木生 1994：「広い中国でバッタ、コオロギ、キリギリスを追っかけた話 (3)」インセクタリウム 31 (11): 14-20

竹鼻積訳注 1984a：『今鏡（上）』講談社学術文庫　541 p.
竹鼻積訳注 1984b：『今鏡（下）』講談社学術文庫　651 p.
竹原威滋編 1986：『世界の民話　マヨルカ島』ぎょうせい　343 p.
田中康二 2009：『琴後集』明治書院　377 p.
田中徳 1949：『天皇と生物学研究』大日本雄弁会講談社　187 p.
田中誠 1996：「江戸城に納められた虫たち」インセクタリウム 33(1): 10-15
田中誠 2014：「害虫防除の民俗誌」pp. 14-35　三橋淳・小西正泰編『文化昆虫学事始め』創森社　273 p. ★
エリアノーラ・メアリー・ダヌタン著／長岡祥三訳 1992：『ベルギー公使夫人の明治日記』中央公論社　426 p.
田山花袋 1923a：「中仙道と秩父」pp. 332-365『花袋紀行集　第 2 輯』博文館　941 p.
田山花袋 1923b：『東京近郊　一日の行楽』博文館　692 p.
丹潔編 1944：『維新勤王志士國事詩歌集　附略傳』雄生閣　298 p.
筑後市史編さん委員会編 1995：『筑後市史 第 2 巻』筑後市　1317 p.
次田香澄・岩佐美代子校注 1974：『風雅和歌集』三弥井書店　500 p.
土橋寛 1990：『日本語に探る古代信仰　フェティシズムから神道まで』中公新書　217 p.
円谷プロダクション監修 2013：『円谷プロ全怪獣図鑑』小学館　415 p.
坪井暢子 2012：「堤中納言物語」「虫愛づる姫君」 pp. 79-97　鈴木健一編『鳥獣虫魚の文学誌　虫の巻』三弥井書店　373 p.
妻木忠太 1934：『前原一誠傳』積文館　1095 p.
暉峻康隆・東明雅校注 1996：『井原西鶴集 1　好色一代男・好色五人女・好色一代女』小学館　606 p.
遠山美都男 2001：『天皇誕生　日本書紀が描いた王朝交代』中公新書　256 p.
鳥越文蔵・山根為雄・長友千代治・大橋正叔・阪口弘之校注 1998：『近松門左衛門集 2』小学館　669 p.
鳥越文蔵・山根為雄・長友千代治・大橋正叔・阪口弘之校注 2000：『近松門左衛門集 3』小学館　574 p.
中尾舜一 2001：『図解昆虫俳句歳時記』蝸牛新社　165 p.
中川博夫 2005：『新勅撰和歌集』明治書院　511 p.
中川博夫 2016：『玉葉和歌集（上）』明治書院　603 p.
中川博夫 2020：『玉葉和歌集（下）』明治書院　537 p.
長崎健・外村南都子・岩佐美代子・稲田利徳・伊藤敬校注 1994：『中世日記紀行集』小学館　654 p.
中澤伸弘・宮崎和廣・鈴木亮編 2005：『近世和歌研究書要集　第 3 巻』クレス出版　404 p.
永田義直 1972：『日本の民話 400 選』金園社　615 p.
永積安明・島田勇雄校注 1966：『古今著聞集』岩波書店　631 p.
中野幸一校注 1999：『うつほ物語　1』小学館　573 p.
中野三敏・神保五彌・前田愛校注 2000：『洒落本・滑稽本・人情本』小学館　604 p.
中村幸彦・高田衛・中村博保校注 1995：『英草紙　西山物語・雨月物語・春雨物語』小学館　646 p.

中林馮次 1933：「蟲のまにまに（51）」昆蟲世界 37 (432): 29-32
中林馮次 1935：「蟲のまにまに（79）」昆蟲世界 39 (460): 30-31
成瀬史弥 2010：『平成仮面ライダー英雄伝』株式会社カンゼン　303 p.
成瀬史弥 2011：『平成仮面ライダー怪人伝』株式会社カンゼン　303 p.
二木謙一監修 1995：『明智軍記』新人物往来社　404 p.
錦仁・柏木由夫 2006：『金葉和歌集／詞花和歌集』明治書院　364 p.
西村貴裕 2006：「ナチス・ドイツの動物保護法と自然保護法」人間環境論集 (5): 55-69
日本史籍協会編 1967：『川路聖謨文書一（覆刻）』東京大学出版会　552 p.
日本史籍協会編 1971：『木戸孝允文書八（覆刻）』東京大学出版会　431 p.
日本史籍協会編 1976a：『幟仁親王日記 1（覆刻）』東京大学出版会　528 p.
日本史籍協会編 1976b：『熾仁親王日記 4（覆刻）』東京大学出版会　576 p.
日本史籍協会編 1976c：『熾仁親王日記 5（覆刻）』東京大学出版会　555 p.
日本史籍協会編 1976d：『熾仁親王日記 6（覆刻）』東京大学出版会　534 p.
日本史籍協会編 1979：『山縣公遺稿・こしのやまかぜ』東京大学出版会　699 p.
日本随筆大成編輯部編 1974：『日本随筆大成　第 2 期　14』吉川弘文館　386 p.
日本直翅類学会編 2006：『バッタ・コオロギ・キリギリス大図鑑』北海道大学出版会　687 p.
丹羽博之 1992：「平安朝和歌に詠まれた蛍」大手前女子大学論集 26: 85-10
沼田英治・初宿成彦 2007：『都会にすむセミたち　温暖化の影響？』海游社　162 p.
野中健一 2005：『民族昆虫学　昆虫食の自然誌』東京大学出版会　202 p.
野原茂 2004：『赤トンボ操縦術　九三式中間練習機フライト・マニュアル』光文社　135 p.
野村茂夫 1988：『老子・荘子』角川書店　429 p.
萩野由之編 1901：『新編御伽草子（上）』誠之堂書店
橋本治二 1975：『セミの生態と観察』ニュー・サイエンス社　77 p.
橋本治二 1991：『セミの生活史』誠文堂新光社　284 p.
橋本麻里 2013：『変り兜　戦国の COOL DESIGN』新潮社　125 p.
長谷川強校注 2000：『浮世草子集』小学館　589 p.
秦郁彦 1982：『昭和史の軍人たち』文藝春秋　341 p.
秦郁彦 1993：『昭和史の謎を追う（下）』文藝春秋　394 p.
ジョン・バッテル著　中谷和男訳 2005：『ザ・サーチグーグルが世界を変えた』日経 BP　440 p.
塙保己一補・太田藤四郎編 1989：『続群書類従　第 20 輯　上　合戦部（第 3 刷）』続群書類従完成会　516 p.
馬場友希 2019：『クモの奇妙な世界』家の光協会　351 p.
早川貞和編 1977：『日本の民話 1』北海道　研秀出版　147 p.
林正美・税所康正 2011：『日本産セミ科図鑑』誠文堂新光社　221 p.
C. バーランド著／松田幸雄訳 1990：『アメリカ・インディアン神話』青土社　268 p.
タウンセント・ハリス手記／生駒粂蔵訳 1913：『維新秘史　日米外交の真相』金港堂書籍　433 p.
ジェフリー・パリンダー著／松田幸雄訳 1991：『アフリカ神話』青土社　317 p.
檜谷昭彦・江本裕校注 1996：『太閤記』岩波書店　671 p.
平出鏗二郎 1968：『東京風俗志』原書房　178 + 168 + 204 p.

平山亨 1998：『仮面ライダー名人列伝 〜子供番組に奇蹟を生んだ男たち〜』風塵社 216 p.
アドルフ・フィッシャー著／金森誠也・安藤勉訳 1994：『100 年前の日本文化 オーストリア芸術史家の見た明治中期の日本』中央公論社 421 p.
深津睦夫・君嶋亜紀 2014：『新葉和歌集』明治書院 393 p.
福井市立郷土歴史博物館編 2013：『開館 60 周年記念 平成 25 年秋季特別展 甲冑の美』（展示解説書） 福井市立郷土歴史博物館 84 p.
福岡市役所編 1939：『福岡市市制施行 50 年史』福岡市 338 p.
福川秀樹編 1999：『日本陸海軍人名辞典』芙蓉書房 561 p.
藤川功和・山本啓介・木村尚志・久保田淳 2019：『続古今和歌集』明治書院 604 p.
二橋亮 2014：「漢方薬にもなっていたアカトンボの赤色の正体」ファルマシア 50: 1086-1090
古河義仁 2011：『ホタル学 里山が育むいのち』丸善出版 136 p.
平安神宮編 1990：『孝明天皇御製集』平安神宮 1077 p.
アリス・ベーコン著／久野明子訳 1994：『華族女学校教師の見た明治日本の内側』中央公論社 216 p.
保坂哲朗・栗本実咲・沼田真也 2017：「日本の昆虫文化と昆虫ツーリズム」観光科学研究 (10): 57-64
保科英人 2013：『アキバ系文化昆虫学』牧歌舎 426 p.
保科英人 2014a：「お雇い外国人グリフィスが描いたお伽話の中の日本の甲虫たち」さやばねニューシリーズ (13): 26-34
保科英人 2014b：「戦前の新聞に見る昆虫漫画」日本海地域の自然と環境 (21): 107-117
保科英人 2016：「近代海軍における日米両国の昆虫観の比較」きべりはむし 39 (1): 36-37
保科英人 2017a：「古事記・日本書紀に見る日本人の昆虫観の再評価」伊丹市昆虫館研究報告 (5): 1-10
保科英人 2017b：「鳴く蟲の近代文化昆蟲學」日本海地域の自然と環境 (24): 75-100
保科英人 2017c：「近現代文化蛍学」さやばねニューシリーズ (26): 38-46
保科英人 2018a：「明治百五拾年 近代日本ホタル売買・放虫史」伊丹市昆虫館研究報告 (6): 5-21
保科英人 2018b：「明治百五拾年 アキバ系文化蝶類学」環境考古学と富士山 (2): 46-73
保科英人 2019a：「日本人の昆虫観概説」pp. 25-36 保科英人・宮ノ下明大『大衆文化のなかの虫たち 文化昆虫学入門』論創社 318 p. ★
保科英人 2019b：「明治日本人と鳴く虫」pp. 56-73 保科英人・宮ノ下明大『大衆文化のなかの虫たち 文化昆虫学入門』論創社 318 p. ★
保科英人 2019c：「東アジアの町中ぶらぶら文化蝶類学」pp. 152-168 保科英人・宮ノ下明大『大衆文化のなかの虫たち 文化昆虫学入門』論創社 318 p. ★
保科英人 2019d：「現代文化蟬学」pp. 273-291 保科英人・宮ノ下明大『大衆文化のなかの虫たち 文化昆虫学入門』論創社 318 p. ★
保科英人 2019e：「近代文化蟬学」きべりはむし 42 (2): 54-58
保科英人 2019f：「明治 40 年代『名和靖日記』」科学史研究 58: 39-55
保科英人 2019g：「文化蛙学 近代日本人とカジカガエル」日本海地域の自然と環境 (25): 127-136

保科英人 2019h：「近現代文化鍬形虫学」さやばねニューシリーズ (35): 12-20
保科英人 2019i：「近現代文化兜虫学」さやばねニューシリーズ (36): 1-10
保科英人 2020a：「現代文化天道虫学」さやばねニューシリーズ (37): 20-26
保科英人 2020b：「近代文化蜻蛉学」伊丹市昆虫館研究報告 (8): 9-17
保科英人 2020c：「宮内庁書陵部所蔵『進献録』に記された近代期天皇家及び宮家への昆虫の献納」福井大学教育・人文社会系部門紀要 (4): 77-91
保科英人 2020d：「近代地方都市の螢狩 (I)　福岡篇」さやばねニューシリーズ (40): 1-9
保科英人 2021：『近代華族動物学者列伝』勁草書房　260 p.
保科英人・宮ノ下明大 2019：『大衆文化のなかの虫たち 文化昆虫学入門』論創社　318 p. ★
堀本柵 1894：『帝国軍人名誉列伝』東雲堂　222 p.
マガジンハウス書籍編集部 2013：『大人の仮面ライダー大図鑑』マガジンハウス　111 p.
牧野陽子 2016：「ウィリアム・グリフィスの日本民話集について　『蛍姫の求婚者』と『雷の子』」　成城大学経済研究 (211): 73-114
松林靖明校注 1974：『承久記』現代思潮社　234 p.
松原一義・鹿野しのぶ・丸山陽子 2017：『新後拾遺和歌集』明治書院　459 p.
松村武雄編 1979a：『インドネシア・ベトナムの神話伝説（改訂版）』名著普及会　284 p.
松村武雄編 1979b：『アフリカの神話伝説（II）（改訂版）』名著普及会　362 p.
松村武雄編 1980a：『メラネシア・ミクロネシアの神話伝説（改訂版）』名著普及会　263 p.
松村武雄編 1980b：『フィンランドの神話伝説（改訂版）』名著普及会　291 p.
松村武雄・中村亮平編 1979：『中国・台湾の神話伝説（改訂版）』名著普及会　388 p.
松本真奈美・高橋由記・竹鼻積 2004：『中古歌仙集（1）』明治書院　406 p.
三木卓著／高橋芳イラスト／山口就平解説 1990：『自然観察図鑑』主婦の友社　55 p.
三科仁伸 2015：「玉川電気鉄道の設立と展開」史学 84 (1-4): 85-108
水沢謙一 1979：『蝶になったたましい　昔話と遊魂信仰』野島出版　329 p.
水谷千秋 2001：『謎の大王継体天皇』文春新書　228 p.
水原一考定 1988：『新定源平盛衰記 1』新人物往来社　491 p.
水原一考定 1989：『新定源平盛衰記 3』新人物往来社　462 p.
光瀬龍 1990：「歴史のかげの虫たち」pp. 115-120　奥本大三郎監修『虫の日本史　別冊歴史読本特別号 114』新人物往来社　157 p.
三橋淳 2000：「文化昆虫学とは」遺伝 54 (2): 14-15
三橋淳・小西正泰編 2014：『文化昆虫学事始め』創森社　273 p. ★
峯村文人校注 1995：『新古今和歌集』小学館　644 p.
宮下規久朗 2013：『モチーフで読む美術史』筑摩書房　271 p.
宮ノ下明大 2005：「映画における昆虫の役割」家屋害虫 27 (1): 23-34
宮ノ下明大 2007：「昆虫絵本への招待」家屋害虫 28 (2) : 161-166
宮ノ下明大 2008：「幼虫チョコとキモカワイイ」家屋害虫 30 (1): 19-21
宮ノ下明大 2011：「映画における昆虫の役割 II」都市有害生物管理 1 (2): 147-161
宮ノ下明大 2014a：「パン屋における『昆虫パン』」都市有害生物管理 4 (2): 97-101
宮ノ下明大 2014b：「映画（特撮・アニメ・実写）に登場する昆虫」pp. 242-271　三橋淳・小西正泰編『文化昆虫学事始め』創森社　273 p. ★

宮ノ下明大 2015a：「暮らしの中のテントウムシデザインとは何か？ その図像と鞘翅斑紋パターンの特徴」都市有害生物管理 5(2): 61-67
宮ノ下明大 2015b：「文化昆虫学で歩く鎌倉散歩」都市有害生物管理 5(2): 77-78
宮ノ下明大 2016a：「七つ星テントウムシの描き方」都市有害生物管理 6(1): 33-35
宮ノ下明大 2016b：「カプセル玩具『カブトム天』」都市有害生物管理 6 (1): 49-50
宮ノ下明大 2019a：「暮らしの中のテントウムシデザイン」pp. 108-132 保科英人・宮ノ下明大『大衆文化のなかの虫たち 文化昆虫学入門』論創社 318 p. ★
宮ノ下明大 2019b：「昆虫絵本の世界」pp. 185-221 保科英人・宮ノ下明大『大衆文化のなかの虫たち 文化昆虫学入門』論創社 314 p. ★
宮ノ下明大 2019c：「映画に登場する昆虫たち」pp. 226-256 保科英人・宮ノ下明大『大衆文化のなかの虫たち 文化昆虫学入門』論創社 314p. ★
宮本正興・松田素二編 2018：『新書アフリカ史（改訂新版）』講談社現代新書 776 p.
村尾誠一 2001：『新続古今和歌集』明治書院 516 p.
村山修一 1984：「日本における蝶の博物誌」pp. 3-10 村山修一・吉田光邦・元井能・河原正彦『日本の文様 蝶』光琳出版 40 p.
元木貞雄編 1896：『帝国将校列伝 2 版』榊原文盛堂 211 p.
森上信夫 2013：『散歩で見つける虫の呼び名事典』世界文化社 127 p.
森永卓郎監修／甲賀忠一・制作部委員会編 2008：『明治・大正・昭和・平成 物価の文化史事典』展望社 477 p.
矢島文夫 1982：『メソポタミアの神話』筑摩書房 194 p.
矢島文夫 1983：『エジプトの神話』筑摩書房 193 p.
矢島稔 2019：「フィールドワークと、実物を見せる大切さに生きた（上）」昆虫と自然 54 (9): 20-23
安田徳子 1998：『万代和歌集（上）』明治書院 367 p.
安田徳子 2000：『万代和歌集（下）』明治書院 485 p.
安富和男 1997：『詩の中の昆虫たち』三一書房 235 p.
矢野亮 2018：「自然教育園におけるゲンジボタル 40 年間の観察記録」自然教育園報告 (49): 1-22
山口博 1994：『王朝貴族物語 古代エリートの日常生活』講談社現代新書 257 p.
山口佳紀・神野志隆光校注 1997：『古事記』小学館 462 p.
山崎光子編 1980a：『オーストリアの伝説（改訂版）』名著普及会 218 p.
山崎光子編 1980b：『ハンガリーの伝説（改訂版）』名著普及会 262 p.
山下英一 2006：「グリフィスの福井民話」若越郷土研究 51 (1): 6-17
山田珠樹譯註 1966：『ツンベルグ日本紀行（改訂復刻版）』雄松堂書店 503 p.
山中裕・秋山虔・池田尚隆・福長進校注 1998：『栄花物語 3』小学館 573 p.
山室静 1980：『ギリシャ神話 付北欧神話』社会思想社 350 p.
山本容子 2019：「中学生のバイオフィリアに関する認識の実態 『自分と他の生物とのかかわり方』を考える授業を通して」日本科学教育研究会研究報告 33: 61-66
遊磨正秀 2004：「俳句にみる自然観の変遷 昆虫にかかわる用法から」pp. 377-407 上田哲行編『トンボと自然観』京都大学学術出版会 504 p. ★

遊磨正秀・後藤好正 1999：「文化昆虫ホタル　古典の中から」全国ホタル研究会誌 (32): 10-16
横尾文子 2004：「蜻蛉　呼称の推移にみられる象徴性　アキヅ・カゲロフ・トンバウ」pp. 23-34　上田哲行編『トンボと自然観』京都大学学術出版会　504 p. ★
横山重・松本隆信編 1976：『室町時代物語大成　第 4』角川書店　609 p.
横山重・松本隆信編 1980：『室町時代物語大成　第 8』角川書店　604 p.
横山重・松本隆信編 1981：『室町時代物語大成　第 9』角川書店　662 p.
横山重・松本隆信編 1985：『室町時代物語大成　第 13』角川書店　660 p.
横山太郎 2012：「能〈土蜘蛛〉」pp. 174-194　鈴木健一編『鳥獣虫魚の文学史　虫の巻』三弥井書店　373 p.
吉井巖 1967：『天皇の系譜と神話』塙書房　480 p.
吉田鋭雄編 1904：『征露詩歌集』井上一書堂　121 p.
吉田一彦 2016：『「日本書紀」の呪縛』集英社新書　237 p.
吉田真 2004：「ゴゲグモ騒動からみた日本人の自然観」pp. 309-335　上田哲行編『トンボと自然観』京都大学学術出版会　504 p. ★
吉田光邦 1984：「呪性の蝶」pp.23-26　村山修一・吉田光邦・元井能・河原正彦『日本の文様　蝶』光琳出版　40 p.
吉村武彦 2010：『ヤマト王権』岩波新書　272 p.
エリック・ローラン 1999：「なぜ日本の女性は虫が嫌いか　文化人類学的視点から」ヒトと動物の関係学会誌 4: 88-93
渡瀬庄三郎 1904：「秋螢に就て」動物學雑誌 16 (183): 1-15
渡部昇一・谷沢永一 2000：『こんな「歴史」に誰がした』文春文庫　294 p.
渡辺守邦・渡辺憲司校注 1991：『仮名草子集』岩波書店　499 p.

〈欧文文献〉
Bidau, C. J. 2015：Bug Delicacies: Insects as a powerful food resource for a troubled world. *Entomology, ornithology & herpetology*, 4 (2): DOI: 10.4172/2161-0983.1000e111
Cherry, R. 1993：Insects in mythology of Native Americans. *American Entomologist,* 39 (1): 16-21
Cherry, R. 2012：Insect monsters in mythology. *American Entomologist*, 58 (3): 138-140
Cherry, R. 2005：Magical insects. *American Entomologist*, 51 (1): 11-13
Coelho, J. R. 2000：Insects in rock and roll music. *American Entomologist*, 46 (3): 186-200
Coelho, J. R. 2004：Insects in rock and roll cover art. *American Entomologist*, 50 (3): 142-151
Defoliart, G. R. 1999：Insects as food: Why the western attitude is important. *Annual Review of Entomology,* 44: 21-50
Goka, K., H. Kojima & K. Okabe 2004：Biological invasion caused by commercialization of stag beetles in Japan, *Global Environment Research*, 8: 67-74
Griffis, W. E. 1880：*Japanese fairy world: Stories from the wonder-lore of Japan.* James H. Barhyte. 304 p.
Griffis, W. E. 1894：*The Mikado's empire*（皇國）. Seventh edition. Harper & Brothers. 661 p.

Griffis, W. E. 1923：*Japanese fairy tales*. George G. Harrap & Co., LTD. 219 p.
Harrington, W. H. 1893：Additional notes on Japanese insects. *Twenty-fourth Annual Report of the Entomological Society of Ontario*: 50-53
Hogue, L. C. 1980：Commentaries in cultural entomology. 1. Definition of cultural entomology. *Entomological news*, 91 (2): 33-36
Hogue, L. C. 1987：Cultural entomology. *Annual Review of Entomology*, 32: 181-199 ★
Hoshina, H. 2017：The prices of singing Orthoptera as pets in the Japanese modern monarchical period. *Ethnoentomology*, 1: 40-51
Hoshina, H. 2018：The prices of fireflies during the Japanese modern monarchical period. *Ethnoentomology*, 2: 1-4
Hoshina, H. 2020a：Cultural lepidopterology in modern Japan: butterflies as spiritual insects in the Akihabara Culture. *Journal of Geek Studies*, 7 (2): 149-159
Hoshina, H. 2020b：Kajika frogs (Buergeria buergeri) as premium pets during the Japanese modern monarchical period. *Ethnoentomology Letters*, 11 (1): 96-102
Hoshina, H. & K. Takada 2012：Cultural coleopterology in modern Japan: The rhinoceros beetle in Akihabara culture. *American Entomologist*, 58 (4): 202-207
Janetzko, D. 2008：Objectivity reliability and validity of search engine count estimates. *International Journal of Internet Science*, 3 (1): 7-33
Kellert, S. R. 1993：Values and perceptions of invertebrates. *Conservation Biology*, 7 (4): 845-855
Kiauta-Brink, M. A. J. E. 1976：Some Tibetan expressions for "dragonfly" with special reference to the biological features and demonology. *Odonatologia*, 5: 143-152
Kim, A. S., K-M. Kim & B. J. Oh 2008a：Current status and perspective of the insect industry in Korea. *Entomological Research*, 38: S79-S85
Kim, Y. S., S. Kim & J. Agrusa 2008b：An investigation into the procedures involved in creating the Hampyeong butterfly festival as an ecotourism resource successful factors and evaluation. *Asia Pacific Journal of Tourism Research*, 13: 357-377
Kritsky, G. & R. Cherry 2000：*Insect mythology*. Writers Club Press. 140 p. ★
Kritsky, G., D. Madar & L. J. Smith 2013：Surreal entomology. *American Entomologist*, 59 (1): 29-37
Kritsky, G. & J. J. Smith 2018：Insect biodiversity in culture and art. pp. 869-898. In Robert, G. F. & P. H. Adler (eds.) *Insect biodiversity*. Wiley Blackwell. 987 p.
Leskosky, R. J. & M. R. Berenbaum 1988：Insects in animated films. Not all bugs are bunnies. *Bulletin of the Entomological Society of America*, 34: 55-63
Liu, G. K.-C. 1950：Cicadas in Chinese culture (including the silver-fish). *Osiris*, 9: 275-396
Mertins, J. W. 1986：Arthropods on the screen. *Bulletin of the Entomological Society of America* 32: 85-90
Meyer-Rochow, V. B., K. Nonaka & S. Boulidam 2008：More feared than revered: insects and their impact on human societies (with some specific data on the importance of entomophagy in a Laotian setting). *Entomologie heute*, 20: 3-25
Posey, D.A. 1986：Topics and issues in ethnoentomology with some suggestions for the

development of hypothesis-generation and testing in ethnobiology. *Journal of Ethnobiology*, 6: 99-120

Preston-Mafham, K. 2004：*Insects and other invertebrates. Insects 5. Butterflies and moths.* The Brown References Group plc. 128 p.

Prischmann, A. D., S. A. Steffan & C. M. Anelli 2009：Insect myths: an interdisciplinary approach fostering active learning. *American Entomologist*, 55 (4): 228-233

Takada, K. 2010：Popularity of different coleopteran groups assessed by Google search volume in Japanese culture -- Extraordinary attention of the Japanese to "Hotaru" (lampyrids) and "Kabuto-mushi" (dinastines) (Cultural entomology). *Elytra, Tokyo*, 38(2): 299-306

Takada, K. 2011：Popularity of different lampyrid species in Japanese culture as measured by Google search volume. *Insects*, 2(3): 336-342

Takada, K. 2012a：Is interest in dynastine beetle really uniquely Japanese and of little interest to people in Western countries? *Elytra, Tokyo, New Series*, 2: 333-338

Takada, K. 2012b：Japanese general public highly fascinated by Hercules beetles, *Dynastes hercules* (Linnaeus 1758), of the exotic dynastine beetles. *Elytra, Tokyo, New Series*, 2: 325-332

Takada, K. 2012c：Japanese interest in "Hotaru" (Fireflies) and "Kabuto-Mushi" (Japanese Rhinoceros Beetles) corresponds with seasonality in visible abundance. *Insects*, 2(3): 336-342

Takada, K. 2013a：Ladybug-shaped chocolate on a mousse cake bought at a bakery in Amagasaki City, Japan. *Elytra, Tokyo, New Series*, 3: 195-198

Takada, K. 2013b：Exploitation of flagship species of scarabaeid beetles with application of analyzed results on cultural entomology. *Applied Ecology and Environmental Sciences*, 1(1): 1-6

Takada, K. 2014：Use of ladybugs as a urinal target in a water closet of a variety shop in Osaka, Japan. *Elytra, Tokyo, New Series*, 4 (2): 313-314

Takada, K. 2016：Gummi candy as a realistic representation of a rhinoceros beetle larva. *American Entomologist*, 62 (3): 154-155

Tüzün, A., B. Kalemcı & H. G. Murat 2015：Cultural entomology. *Türk Bilimsel Derlemeler Dergisi*, 8(2): 30-32

Wyman, C. L. & F. L. Bailey 1964：Navaho Indian ethnoentomology. *University of New Mexico Publications in Anthropology*, 12:1-157

Zmihorski, M., J. Dziarska-Palac, T. H. Sparks & P. Tryjanowski 2012：Ecological correlates of the popularity of birds and butterflies in Internet information resource. *Oikos*, doi: 10.1111/j. 1600-0706.2012.20486.x. 2012

重要文献紹介

★ C. L. Hogue. Cultural entomology. 1987. *Annual Review of Entomology*, 32:181-199

1980 年に文化昆虫学を提唱したホーグ博士が 1987 年に出版した文化昆虫学の総説的論文である。ホーグは昆虫学の定義を簡単に説明するとともに、文化昆虫学の範疇に含まれる文化事象を（1）文学・言語、（2）音楽と舞台芸術、（3）美術・工芸、（4）歴史、（5）哲学、（6）宗教・俗説、（7）娯楽・慣習のカテゴリーに分類して列挙した。ただし、出版された時代が今から 30 年以上さかのぼることから、コンピュータゲームやインターネットなど、近年発展した文化事象についてはふれられていない点に留意する必要がある。

★メイ・R. ベーレンバウム著／小西正泰監修『昆虫大全』 1998 年　白揚社　436 p.

本書は、ベーレンバウム著『Bugs in the system』の日本語訳書である。基礎的な昆虫学から、世界中の昆虫がかかわる文化を文化昆虫学・民族昆虫学の垣根を超えて紹介している。本書は昆虫がかかわる文化について広くカバーしているので、文化昆虫学の基礎的な知識を身に着けるには、うってつけのテキストである。

★ G. Kritsky & R. Cherry. *Insect mythology.* 2000. Writers Club Press. 140 p.

第二著者の R. チェリーは 90 年代以降、アメリカ昆虫学会誌に神話に登場する昆虫について多くの論文を発表した学者である。この本は彼の研究成果の集大成とも呼べる内容となっている。具体的には中国におけるセミの伝承、古代エジプトのスカラベやタマムシをモチーフとした造形物、北米インディアンのトーテムポールに彫られた昆虫などが解説されている。ただ、本のタイトル名から受ける印象とは異なり、対象地域は限られている。本書は、世界中の神話に登場する昆虫の概説とはなっていない点は注意を要する。

★上田哲行編『トンボと自然観』 2004 年　京都大学学術出版会　504 p.

タイトルは『トンボと自然観』とあり、トンボに特化した概説書のように思えるが、他の昆虫やクモも扱った内容となっている。各章ごとの分担執筆者が民話、方言、俳句、近世文学などを材料とし、トンボやその他の昆虫がどのように扱われているかを分析している。日本だけでなく、中国や韓国におけるトンボ観が解説されているのは、本書の有用性を大きく押し上げている。文化昆虫学を進めるうえで、必読の文献である。

★三橋淳・小西正泰編『文化昆虫学事始め』 2014 年　創森社　273 p.

文化昆虫学または昆虫の関わる文化への入門書である。三橋淳氏が中心となって編集した書籍で、9 名の著者が分担執筆した。害虫防除の民俗誌、食文化としての昆虫食、昆虫に関わる美術工芸品、虫の文学、昆虫観賞、ホタルの文化誌、虫のオブジェの魅力、昆虫切手収集の楽しみ、昆虫音楽の楽しい世界、映画（特撮、アニメ、実写）に登場する昆虫の計 10 章で構成されている。

★保科英人・宮ノ下明大『大衆文化のなかの虫たち　文化昆虫学入門』 2019 年　論創社　318 p.

日本の文化昆虫学の研究においては、これまで上位文化（教養的文化）に現れる昆虫に焦点をあてられがちであった中で、本書は近代の大衆文化や現代のサブカルチャーに着目しているという点で画期的である。大衆文化やサブカルチャーは、一般の人々にも親しみやすいものであり、日本での文化昆虫学の普及にも大きく貢献した一冊といえる。

著者略歴

保科英人（ほしな　ひでと）

昭和 47 年神戸市生まれ。平成 12 年九州大学大学院農学研究科博士課程修了、博士（農学）。
現在、福井大学教育学部教授、日本甲虫学会和文誌編集委員長、福井県環境審議会野生生物部会長、環境省希少野生動植物種保存推進員。
専門：文化昆虫学、科学史、土壌性甲虫分類学
著書：『大衆文化のなかの虫たち』（共著）論創社
　　『近代華族動物学者列伝』勁草書房、ほか

宮ノ下明大（みやのした　あきひろ）

昭和 39 年鹿児島県生まれ。平成 5 年東京大学大学院農学系研究科博士課程修了、博士（農学）。
現在、国立研究開発法人農研機構主席研究員。法政大学兼任講師、都市有害生物管理学会会長。
専門：応用昆虫学、文化昆虫学
著書：『文化昆虫学事始め』（共著）創森社
　　『大衆文化のなかの虫たち』（共著）論創社、ほか

高田兼太（たかだ　けんた）

昭和 49 年大阪市生まれ。平成 17 年金沢大学大学院自然科学研究科博士課程中退、理学修士。
現在、団体職員（在野研究者）、日本甲虫学会会員。
専門：文化昆虫学、昆虫生態学

日本音楽著作権協会（出）許諾第 2104878-101 号

「文化昆虫学」の教科書　神話から現代サブカルチャーまで

2021 年 8 月 10 日　初版第 1 刷発行

編著者　保科英人
発行者　八坂立人
印刷・製本　シナノ書籍印刷(株)

発行所　(株)八坂書房
〒101-0064 東京都千代田区神田猿楽町 1-4-11
TEL.03-3293-7975　FAX.03-3293-7977
URL: http://www.yasakashobo.co.jp

ISBN 978-4-89694-288-0